后马克思主义视域的历史想象
——赫勒历史哲学研究

李伟 著

中国社会科学出版社

图书在版编目（CIP）数据

后马克思主义视域的历史想象：赫勒历史哲学研究/李伟著.—北京：
中国社会科学出版社，2016.9
　ISBN 978-7-5161-8417-2

　Ⅰ.①后…　Ⅱ.①李…　Ⅲ.①历史哲学—研究　Ⅳ.①K01

　中国版本图书馆 CIP 数据核字（2016）第 136525 号

出　版　人	赵剑英
责任编辑	杨晓芳
责任校对	刘　娟
责任印制	王　超

出　　　版	中国社会科学出版社
社　　　址	北京鼓楼西大街甲 158 号
邮　　　编	100720
网　　　址	http://www.csspw.cn
发 行 部	010-84083685
门 市 部	010-84029450
经　　　销	新华书店及其他书店

印刷装订	三河市君旺印务有限公司
版　　　次	2016 年 9 月第 1 版
印　　　次	2016 年 9 月第 1 次印刷

开　　　本	710×1000　1/16
印　　　张	15.75
插　　　页	2
字　　　数	238 千字
定　　　价	59.00 元

目　录

导　言

阿格妮丝·赫勒（Agnes Heller），1929 年 5 月 12 日出生在匈牙利布达佩斯，当代著名哲学家，东欧新马克思主义的重要代表人物，卢卡奇的同事、学生和朋友，现任纽约新社会研究学院汉娜·阿伦特哲学讲座教授，在国际上有广泛影响。

在赫勒的哲学生涯中，试图构建一个包含本能、情感、需要、道德、人格、历史六个方面内容的"社会人类学"。可以说，赫勒关注的主题比较广泛，有研究者认为，在其众多研究领域中，最能代表她的思想的是三个相互关联的主题：人的本质、基本需要和日常生活。① 如果这个结论用以概括赫勒 20 世纪 80 年代以前的思想还是恰当的。但是，赫勒近半个世纪的学术活动与学术研究跨度很大，这种研究跨度大指两个方面，一是研究时间跨度，二是研究领域跨度。赫勒在其道德理论三部曲《一般伦理学》《激进哲学》和《论本能》中表达了其伦理学、道德哲学的核心思想。20 世纪 80年代以后，历史问题与现代性问题逐渐成为赫勒的核心理论关切，该专著的主题将围绕赫勒关于历史问题的思考以及对现代性问题的历史反思与历史重构展开研究。

从目前关于赫勒哲学思想的研究来看，国外研究较多，如：

一　国外研究专著

（1）皮罗·阿·卡塔纳：《改革的需要》，1991 年；论述了赫勒的社会主义批判理论。

---

① ［匈］赫勒：《日常生活》中译者序言，重庆出版社 1990 年版，第 10 页。

（2）阿额方索·以巴雷兹·伊：《阿格妮丝·赫勒：激进需要的满足》，1997 年；论述了赫勒激进哲学的基本立场。

（3）伽西亚·波洛与马里亚·热苏斯：《赫勒对日常生活社会学的贡献》，2001 年；论述了赫勒日常生活理论的意义。

（4）西蒙·托梅：《阿格妮丝·赫勒：社会主义、自律与后现代》，2001 年；论述了赫勒的政治经历及思想发展历程。

二　国外博士论文

（1）巴斯蒂尔斯·乌拉：《从沉默到行动：阿格妮丝·赫勒的政治理论》，1990 年；论述了赫勒的政治理论。

（2）雷纳尔·卢丰：《阿格妮丝·赫勒：多元化与道德》，1992 年；论述了赫勒的道德哲学。

（3）罗伯特·伊曼：《阿格妮丝·赫勒的政治理论：一种人类解放的哲学》，1999 年；论述了赫勒的政治理论及对民主的理解。

（4）泽瑞·杰：《阿格妮丝·赫勒：矛盾的自由——一种历史哲学的考察》，2001 年；对赫勒的历史哲学进行了研究。

（5）约翰·伯海姆：《阿格妮丝·赫勒的社会哲学》，1994 年；介绍了阿格妮丝·赫勒的思想评论及其对于这些评论的回应；等等。

这些研究涵盖赫勒的伦理学、美学、政治理论、日常生活理论等领域。尽管赫勒在国际上影响广泛，但到目前为止，在中国，赫勒还是一个比较陌生的名字。在赫勒四十多部著作中，目前只有《日常生活》《人的本能》《现代性理论》等有中译本。关于赫勒的研究也还比较有限。赫勒的历史哲学思想集中体现在三部曲中，即《历史理论》《碎片中的历史哲学》和《现代性理论》，目前还没有《历史理论》和《碎片中的历史哲学》的中译本。赫勒的历史哲学属于后现代哲学范畴，从当前国内关于外国哲学的研究来看，对后现代哲学的总体研究比较深入，但对后现代哲学中的历史哲学专题研究、人物研究尚有很大的研究空间。

在研究中，注重运用比较的方法、逻辑的方法、历史的方法、分析的方法，深入探寻赫勒历史哲学思想的发展脉络，比较其在不同历史时期、不同著作中历史哲学思想的差异与联系，同时将赫勒的历史哲学思想置于当代后现代主义哲学背景域中加以思考，置于更广泛的历史哲学理论框架中进行思考，考察赫勒与其他哲学家主要观点的异同。在研究中，我们将证明，一方面，赫勒为形成一种适应后现代的历史意识做出了理论上的巨大努力和尝试，为我们提供了如何思考人的生存状况和历史境遇的有益启发；另一方面，由于其拒斥必然性、摧毁统一性基础的后现代立场，必然走向乌托邦主义历史想象。

本书由七部分构成，第一部分是导言，正文共分为五编，最后部分是结语。

第一编概述赫勒的理论追求及历史哲学思想的发展。概述赫勒的生平及其理论追求。赫勒历史哲学思想大致经历了三个发展阶段，即从构建一种历史理论的体系，到碎片化的历史断想，再到现代性历史反思与历史重构。在这个发展历程中，赫勒从提出历史理论的乌托邦主义（新马克思主义）者，逐渐成为沉迷于碎片化的自觉的后现代主义者（后马克思主义者），最终表现为后现代多元论者和相对论者。

第二编考察赫勒历史性的哲学话语：宏大历史叙事之延续。主要考察赫勒20世纪80年代的历史哲学思想，在这个时期，赫勒无意识地延续了历史的宏大叙事。在赫勒的宏大历史叙事中，不仅提出了历史意识发展的六个阶段理论，而且满怀信心地提出了历史理论的乌托邦。重点考察赫勒对历史意识、历史性、神话、历史哲学等问题的理解。

第三编考察赫勒碎片化的历史意识：宏大历史叙事之崩塌。经历了80年代末的剧烈社会动荡，90年代的赫勒已经完全接受了后现代的思维方式和表达方式，从构建体系转向描述断裂。偶然性理论是赫勒这个时期历史哲学的本体论基础，偶然性概念成为核心概念。真理成为一种理念，所有真理都是历史真理。"理性的终结"是绝对化、普遍化、压制化理性之终结。面对以黑格尔绝对精神为标志的巨大的理性遗产和现代性的断裂，赫勒感受到的是历史的重压、现实的困境和未来的迷茫，认为我们都是历史性牢狱中的成员。

　　第四编考察赫勒关于现代性的历史反思：后现代视角的历史重构。赫勒后现代视角中的现代性理论是其历史哲学的一个延伸和组成部分。赫勒指出，技术想象和历史想象共同构成了现代性的想象机制。极权主义的特殊经历和体验，加深了赫勒对宏观历史叙事崩塌的理解，激发了对自由民主真实含义的理解。赫勒对时间历史性的全部考察都是为了强调时间的"现在"性质。赫勒提出了同在性的概念和绝对现在时的观念。在后现代，正如同哲学不再寻求永恒的绝对真理，历史哲学也不再寻求统一的历史解释，哲学变成解释学（Hermeneutics），历史哲学变成历史诠释（解释）学。

　　第五编是对赫勒历史哲学的总体评价。赫勒历史哲学思考是在后现代思潮背景域中进行的，日常生活特征、存在主义影响、后马克思主义转向是赫勒历史哲学尤为显著的特征。日常生活理论在赫勒所有哲学思想中有着本体性影响。赫勒历史哲学表现为一种存在论的而不是认识论的历史哲学，同时呈现出后马克思主义历史观的鲜明特征。

　　在结语部分，揭示赫勒历史哲学本质上的乌托邦主义性质，揭示其总体上的空想性，同时说明赫勒对存在意义之不懈追寻的乌托邦精神与追求。

　　在研究中我们将证明，赫勒历史哲学的发展过程就是一个后现代转向的过程。赫勒历史哲学就像一股涓流，以其独特的方式汇入后现代主义的浪潮之中，表现出整个现代历史哲学后现代转向的总体特征以及其鲜明的个性特征。

第 一 编

赫勒的理论追求及历史
哲学思想的发展

第　一　章

后马克思主义视域的历史

哲学的理论基础

　　在这个普遍的解释学的时代，一个哲学家能做
些什么呢？继续撞击历史性牢笼之门。①

——赫勒

① Agnes Heller, *A Philosophy of History in Fragments*, Blackwell Publishers, 1993, p. 215.

第一章

历经黑暗追寻光明：赫勒的
生平及其理论追求

阿格尼斯·赫勒（Agnes Heller），当代著名哲学家，一位历经黑暗①而始终追求光明、历经磨难却永不屈服的智慧而坚强的女性。赫勒不同寻常的人生经历决定性地影响了其思想历程及理论关切。赫勒 1929 年生于匈牙利首都布达佩斯，父母均为犹太人。她是捷尔吉·卢卡奇的同事、学生和朋友，现任纽约新社会研究学院汉娜·阿伦特哲学讲座教授。20 世纪 50 年代，赫勒来到卢卡奇的身边，并在其指导下完成博士论文。

黑格尔、马克思、卢卡奇、海德格尔等人的哲学思想是赫勒哲学思考的重要思想来源。在赫勒研究中，卢卡奇（Georg Lukacs，1885-1971），是一个非常关键的人物。卢卡奇——赫勒的导师，匈牙利著名的哲学家、马克思主义理论家和革命活动家，在 20 世纪马克思主义演进中产生了重要影响，也引起了巨大争议。

作为西方马克思主义的开创者，卢卡奇的一生与国际共产主义运动的历史进程紧密相关，其坎坷的经历也影响着他的理论发展。1923 年，卢卡奇的《历史和阶级意识》问世，这部以"历史"和"阶级意识"为主题的著作成为西方马克思主义的第一部经典之作，代表了他的早期哲学思想和基本马克思主义观，开启了"西方马克思主义"的思潮。卢卡奇的《历史和阶级意识》和科尔施的《马克思主义和哲学》，被称为西方马克思主义的"圣经"。

---

① Martin Jay, *Women in Dark Times*: *Agnes Heller and Hannah Arendt*; *The social philosophy of Agnes Heller*, Edited by John Burnheim, Amsterdam-Atlanta, GA 1994, p. 41. 该文作者马丁·杰将赫勒和阿伦特并称为黑暗时代的女人。

在《历史和阶级意识》这部经典著作中，卢卡奇提出了"主体—客体"辩证法理论，他指出，"正统的马克思主义并不意味着无批判地接受马克思研究的成果。它不是对这个或那个论点的'信仰'，也不是对某个'圣'书的注解。恰恰相反，马克思主义问题中的正统仅仅是指方法"，这个方法就是辩证法。

卢卡奇认为，马克思主义的核心问题其实就是辩证法问题，辩证法仅仅存在于人类社会历史之中，从而否定了自然辩证法。同时，卢卡奇把"历史"确立为马克思主义哲学一个基本的也是最重要的范畴之一。他指出："马克思确认，历史性是一切社会存在的根本范畴，而一切存在都是社会存在。我认为这是马克思理论的最重要部分。在巴黎手稿中，马克思说，只有一种社会科学，即历史科学，他甚至补充说'非对象的存在物是非存在物'。这就是说，一个没有范畴特性的事物不能存在。就是这一点使我的本体论与以前的哲学清楚地区别开来。"① 在卢卡奇的理解里，历史是人类的社会活动，是人的行动，"如果我们可以把全部现实看作历史（即看作我们的历史，因为别的历史是没有的），那么我们实际上使自己提高到这样一种立场，在这种立场上，现实可以把握为我们的'行动'"。②

按照卢卡奇的逻辑，历史是全部现实，而全部现实就是人类的社会活动的结果或社会活动本身，作为人类的我们就是历史的主体，在人类的创造性社会活动中，历史就是主体和客体的统一。"但是要理解这种统一，就必须指出历史是从方法论上解决所有这一切问题的场所，而且具体地指出这个历史主体的'我们'，即那个其行为实际上就是历史的'我们'。"③ 这就是说，除了人类活动所创造的社会现实和人类不间断的创造性活动，除此之外无所谓历史，即使自然界，也是人化的自然界。卢卡奇透过资本主义的物化现象，发现了真正的人类历史："历史恰恰就是人的具体生存形式不断彻底变化的历史"，"只有从这样一种立场出发，历史才能真正

---

① ［匈］卢卡奇：《卢卡奇自传》，社会文献科学出版社1986年版，第204页。
② ［匈］卢卡奇：《历史和阶级意识》，商务印书馆1992年版，第223页。
③ 同上书，第223—224页。

地变为人的历史。这是因为在历史中再也不会有任何不能回溯到人，回溯到人与人的关系的东西。"① 所以，按照卢卡奇的理解，历史是人类创造的产物，本质上是人与人之间的社会关系。

卢卡奇哲学思想尤其是历史哲学思想对赫勒思想的形成和发展产生了决定性的、持久而深刻的影响。直到后来，赫勒在谈到卢卡奇时，依然充满感情与赞誉，"有卢卡奇这样的导师是我生命中最为幸运的事情之一，尽管他不再是一个天才，像我当年遇到他的时候那样，但是，他人格的魅力和冒险思考的热情仍然是压倒一切的"②。

20世纪50年代中期，以卢卡奇为首的匈牙利新马克思主义派别因其活动中心在布达佩斯而得名为布达佩斯学派，同东方、西方各种"新马克思主义"派别有广泛的联系。卢卡奇是布达佩斯学派的创始人，主体是卢卡奇的众多学生，其中最著名的是赫勒、费赫尔（赫勒的丈夫）、马尔库什、瓦伊达、黑格杜斯等。卢卡奇的一生的经历直接或间接地影响了赫勒等人的思想和活动。

激进哲学和激进民主是布达佩斯学派社会批判理论的重要特征。20世纪50年代初，匈牙利政党出现政治分歧，纳吉力图摆脱苏联社会主义模式，走"民主社会主义"道路。卢卡奇在哲学上发表与马克思主义"正统"的不同见解，表示对纳吉支持。1956年苏共二十大后，卢卡奇及其学生赫勒等积极参加非斯大林化运动，在"裴多菲俱乐部"反对所谓"斯大林时代歪曲"，要求维护个人自由和主权，反对国家对新闻出版的控制；反对农业合作化，支持工人成立"工人委员会"；要求"改革"和"复兴"马克思主义。1957年，匈牙利革命被镇压，在匈牙利的大规模反对修正主义运动中，赫勒被开除出布达佩斯大学并被清除出党。1961年苏共二十二大后，卢卡奇重返哲学论坛，提出了"社会存在本体论"概念，进一步把自己的思想系统化。1967年，卢卡奇重版了他40多年前的

---

① ［匈］卢卡奇：《历史与阶级意识》，杜章智译，商务印书馆1999年版，第280页。

② Agnes Heller, *A Reply to My Critics*, *The Social Philosophy of Agnes Heller*, Edited by John Burnheim, Amsterdam-Atlanta, G. A., 1994, p. 311.

《历史和阶级意识》一书，再版前言批判地重申了自己过去的基本观点。随后，赫勒发表了《文艺复兴时代的人》（1967），黑格杜斯发表了《社会主义社会的结构》（1966）等，这些著作在国内外引起了强烈反响。

1963年赫勒被平反，回到匈牙利科学院。这个时期，赫勒研究的主题是社会主义的人道化。1968年8月，苏联入侵捷克斯洛伐克，扼杀了"布拉格之春"，参加科尔丘拉夏令学院的来自世界各地的122名新马克思主义者起草了告世界人民书，抗议苏军暴行，赫勒与几名匈牙利哲学家在抗议书上签名。为此付出的代价是，1968—1974年间，赫勒与其他成员被再次清除出党。1977年，赫勒与丈夫费赫尔流亡到澳大利亚，在拉托堡大学讲授哲学与社会学，自由的学术空间激发了赫勒的学术研究。1985年，赫勒与丈夫费赫尔转到美国纽约新社会研究学院任教至今，为阿伦特哲学讲座教授。

不同寻常的政治经验和政治文化背景，决定了赫勒独特的研究风格、研究进路及研究历程。经历过高度集权的匈牙利，使赫勒对社会问题的思考变得更加敏感而深入，她既关心现代社会的一些共同问题，又特别关注一些与经验社会有关的特殊问题。赫勒研究领域广泛，涉及哲学、历史哲学、伦理学、政治哲学、美学等多个领域。赫勒本人曾把自己关于本能、情感、需要、道德、人格、历史六个方面的研究统称为"社会人类学"。有研究者认为，在其众多研究领域中，最能代表她的思想的是三个相互关联的主题：人的本质、基本需要和日常生活。① 这个结论为时过早，事实上，赫勒是一个研究跨度很大的哲学家，这种研究跨度大致分两个方面，一是研究时间跨度，二是研究领域跨度，80年代以后，历史问题与现代性问题逐渐成为赫勒的研究主题，并且发表了多部著作。

赫勒的著作包括：《文艺复兴时代的人》（1967）、《日常生活》（1968）、《马克思的需要理论》（1974）、《激进哲学》（1978）、《人的本能》（1979）、《情感理论》（1979）、《历史理论》（1982）、《对

---

① ［匈］赫勒：《日常生活》中译者序言，重庆出版社1990年版，第10页。

需要的专政》（1983）、《马克思与现代性》（1984）、《羞愧的力量》
（1985）、《重建美学》（1986 年）、《超越正义》（1987 年）、《普通伦
理学》（1988）、《后现代政治状况》（1988）、《道德哲学》（1990）、
《现代性能够存活吗？》（1990）、《碎片中的历史哲学》（1993）、《生
态政治学：公共政策和社会福利》（1994）、《现代性是什么？》
（1995）、《现代性理论》（1999）、《混乱的时代》（2002）、《审美哲
学》（2004）等四十余部。

　　1956 年前，卢卡奇的学生都没有什么理论著作。在回顾自己学
术生涯时，赫勒指出，当时笼罩东欧的是"斯大林化"进程，根本
不具备对社会现实问题进行自由研究的可能理论空间。1956 年，在
苏共二十大的影响下，匈牙利爆发了著名的"十月革命"。赫勒和
卢卡奇的其他学生积极参加各种自由论坛活动。赫勒发表了《黑格
尔的历史哲学和俄国的革命民主主义者》一文，这被认为是第二次
世界大战后匈牙利马克思主义阵营中人道主义流派的最初哲学阐
述。[①] 就此，我们也许可以看出，赫勒对历史理论的兴趣由来已久，
尤其是黑格尔哲学对其历史哲学的深刻影响。

　　1968 年的捷克事件是赫勒理论生涯的重大转折。"这些事件的
影响使布达佩斯学派成员的研究中心和主题发生了较大转变：从追
求现存社会主义制度内部的民主化转向从更高的立足点对现存社会
主义和当代资本主义进行超越性的分析批判；从立足于国内的研究
转向置身于国际学术大背景中的探索。"[②] 1970 年以后，赫勒《日
常生活》（1970）、《马克思的需要理论》（1974）、《人的本能》
（1978）等著作陆续出版，赫勒的影响逐渐增大。正是在这些早期
著作中，赫勒基本上奠定了后来哲学的基本框架和基调。尤其是日
常生活批判理论，是赫勒历史哲学的一个显著特点，在后面章节中
将进行专门论述。

　　赫勒与东欧其他同时代的哲学家们一样，出生于那个风起云涌
的革命年代，马克思主义哲学及其实践是那个时代的主旋律与历史

①　《人道主义批判理论》，中国人民大学出版社 2005 年版，第 122 页。
②　同上。

选择。然而，历史的巨潮在奔涌向前时，却未能按照历史的设计到达理想的彼岸。在某种意义上，赫勒个人的命运与东欧社会主义的沉浮完全联系在一起，这也决定了赫勒终生的理论关切。当黑格尔、马克思等人的宏伟历史叙事与现实正面交锋，人们发现人类社会历史的发展远不是一劳永逸的历史规律之探寻与既定历史目标之实现，回过头来反思这种建立在寻求宏观历史规律与历史目标框架下的体系化历史哲学便成为新的历史课题。这一重大历史课题之主题必然经历从宏大叙事向日常生活的转轨，历史哲学的考察主语从宏观的人类社会向日常生活中的个人转换。

正是在日常生活批判中，赫勒宣称："个人与他的世界的相互关系是一个历史性问题，因而是一个历史的问题"，[1] "日常生活是总体的人在其中得以形成的活动"，"日常生活本身毫无保留地是对象化。即是说，它是作为主体的个人在其中'客观化'，同时人的客观化的潜能在其中开始脱离属人的根源的生活的过程；这些潜能像波浪一样，在其日常生活中和在他人的日常生活中，以这样的方式起伏前进，以至于只要是间接的，它们就融进和混合进历史的潮流之中，并由此而具有客观的价值内涵。由于这个原因，我们可以断言，日常生活是历史潮流的基础"。[2] 20世纪80年代以后，赫勒的主要关注点转向历史理论和现代性理论，而且，前后期关于历史的理论发生了明显的变化。

赫勒提出并创立了以"第二本性"为核心的本能论，既反对行为主义者根本否认人的本能或本性的做法，也反对本能论者在人的生物结构等第一本性中寻找人的潜能和人的本质的做法，而主张在人的历史生成的"第二本性"即"心理—社会本性"中把握人的潜能和本质。赫勒强调历史在人的本性生成中的作用，"人不是生来就具有不可剥夺的本能，这是因为人生来根本就没有本能。人也不是一张'白纸'，可以根据随时受到刺激而将刺激的结果留于'纸上'。但是人也不是一个生来就具有类本质的化身，不是一个人的

---

① ［匈］赫勒：《日常生活》，重庆出版社2010年版，第31页。
② 同上书，第51页。

本质的化身。人确实有'第二天性'，这个'第二天性'历史地得到了发展，并且在对象化中，在当今世界的个体中，作为一种相互影响而找到了化身。"①

需要理论是赫勒哲学的核心关注之一，她注重人在历史中生成的第二天性的研究，并注重人的需要的生成与满足，进而研究人类的需要结构。赫勒从马克思关于需要和价值的见解出发，创立了"人类需要理论"。赫勒反对那种把不同的需要划分为"真实的"和"虚假的"需要的做法，对他人的需要不应当带有偏见或独断，应当从"需要多元性""价值多元性"和"生活方式多元性"出发，除了应当排除那种把他人当作纯粹的手段这种需要以外，所有人的所有需要都应得到承认与满足，"有一种需要对于全部需要满足构成了困境，如满足这种需要则要求成为其他人的需要如剥削或压迫的纯粹工具"。② 这种需要就是把他人当作纯粹的手段的需要。赫勒认为，一切文化都是需要、矛盾和日常生活问题的产物，需要的丰富程度，反映了人和社会发展的程度。但是，现实生活却不可能满足所有人的所有需求。赫勒因此提出了"基本需要革命"的构想，而这一构想直接来自马克思的启发。

"基本需要革命"必须对现存需要结构进行改造，这在很大程度上依赖于"激进需要"和具有激进需要的个体的出现。激进需要是指那些产生于现存的以依附和统治为基础的社会之中，又无法在这一社会之中得以满足的需要。赫勒说："根据马克思的观点，那些超越了以附属和等级为基础的社会的人是那些具有激进需要的人，他们是这样的一些人，其有意识的需要不能被这些需要得以形成的社会所满足。为了满足他们的需要，这些人必须通过建立'合作生产者社会'来超越他们特定的社会。'合作生产者社会'只有当进步的力量形成了能够在同压迫和剥削进行不断斗争中，满足他

---

① ［匈］赫勒：《人的本能》，邵晓光、孙文喜译，辽宁大学出版社 1988 年版，第125 页。

② ［美］凯特琳·勒德雷尔主编：《人的需要》，转引自《日常生活》，重庆出版社 1990 年版，第 236 页。

们的激进需要的社会先决条件时才能不再是理论的构想。"① 赫勒的需要理论成为后来历史理论的基本观点，"社会主义历史理论把它自己同样理解成为激进需求的表达形式，但是它没有许诺满足未来所有人类的需求"。②

在需要理论的基础上，赫勒进而提出了"激进的需要"理论。激进的需要"首先也是一种需要，与个体需要不同，激进需要涉及社会问题，它的满足意味着总体的社会生活世界的激进转变"。③"激进的需要"理论建立在个人主义之上，指的是个人的质的需要，而不是量的需要，追求"全面的个人"（many-sided individual）的需要。事实上，赫勒提出基于个人的"激进的需要"，目的是对抗和反对苏联模式的社会主义条件下"社会需要"的拜物教。赫勒认为，在"社会需要"的逻辑中，个人的需要完全淹没在社会需要中，"社会需要"被"社会的需要"所取代。这个"社会的需要"既不是作为个体的个人的需要的整体或平均数，也不是"社会化的"个人需要，而是"'凌驾于'个人之上的普遍体系，居于比构成社会的个体的个人需要更高的层次之上"。④

激进需求的革命需要一种激进哲学，何谓激进哲学？所谓激进哲学是对现存以依附和统治为基础的社会的总体批判。赫勒在激进哲学对现存社会的批判中，努力建构一种理性乌托邦，后来成为历史理论中的乌托邦设计。在赫勒看来，"激进哲学应当把自己的理性乌托邦的价值应用于社会批判理论、生活哲学和政治理论领域，以便能够动员起每个行动的和思维的人，从而有助于消除人类的否定性选择。激进哲学必须变为实践，以便实践成为理论的实践，以

---

① ［美］凯特琳·勒德雷尔主编：《人的需要》，转引自《日常生活》，重庆出版社 1990 年版，第 241 页。

② Agnes Heller, *A Theory of History*, Routledge & Kegan Paul, London Boston and Henley, 1982, p. 319.

③ John Burnheim（ed.），*The Social Philosophy of Agnes Heller*. Amsterdam：Rodopi, 1994.

④ Agnes Heller, *The Theory of Need in Marx*, New York：ST. Martins Press, 1976, p. 67.

便人们能够把自己提升到哲学价值讨论的水平上"。①

可见，这个时期的赫勒依然深受马克思的影响，认为哲学不仅是理论，更重要的是实践；哲学不仅仅停留在哲学家的头脑中和层面上，更应该为社会中的每一个人带来生活方式的改变，并告诉人们如何行动。但是，我们必须承认，哲学应当具备实践的功能和属性、哲学应当具有道德和价值导向始终是赫勒哲学思想的美好愿望，而在实际上，这种愿望往往停留在一种"应然"的状态，在"实然"层面上，赫勒哲学尽管并不缺少批评的力量，却始终缺乏实践的维度。

同时，赫勒关于自由的思想又不同于马克思的观点，她宣称，马克思的自由概念具有四个特征，即"自由是完全质的和绝对的；它从属于个人；它排斥任何种类的必然或强制"；"发展个人的全部才智和能力"。她的理由是，人类由单独的个人组成，人类解放归根到底是个人自由。所以，个人应该按照各自的需要、才能、信仰和期望，自由地去选择各种生活方式。

从这里可以看出，赫勒把自由和必然对立起来，否认历史决定论，宣扬个人绝对自由，她把个人自由看作贯彻"实践哲学"和人道主义伦理原则的必要前提，认为在历史发展过程中，新情况层出不穷，往往同时存在着多种可能性。人们可以从各种可能性中自由地选择，社会发展并没有不依人的主观意志为转移的客观必然性。强调历史客观必然性，就会妨碍个人自由地参与社会发展的总进程，影响个人主动性的充分发挥。自由只能是人的自由的实践活动，而不是"对必然的认识"。所谓"自由是对必然的认识"，这是恩格斯从黑格尔那里引来强加给马克思的理论。所以，赫勒进而指出："我们将建立以适合于乌托邦理念的目标，不是期待乌托邦实现，而是产生一个世界，与我们生活的世界相比，其带有与乌托邦更多的相似性。如果我们以自己的力量去做任何事情以产生一个与我们的世界相比，其与乌托邦的世界更相似，我们就尽到了我们

_____

① Agnes Heller, *Radical Philosophy*, Oxford and New York: Basil Blackwell, 1984, p. 153.

的责任，我们就可以享受我们的生活，我们拥有的未来生活。"① 寻求对现实进行超越的乌托邦主义精神是赫勒哲学思想的显著特征。

西蒙·托梅（Simon Tormey）在《阿格妮丝·赫勒：社会主义、自律与后现代》中对赫勒政治思想做了一个历史性评述。西蒙·托梅认为，赫勒是一位伟大的政治思想家，赫勒在布达佩斯学派期间和学派的其他成员共同致力于对马克思早期思想的批判，试图通过批判来复兴马克思主义哲学，并在政治上试图通过改革来实现社会主义的理想。然而，1968 年事件使得这种政治理想在实践上归于失败，赫勒从此停止了以前那种"人道主义"马克思主义的分析和批判，由一种宏大叙事转入了对个人伦理、道德、责任、价值的"个体思考"。她认为，革命不再是关于历史必然性或社会阶级的事情，而是关于以道德方式行为的个体的事情，并且试图通过对个体日常生活的思考来建立自己的政治理论立场。② 从此，赫勒以一种激进左派的姿态就伦理价值、现代性、自治、历史等方面进行了深入的思考，在西蒙·托梅看来这些思考都是其政治思想的不同体现。

赫勒近半个世纪的学术活动与学术研究获得了广泛的赞誉，1981 年荣获莱辛奖、1995 年荣获阿伦特奖、2007 年荣获捷尔吉奖、2010 年荣获歌德奖章、2011 年荣获公众活动的匈牙利社会党奖章等荣誉。尤其是 2006 年，松宁奖委员会将欧洲文化最高奖授予赫勒，表彰其为促进欧洲文化发展做出的努力，称赞赫勒半个世纪来以"创造性的才能、政治的精明、道德的力量和知识分子的正直"叙述了欧洲文化。

---

① Agnes Heller, *A Theory of History*, Routledge & Kegan Paul, London Boston and Henley, 1982, p. 312.

② 参见 Agnes Heller, *Socialism*, *Autonomy and Postmodern*, Manchester University Press, 2001, 序言部分。

第二章

赫勒历史哲学的发展历程

在赫勒近半个世纪的学术研究中，在其所构想的包含本能、情感、需要、道德、人格、历史六个方面研究的"社会人类学"中，按照时间顺序，历史是"社会人类学"最后的研究领域，历史哲学思考是我们考察的核心主题。我们在研究中将会发现，这几个研究领域和主题是相互影响的，尤其是赫勒关于历史的思考，日常生活理论、需要理论和现代性理论是紧密相关的。在赫勒的"社会人类学"研究中，有几个领域被概括为三部曲。例如，在她研究的伦理领域，有研究者将赫勒的《一般伦理学》《激进哲学》和《论本能》合称为道德理论三部曲。在道德理论三部曲中，赫勒深受克尔凯郭尔的启发，提出了"差异性范畴下生存的选择和普遍性范畴下生存的选择"问题，对于如何面对现代性困境和解决道德缺失问题有着很重要的理论意义和现实意义。我们关注的是赫勒的历史哲学的三部曲。

我们可以发现，赫勒历史哲学具有典型的后现代主义倾向。从研究的视角来看，赫勒的历史思考当然应该称为历史哲学，但是赫勒本人并不情愿把自己关于历史的思考称为历史哲学，而更倾向于将自己的历史思考叫做历史理论。赫勒的研究主题广泛，分布于本能、情感、需要、道德、人格、历史等多个领域，就其历史问题的思考而言，主要是从80年代以后开始的。尽管在需要理论、激进民主理论、日常生活理论、异化理论、社会主义理论中赫勒对历史问题也有论及，但是她系统地研究历史问题集中表现在1982年的《历史理论》、1995年的《碎片中的历史哲学》、1999年的《现代性理论》。

　　当然，有研究者认为，赫勒的这三部著作是关于现代性的三部曲①。笔者认为这个三部曲更应该称为关于历史哲学的三部曲。在《碎片中的历史哲学》序言中，赫勒说："我并不认为一种新的历史哲学只有在旧的死亡之后才能出现"，指出这是"一种宏大历史叙事消失之后的历史哲学"。《现代性理论》序言中，赫勒指出："《现代性理论》可以当作我始于《历史理论》，继之以《碎片中的历史哲学》的三部曲的最后一部来读。"

　　通读《历史理论》《碎片中的历史哲学》后，直接的感受是，这确实是历史哲学著作，尽管从《现代性理论》的名称里看不出历史的影子，但是，研究以后就会发现，这仍然是历史主题的著作，只不过是后现代语境中，站在历史反思与重构视角上的现代性反思与批判。赫勒本人在《现代性理论》序言中提出"历史理论呈现出社会与政治科学的形式，或者至少是运用这些科学的内容作为原材料和思考的跳板——作为思考的蹦床"。② 可见，赫勒关于现代性的理论仍然是其历史理论的表现形式。在著作写作期间，笔者还专门请教过赫勒教授本人，是否可以把《历史理论》《碎片中的历史哲学》《现代性理论》作为历史哲学三部曲来阅读，赫勒教授在回复中肯定了笔者的看法。

　　就赫勒历史哲学的特点而言，不是一种单纯地就历史而论历史的理论，她并不关心纯粹的历史问题，而且反复强调研究历史是为了着眼现在，历史哲学"研究过去并不仅仅是为了找出历史事件、客体和主体的含义、意义和价值，而且要揭示我们与他们的共同之处。我们把过去存在过的人当成是如今的人类一样而与之交流。研究历史就是与人类交流"。③

　　综观赫勒历史哲学思想的发展历程，大致经历了三个阶段，实

---

　　①　何其林博士在《赫勒审美现代性研究》（四川大学）中的提法。

　　②　［匈］阿格尼斯·赫勒：《现代性理论》，李瑞华译，商务印书馆 2005 年版，第 2 页。

　　③　Agnes Heller, *A Theory of History*, Routledge & Kegan Paul, London Boston and Henley, 1982, p.79.

质上就是从构建一种历史理论的体系，到碎片化的历史断想，再到现代性历史反思与重构——后现代历史诠释的发展过程。

第一阶段，20世纪80年代赫勒历史哲学，提出历史理论的乌托邦主义（新马克思主义）者赫勒。一方面，这个时期的赫勒延续了历史的宏大叙事，我们似乎更应当将这个时期的赫勒看作乌托邦主义者（新马克思主义者）；另一方面，就赫勒在这个时期所表现出来的拒斥必然性、拒绝规律性、提倡多元化、强调体验性等理论倾向，我们依然可以从广泛的意义上将之归为后现代主义。

1982年，赫勒在《历史理论》中，信心十足地提出一种宏大的历史叙事，对人类历史意识的发展进行了宏观的描述，并探讨了历史哲学的许多重要问题。也许正是这个宏大叙事，使赫勒的历史哲学更像是一种乌托邦主义的宣言。在《历史理论》中，赫勒选取了历史意识的三个主要表现形态，即日常历史意识、历史编纂学（编年史）、历史哲学作为反思和阐述的对象。在这个时期，赫勒一直坚持自己是在提出一种历史理论而不是建立一种历史哲学。在研究中，我们发现了可以清晰地看到黑格尔、柯林伍德、马克思、卢卡奇等人对赫勒的影响。

尽管批评宏大叙事是赫勒历史哲学的任务之一，但是她关于历史意识六个发展阶段的理论仍然是宏大叙事，而且又回到黑格尔的精神范式上。赫勒的历史思考深受柯林伍德影响，在《历史理论》序言中，赫勒表达了对柯林伍德的敬意，并表示谨以此书纪念柯林伍德。彼得·贝尔赫兹高度评价了赫勒的《历史理论》，他认为，这"确实是一部迷人的作品。它用英文架起了《马克思的需求理论》、《文艺复兴人》和《情感理论》、《人的本能》之间的桥梁。它预料到了后来的现代性之争，在这个令人不满的社会和普通伦理学之间的争论。它为日常生活注入了理论"。①

这个时期，赫勒历史哲学基本上沿袭着宏大叙事的理论模式。人类从未经反思的普遍性到反思的普遍性这个历史意识的发展过

① Peter Beilharz, *Theories of History——Agnes Heller and R. G. Coollingwood*, *The Social Philosophy of Agnes Heller*, Edited by John Burnheim, Amsterdam-Atlanta, G. A., 1994, p.121.

程。尽管有猜测的性质,但是,在赫勒看来,历史意识的发展阶段从神话到后现代,更少些猜测性。赫勒努力提出一种新的历史理论,对历史发展有自己独特的理解,她批评所有的历史哲学都把"发展""倒退"和"永恒重复"实体化了,她希望建立一个可以替代以往"历史哲学"的"历史理论",包括发展的价值观。但是,与各种以往历史哲学相比,它不再将发展实体化。在这个时期,赫勒对历史哲学抱有坚定的信念,指出历史哲学的功能就是承诺和警告。过度决断使得承诺和警告变得有力量,而承诺和警告都是急需的。

在这个时期,赫勒的主要任务是建立一个自己的"历史理论"来替代以往的"历史哲学",并提出了自己坚定的历史乌托邦设计。她坚持"历史的意义"和"理解历史"的可能性,告诉人们不要完全放弃理解我们行为和生活的要求,要坚持"历史中的真理",而不要放弃真理的要求。她坚持认为,尽管应当严厉地批评历史哲学错误的观念,尽管对于它的成就应保持所有的怀疑,尽管对于这项工作理论上的和实践上的天生的危险应有所意识,还是要坚信赫德尔的话:"历史哲学也是人类教育所需要的。"

我们可以认为,这个时期的赫勒完全是乌托邦主义者(新马克思主义者),在历史哲学上无意识地延续着宏大历史叙事。

第二阶段,20世纪90年代赫勒历史哲学,沉迷于碎片化的自觉的后现代主义者赫勒。

在《碎片中的历史哲学》序言中赫勒提出,"历史学就是历史学时代的形而上学(History is the metaphysics of an epoch which is History)",这种形而上学的需要根植于我们的存在之中。赫勒说,《碎片中的历史哲学》不是一本关于历史的书,而是宏大叙事死亡之后的历史哲学;尽管《碎片中的历史哲学》是《历史理论》的续篇,但没有回到前篇的问题上。这个时期,赫勒完全放弃了对宇宙进步的确信,认为关于世界的不断增长的明晰与确定一去不返了。这个时代不适宜描述体系,却适宜描述断裂与破碎。按照赫勒本人的理解,这种历史哲学是经过反思的历史意识,它不再描述体系,而是描述断裂与碎片。齐格蒙特·鲍曼认为,此书是后现代历史意识的哲学向导。

在这个时期，赫勒哲学体现了存在主义对她的深刻影响。她接过了帕斯卡尔的论断，人被悬置在零与无限（即内在的与外在的无限性）之间。单个的人是虚无，是零，因为个体被加到无限之上还是无。人们作为"单个人是微不足道的，他们的生活既没有目的又没有意义，他们被偶然地抛入无限性的死亡之中，被抛入无所谓的活字印刷板的随意组合之中，对这些的意识和理解使他们心中充满恐惧"。① 在赫勒看来，"现代人就像信一样，被放置或抛掷进一个未具地址的信封上，拥有一个空洞的虚空自由。不妨说，这些信件是'自具地址'或'寄给自己'的，或者信封是空白的"。②

这个时代被赫勒描述为没有主流话语的时代，没有绝对的真理，真理成为在持续的瞬间中有意义的生存行为的有规律的理念。赫勒把历史意识看作团体精神，"我们将自己看成是已经被扔进团体精神这个历史性牢房里的成员。这是一个历史性的牢狱，因为团体精神领域的居民开始认识到所有时代的所有人都在其所崇拜的时代里，他们的思想被时代禁锢，他们唯一不知道的就是我们所知道的。正像过去时代被俘虏的人们一样，未来时代的人们也一样。现代牢房的犯人能够了解关于过去文化的牢房的情况，甚至了解过去牢房的犯人所不知道的历史性。但关于未来的时代，他们一无所知，甚至未来时代的居民是否了解其本身的历时性，现代人也不清楚，更不用说知道是否存在未来的时代了"。③ 一句话，面对历史，面对现时代，我们只是后现代历史牢狱的成员，对未来一无所知，只能接受偶然性的命运。

20世纪90年代的赫勒，尝试建立宏大叙事死亡之后的历史哲学。赫勒提醒人们，必须抗拒构造历史或宇宙的大设想的诱惑，对终极问题只能保持沉默。问题是，这样的历史思考意味着历史学家能做什么呢？所能做的仅仅是主观精神的经验性的呈现，而这种呈

---

① Agnes Heller, *A Philosophy of History in Fragments*, Blackwell Publishers, 1993, p. 12.

② Ibid., p. 25.

③ Ibid., pp. 212-213.

现只能是碎片化的或单子化的自我意识。在《历史与转义：隐喻的兴衰》中，安克施密特详细地比较了历史主义与后现代主义之间的差异。他的结论是，后现代主义是历史主义的激进化。历史主义的历史对象是具体化的过去，追求的是历史对象的绝对真实与客观，而后现代主义的历史对象则具有历史学家的经验性质，这种历史对象只"具有其作为部分的客观实在地位，只是由于我们自己及其关于我们的现在的意识的二重化；照此，它不是部分的具体化的过去，而是定位于过去与现在之间的间距与差异之中"。① 按照笔者的理解，这种"间距与差异"必须经过历史研究者的注释与思考，必须融入主观经验与判断。这样，历史的画卷就只可能成为个人主义的七拼八凑的"马赛克"或不规则"挂毯"②。

第三阶段，世纪之交的赫勒历史哲学，对现代性进行历史反思与历史重构的后现代主义者赫勒。

根据赫勒本人的说法，从 1978 年开始，现代性的命运就成为她和丈夫费赫尔的核心理论关切。正是在《现代性理论》中，赫勒将《现代性理论》与《历史理论》和《碎片中的历史哲学》合称为三部曲。

赫勒的现代性理论始终怀着深深的历史关切和历史反思。我们有理由通过赫勒的现代性批判与反思来考察其历史哲学思想的轨迹。当赫勒逐渐认识到揭示后现代的生存状况是自己最重要的任务，对现代性的历史反思与历史批判便提上日程。

后现代主义者认为，未来是未知的，他们根据偶然性来思考，否定了盲目的必然性思维方式，启发人们多向度、开放式、挑战性思维。赫勒揭示了现代社会自由和理性的悖论。赫勒批判了现代主义关于过去、现在、未来的理解，认为现代主义把现在边缘化，把现在看作一个过渡。赫勒提出"绝对现在时"的观念，强调人们必须对现在负责。"绝对现在时"包括现在之过去和现在之未来。在

---

① ［荷］安克施密特：《历史与转义：隐喻的兴衰》，韩震译，北京出版社 2005 年版，第 306 页。

② 赫勒用"马赛克"或"挂毯"来形容历史哲学叙事，见 Agnes Heller：*A Philosophy of History in Fragments*, Blackwell Publishers, 1993, p. 33.

后现代的观念里，人们不能说拥有真理，而只是在接近真理，只能理解为对历史真理负责。人作为一个转瞬即逝的有限存在者，对涉身其中的真理负责也就是在实践现代性，强调历史意识的反思力量。

由于赫勒拒斥必然性、摧毁现代性的统一性基础的后现代立场，赫勒关于现代性的理论显得凌乱而缺乏深度。在《现代性理论》中，赫勒讨论了现代性的许多重大问题，例如，现代性的动力与格局、现代性的逻辑、文明与文化、时间问题、法律问题、价值问题、伦理问题等，但是由于缺乏统一的理论基础（这是后现代主义所反对的），很多问题陷入了多元论和相对论，许多论述基本上浅尝辄止。

但是，在赫勒关于现代性的两种想象制度的论述，关于时间的历史性质的探讨，关于后现代历史诠释等问题的论述，尽管充满了后现代多元论和相对主义，我们还是始终能够感受到赫勒浓厚的历史意识、强烈的历史责任。

第 二 编

历史性的哲学话语：
宏大历史叙事之延续

　　历史并不仅仅是一些发生在我们身外的事。它并不是像穿在我们身上的外衣一样是我们外在的特征，我们就是历史性，我们是时间和空间。①

——赫勒

---

　　①　Agnes Heller, *A Theory of History*, Routledge & Kegan Paul, London Boston and Henley, 1982, p. 4.

第三章

提出宏大历史叙事

20世纪80年代以前，赫勒哲学的核心关切是日常生活的人道化探索，激进哲学和激进需求理论是赫勒为现存社会开具的药方。在历史哲学方面，赫勒是作为社会主义历史理论者出现的，一方面，对现存社会及历史哲学思想进行了批判和反思，另一方面，坚定地提出了一种社会主义的历史理论。

结合国际共产主义运动的兴衰来考察，社会主义是当时东欧社会活生生的社会现实，这是那个时代的历史反思的必然产物。从国际上看，20世纪80年代的时候，后现代主义已经是一种国际文化思潮。但是，将这个时期的赫勒看作后现代主义者还为时过早，即使是，也是一个不自觉或不情愿的后现代主义者。一方面，我们似乎更应当将这个时期的赫勒看作乌托邦主义者（新马克思主义者）；另一方面，就赫勒在这个时期所表现出来的拒斥必然性、拒绝规律性、提倡多元化、强调体验性等理论倾向，我们依然可以从广泛的意义上将之归为后现代主义。

众所周知，历史哲学本身作为一种对历史的哲学反思，肇始于维科，经历了从思辨的历史哲学向分析的或批判的历史哲学的发展过程，这个过程既是历史哲学研究主题的变化过程，也可以看作历史哲学家表达历史哲学思想的方式的变化过程。在19世纪思辨的历史哲学时期，由于回答的主要问题是历史演变的规律，是对历史进程的哲学思考和概括，历史哲学家们往往采取宏大叙事式的理论建构模式。而从20世纪初开始的分析的或批判的历史哲学，由于探讨的主要问题是历史理解的性质，往往回避普遍史、世界历史、总体叙述、元叙述这类主题，关于宏大历史叙事自然退到边缘。

后现代历史哲学作为对现代历史哲学的反思，尽管声称向统一性开战，但是，如果后现代历史哲学要获得理论上的力量，必须重新思考宏大历史叙事的叙事模式。我们认为，反对理性必须以更理性的方式来进行，瓦解、消解本身必须立足建构。克莱因指出，"从列维-斯特劳斯到利奥塔，从克利福德到福山，我们仍然受到历史的困扰，即使我们迫切要彻底摆脱总体叙述的弊端，但我们还是一而再再而三地回到宏大叙事中"。① 这是理性的内在要求，也是理性的追求。这样看来，赫勒宏大叙事式的历史叙事起点有其内在必然性。

赫勒关于历史的思考始终被浓厚的历史意识所包裹。"历史并不仅仅是一些发生在我们身外的事。它并不是像穿在我们身上的外衣一样是我们外在的特征，我们就是历史性，我们是时间和空间。"② 历史性是人类状况的构成部分，后现代者发现他们生活在我们时代的、历史的、历史性的牢狱中。

从历史性的首要问题开始发问的方式本身，体现了赫勒对历史性的理解。赫勒认为，"每个人终有一死"，从面临死亡的那一刻起，从明白时间、空间意义的那一刻起，我们总是提出同样的问题展示出人类的历史性。问题从来不变，而答案却不断变化。每一个历史时代的人都会发问："我们来自何方，我们是什么，我们去向何方？"赫勒认为，人类历史意识的发展阶段与这些问题的回答相关，这种回答在实体上和结构上都不同，这就表现为历史意识的发展阶段。历史意识本身是一个永恒的自我回归的过程。在这个过程中，过去和未来被现在吸收，并且差异性在历史意识本身的范围内变得不一样了。因此，历史意识的顺序或发展阶段依次出现的时候，伴随着许多被吸收的过去的历史意识的顺序或发展阶段。然而，其他的历史意识正在成为历史意识本身的表现。它们就是在不

---

① ［美］克莱因：《叙述权利的考察：后现代主义和没有历史的人》，转引自陈新主编《当代西方历史哲学的若干问题》，复旦大学出版社 2004 年版，第 315 页。

② Agnes Heller, *A Theory of History*, Routledge & Kegan Paul, London Boston and Henley, 1982, p. 4.

同时代成长起来的历史意识这棵树的树枝。①

黑格尔体系化哲学深刻地影响着赫勒。1830 年，黑格尔出版了《历史哲学》（*Philosophie der Weltgeschichte/Philosophy of History*）这部专著。当然，黑格尔研究历史并不是就历史论历史，而是将历史置于哲学反思的框架之中进行思考。他说道："'历史哲学'只不过是历史的思想的考察罢了。'思想'确是人类必不可少的一种东西，人类之所以异于禽兽者以此。"② 而这种唯一的思想在黑格尔看来便是"理性"（reason）。"'理性'是世界的主宰（sovereign），因此，世界历史向我们展现为一种合理性的过程。"③

正是借助理性这个核心概念，黑格尔构建起了关于世界历史的宏大叙事体系。黑格尔认为："一方面，理性是宇宙的实体，借助理性和在理性之中，所有的现实才能存在和生存；另一方面，理性又是宇宙的无限能力，理性并不是无所作为，并不仅仅是只产生一种理想，一种虚悬在现实以外某个无人知道的地方存在的意图。也不是仅仅在某些人头脑里分离和抽象出来的东西。理性是事物无限的联合体，是一切事物的完整的本质和真理。"④ 可见，在黑格尔那里，理性就是一切，理性既是自己生存的基础，又是最后目的，同时又是实现目的的活动的能力；理性既是历史的主体，又是历史的客体。"这种'观念'或'理性'就是真实的、永恒的、绝对有力的本质；它在世界里展现自己。在这个世界里，被展现的只能是理性的光荣和荣誉，剩下的一切都不能被展现。"⑤ 因此，世界历史不过是"理性"的外化和展现，世界历史的发展就是理性的合理性的发展变化过程。在赫勒的历史哲学中，她是通过历史意识的发展变化来揭示历史进程的发展过程。

《历史理论》写作于 1982 年，按照赫勒本人的叙述，那是一个

---

① Agnes Heller, *A Philosophy of History in Fragments*, Blackwell Publishers, 1993, p. 197.

② Hegel, Philosophy of History, London: the Cononial Press, 1900, p. 8.

③ Ibid., p. 9.

④ Ibid..

⑤ Ibid., p. 10.

未经反思的后现代时期，她将历史意识的发展描述为"从未经反思的一般性意识到经过反思的一般性意识"的发展过程。这个过程依次是：（1）未经反思的一般性意识：神话；（2）反映在特殊性中的一般性意识：史前历史意识；（3）未经反思的普遍性意识；（4）反映在一般性中的特殊性意识：真正的历史意识；（5）经过反思的普遍性意识：世界历史意识；（6）经过反思的一般性意识——作为一项任务（找到分析历史意识的办法）。①

有必要对赫勒不同思想发展阶段对历史理解的变化进行比较。《历史理论》写作于 1982 年，按照赫勒本人的叙述，那是一个未经反思的后现代时期，时隔近二十年之后，1999 年在《现代性理论》中，赫勒自称《现代性理论》中的哲学预设是直接来自《历史理论》和《碎片中的历史哲学》，但是，其中还是发生了变化。在《现代性理论》的"后现代视角中的现代性：哲学预设"一章中，赫勒再次提出历史意识的六个阶段：（1）未经反思的一般性意识：神话；（2）反映在特殊性中的一般性意识：历史；（3）未经反思的普遍性意识：普遍神话；（4）反映在一般性中的特殊性意识：现代性的基础性叙述；（5）经过反思的普遍性意识：普遍历史（宏大叙事）；（6）经过反思的一般性意识：后现代意识。②

在赫勒前后期关于历史意识六个发展阶段的论述中，尽管都采取了宏大叙事的叙事模式，历史意识都经历了从未经反思的一般性意识到经过反思的一般性意识的螺旋式发展过程，但是仍然有区别。在《历史理论》中，赫勒指出，历史意识发展第六个阶段是找到分析历史意识的办法，赫勒为此提出了历史理论的乌托邦。历史意识发展第六个阶段是后现代意识。赫勒在不同历史时期对历史意识六个发展阶段论述的差异，反映了赫勒的历史理解从乌托邦历史理论向后现代历史想象的转变。

尽管赫勒指出这种历史阶段的划分具有理论与理想性质，而非

---

① Agnes Heller, *A Theory of History*, Routledge & Kegan Paul, London Boston and Henley, 1982, p. 3.

② ［匈］阿格尼斯·赫勒：《现代性理论》，李瑞华译，商务印书馆 2005 年版，第 9 页。

经验性质，实际上还是对应着特殊的历史时期。尽管前、后两种历史发展六阶段说的具体论述有所不同，但是，赫勒之所以强调历史意识发展的阶段，而且是以一种类似宏大叙事的方式进行（一般说来，后现代主义本身排斥这种宏大叙事），主要目的是强调历史意识的反思性质。

这里的问题是，赫勒把后现代意识等同于历史意识发展的第六阶段，也就是"经过反思的一般性"意识，又怎么提出了未经反思的后现代性概念与经过反思的后现代性概念？赫勒认为，所有类型的后现代思想都思考一般性，却未必都把自身视为反思对象。未经反思的后现代思想往往是自以为是的或愤世嫉俗的，或者兼而有之。与此相反，经过反思的后现代思想直面现代性的悖论，善于讽刺，有时持冷漠和超然的态度。按照赫勒的理解，经过后现代视角的强烈反思之后，现代性将重新思考自身。现代主义不是一个过去时，我们正在经历的仍然是现代主义，只不过经过反思的现代主义将不再以绝对自信的姿态出现，现代主义的现代性可能只是多种观点中的一种，后现代主义的现代性也是其中之一。

在历史理论的宏大叙事中，赫勒通过历史意识发展的六个阶段，揭示了当代历史意识的混乱状况。如何应对所有协调一致的历史哲学同时崩溃的局面，为历史提供解释，成为赫勒历史哲学的任务。赫勒认为，在现有历史哲学的比较中，我们找不到任何应对的办法。在以往的历史哲学中，历史好像成为一种技术化的设计与盘算，"历史意识的混乱表现了这样的感觉：历史是关于如何使她的最好剧本在棋局上演的一种计算机化的精心设计"。但是，真正的历史充满了变数，并不听凭人们设计和摆布。赫勒把希望寄托于新历史意识的形成，也充满着乌托邦精神的豪情，她宣称："历史意识的存在可以避开将死的命运"，"历史意识的混乱并不是抽象的。一种新的意识，反映一般性的意识将要诞生"。① 而且，赫勒表达了强烈的历史责任感，"我们当前的历史事实上已成

① Agnes Heller, *A Theory of History*, Routledge & Kegan Paul, London Boston and Henley, 1982, p. 33.

为了世界历史。这个星球是我们的家园。它要么是每个人的家，要么不是任何人的家"。① 新的历史意识将承担起对世界历史进行新的解释的历史重任。

赫勒坦言自己历史叙事与黑格尔类似。她认为福柯是对的，也就是说，黑格尔是难以抛弃的，某种类型的宏大叙事也是不可避免的。一方面，在赫勒的历史意识发展阶段的论述中，表现出黑格尔的深刻影响。在《精神现象学》中，黑格尔运用辨证的方法和发展的观点对人的意识、精神的发展进行了分析，揭示了意识由最低级阶段向最高级阶段的矛盾发展过程，即从意识到自我意识、从自我意识到理性、从理性到精神、从精神到绝对精神的发展史，也就是普遍精神自己认识自己的自我发展史。赫勒的历史意识发展阶段论，揭示的是历史意识从未经反思的一般性意识阶段到经过反思的一般性意识阶段，也就是历史意识从神话到后现代的发展史，这期间经历了一个螺旋，是典型的黑格尔式的螺旋。

另一方面，赫勒对自己"经过反思的一般性意识"之确信，丝毫不比黑格尔当年建构绝对精神之雄心逊色。黑格尔表达了绝对精神把握世界的确信；赫勒使历史哲学肩负起拯救星球的责任与使命，"人类在历史上首次必须去承担整个星球的责任。但是星球的责任本身仍不是星球责任。他们能够激发和加剧无能为力的感觉，激发和加剧混乱不幸的意识"，② 这是哲学家、历史哲学家必须肩负的使命。也正是在赫勒历史哲学里，我们再次读到了与黑格尔"自在的存在""自为的存在""自在自为的存在"③ 极为相似的"自在的对象化""自为的对象化""自在自为的对象化"这样深刻的表述。赫勒向我们表明，文德尔班关于"能了解精神现象学的那

---

①　Agnes Heller, *A Theory of History*, Routledge & Kegan Paul, London Boston and Henley, 1982, p. 33.

②　Ibid., p. 34.

③　［德］黑格尔：《精神现象学》下卷，贺麟、王久兴译，商务印书馆 1987 年版，第 1 页。事实上，"自在的存在""自为的存在""自在自为的存在"在本书中随处可见，是黑格尔构建绝对精神的重要范畴。赫勒在《日常生活》中关于，将之发展为"自在的对象化""自为的对象化""自在自为的对象化"，成为赫勒论述日常生活的核心范畴。

一代人死去了"① 这一说法是极其片面的。我们还要加一句话：在后现代，无论反对还是赞成，重读黑格尔都是必要的。

在赫勒的论述中，理想的成分往往超越现实的情形。赫勒努力以其宏大叙事再次证明，"人生而平等并被赋予理性。因此，他们应该成为他们所应该成为的他们自身：自由而理性的人。"② 从而不只是"以他们自己方式"存在，而是"为他们"而存在。赫勒坚信自己的历史理论，即反映在一般性中的意识的理论为激进的人类学和社会政治现实提供了理论。但是，随着考察的深入我们将发现，在后现代背景域中，一方面，为了建构一个承担拯救整个星球责任的历史理论体系，赫勒做出了巨大的理论尝试；另一方面，赫勒往往找不到理论和现实结合的途径，从而极易走向空想和极端。

作为无意识的后现代主义者和自觉的乌托邦主义者，赫勒思想深处深受黑格尔、卢卡奇、马克思等思想家体系化哲学的影响，尤其是黑格尔哲学。赫勒声称反对、拒斥任何宏大叙事，无论是出于前期提出一种历史理论的需要，还是由于后期对现代性进行历史反思的归属，她都没能摆脱她所拒斥的宏大叙事式的叙事起点，她依然从建构历史之宏大叙事开始，这也不能不说是任何后现代主义者所面临的悖论。从当代历史哲学研究的状况来看，赫勒宏大叙事式的历史叙事起点并不偶然。

① ［德］黑格尔：《精神现象学》上卷，贺麟、王久兴译，商务印书馆 1987 年版，译者导言，第 33 页。

② Agnes Heller, *A Theory of History*, Routledge & Kegan Paul, London Boston and Henley, 1982, pp. 334–335.

第四章

神话、历史意识、哲学思维

神话在其最原始的意义上，是作为人类历史发展的起源图景出现的。在许多历史学家、历史哲学家开始自己的历史研究之时，神话——这个看似普通却又含义复杂的现象及概念，将不可避免地走进视野。神话无论是在西方的观念里还是东方的观念里，大概都是一个无法清楚定义的概念，不同哲学家、历史学家对其有各自不同的理解。关于神话的意义，哲学的意义，神话与哲学的关系，历史上许多哲学家都给出了不同的表述。

在卡西尔看来，"哲学深信，神话创作功能的产物一定具有一个哲学的，亦即一个可理解的'意义'。如果神话在所有各种图像和符号之下隐匿起了这种意义，那么把这种意义揭示出来就成了哲学的任务"。① 因此，在卡西尔看来，神话"具有一个系统的或概念的形式"。② 世界上许多民族是在神话讲述向哲学思维过渡的过程中，逐渐将人和自然界区分开来。席勒在《审美通信集》中指出："人在他的自然状态中单纯忍受自然力的压迫；在审美状态中他把自己从自然力量中解放出来；在道德状态中他支配自然力量。"③ 随着人们自我意识的增长，逐渐将自然和自我、自我和对象区分开来，人的认识意识和能力也逐渐发展起来，神话方式逐渐转向哲学思考。

的确，从哲学史的角度来看，哲学作为理解世界的一种形式，

---

① ［德］卡西尔：《人论》，甘阳译，上海译文出版社 2004 年版，第 94 页。
② 同上书，第 34 页。
③ ［德］席勒：《审美通信集》，冯至等译，转引自黑格尔《精神现象学》译者导言。

是从神话中发展而来的。文德尔班在《哲学史教程》中认为："'希腊哲学起源的直接背景是宇宙起源诗。宇宙起源诗以神话的外衣叙述客观世界史前的故事，从而利用流行的有关万物恒变的观念叙述宇宙创始的形成。在此过程中，个人的观点发挥得愈自由，神话里的时间因素便愈消逝得快，这就有利于突出这些永恒的关系。最后出现了这样的问题：'超越时间变化的万物始基是什么？万物始基如何变成特殊事物，特殊事物又如何变成万物始基？'"① "当神话给这种观点披上用寓言解释世界形成的外衣时，科学则追求万变之中不变的本原，并将此问题规定在宇宙物质或'世界本原'这个概念中。宇宙物质经历万变，万物产生于它而又复归于它（始基）。"②

马克思指出："任何神话都是用想象和借助想象以征服自然力，支配自然力，把自然力加以形象化；因而，随着这些自然力之实际上被支配，神话也就消失了。"③ 这就是说，神话作为一种媒介物，是由历史决定了的关系，是由人建构起来的，当人类获得了按照有意识地选择和设计来创造自己历史的能力之时，神话就消失了。④

法国社会学家杜尔凯姆认为，神话与哲学两者的功能有类似性，都表现为对宇宙秩序的理想设计，只不过哲学是人类以理性的思维方式进行，而神话则通过想象或类比来设计世界的模式。"不是自然，而是社会才是神话的原型。神话的所有基本主旨都是人的社会生活的投影。靠着这种投影，自然成了社会化世界的映象；自然反映了社会的全部基本特征，反映了社会的组织和结构区域的划分和再划分。"⑤ 但是，无论是哲学还是神话，都能够在社会中寻找到源泉。

作为哲学家，赫勒向我们描述了自己对神话的理解。一方面，赫勒以其独特的视角向我们讲述历史意识从神话中起源；另一方面，赫勒以其个性化的理解为我们揭示了哲学与神话的相互关系。

---

① ［德］文德尔班：《哲学史教程》，商务印书馆1997年版，第42页。
② 同上书，第49页。
③ 《马克思恩格斯选集》第2卷，人民出版社1995年版，第115页。
④ ［美］戴维·哈维：《后现代的状况》，商务印书馆2003年版，第147页。
⑤ ［法］杜尔凯姆：《宗教生活的基本形式》，转引自卡西尔《人论》，第101页。

一　历史意识从神话中苏醒

神话与历史之间错综复杂的关系往往引起哲学家的关注。在美国哲学家凯利看来，神话与历史就像一对纠缠不清互相交织的双胞胎兄弟，"宙斯和提坦记忆女神摩涅莫辛涅（Mnemosyne）之间的结合产生了记忆——在批评意识的朦胧时期，神话和历史被相互割裂，因此导致了不同的发展道路，历史继续智力和政治上的荣耀，而神话则在很大程度上成为一个被滥用和谴责的术语。然而，它们在许多方面仍然有着联系，就像（所谓的）真话和谎言之间保持着联系一样"。① 凯利认为，历史在许多时期产生自身的神话，而神话时常被当作高级诗歌真理或者宗教真理。当今学者们一直在努力联合这些争论的兄弟，断言神话有其历史面目，而历史并不完全像它经常宣称的那样是真理的推动者。凯利的论述使我们看到神话与历史之间错综复杂的关系。

在赫勒关于历史意识发展阶段的论述中包含着历史与神话之间的关系。赫勒试图说明，在人类历史从神话走向现代的进程中，贯穿着一根引线，这就是历史意识发展进程中神话功能的变迁。按照我们的理解，赫勒关于神话的叙述可以按照以下几个方面来理解。

1. 赋予起源正当化的神话

在赫勒的历史叙事中，第一个阶段是神话阶段：即未经反思的一般性意识阶段。在这个阶段，历史意识以神话的形式阐述它自己的起源。在这个阶段，历史开始于规范的规则取代本能的规则那一刻，人类只有这样的生命才能被称作人：他们的行为规范产生于系统的、团体的行为，而这些行为对于那些刚出生的他或她这些群体成员而言是完全需要后天学习的。赫勒赞成列奥·斯特劳斯的观点，认为所有真正的神话都完成一个基本的任务：以不断重复的解释来说明世界风俗制度间存在的矛盾和紧张状态。人类生活需要基本的秩序来维系。为什么是现在的秩序而不是其他的秩序，这种秩

---

① ［美］唐纳德·R. 凯利：《多面的历史——从希罗多德到赫尔德的历史探询》，陈恒、宋立宏译，生活·读书·新知三联书店 2003 年版，第 24 页。

序正当性何在？赫勒指出，对于人类而言，通过起源赋予的正当性的最古老的规范是由神话来完成的。更准确地来说，神话的首要功能是使起源正当化。

在赫勒看来，在所有的神话中，隐含了一个最终的目的。虽然神话没有采用"法律"和"规律"这些概念，类比推理作为他们显著的特征之一扮演了一个有价值的解释角色。行为和事件中反复的类比推理（我们重复过去并使它适用现在）是"规则"概念的萌芽形式。① 所以，神话故事承担着教育的任务，这种教育目的是万能的，无所不在的。在不断讲述的神话中，关于世界秩序的起源逐渐成为集体意识的表达，它们不能被故意"纠正"，同样它们不能被篡改。然而，"日常故事"总是能被纠正甚至反驳。神话"不仅解释了我们自身而且重构了我们的经验。这些模式的合理性在于他们确保了个体和集体的再生产的平稳过程得以实现。人可以认识我们的世界并且按基本社会规范行事"。② 可见，在不断重复的、世代相传的神话故事中，人类生活的模式和基本的社会秩序得以解释和维系。

在柯林伍德看来，神话仅仅具有一种准历史学的意义。"神话与人类的活动完全无关，人的因素完全被摒除了，故事中的人物仅仅是神……没有人知道究竟是在什么时候。它是我们的一切时间记录之外的，叫作'万物始基'。当神话被安放在一种看上去是时间的外壳之中的时候……这个外壳严格来说并不是时间上的，它是半时间性的：叙述者是在使用时间上相继的语言作为一种隐喻，用以表达叙述者并不想象为是真正时间上的各种关系。"③ 可见，柯林伍德把神话排除在真正的历史之外。在赫勒的论述中，一方面人类的神话阶段同样还不是真正的历史，另一方面，赫勒正确揭示了神话是人类历史发展中不可逾越的阶段，神话的历史作用也是不可替代

---

① Agnes Heller, *A Theory of History*, Routledge & Kegan Paul, London Boston and Henley, 1982, p. 5.

② Ibid., p. 7.

③ ［英］柯林伍德：《历史的观念》，何兆武、张文杰译，商务印书馆 1997 年版，第 45 页。

的，正是在神人交织的人类早期发展阶段，神话故事规范着人们的行为。随着人类理智的发展，真正的历史必将逐渐与神话分离，并逐渐摆脱这种神话的特性。

2. 作为媒介的神话

人类历史的发展，必然推动神话的功能产生变化。赫勒认为，在历史意识发展的第二个阶段产生了真正的历史，即反映在特殊性中的一般性意识产生，真正的历史意识产生了。真正的历史意识是什么？历史意识应该是关于历史的起源、目的以及与此相关的历史发展的连续性和方向性的确定无疑的认识与信念。[①] 在这个阶段，神话的功能产生变化，神话不再是一个一成不变的封闭的团体世界观下的系统，而是一个媒介。它同样成为了艺术和哲学的媒介——不是强制性的媒介，而是一种开放性、可供选择的媒介。对起源的解释由神话和哲学来共同完成。在神话阶段，即在未经反思的一般性意识的情势下，理性的行为意味着维护和遵守同一个行为模式，社会再生产以这样的方式得以实现。但是，现在历史意识包含了一种新的理性形式。反思的意识对这些单一的行为模式提出了质疑。理性的辩论形式发展起来，正确或不正确的辩论形式泾渭分明。根据亚里士多德的修辞学，令人信服的辩论是符合逻辑标准的、言之有物、目的为善的辩论。在现象和本质之间，真正的知识和观点之间有明确的区别。然而，哪里有理性的辩论，哪里就有诋毁和谩骂。理性的论辩和蛊惑人心的手段是孪生兄弟，它们只有一起出现。经过反思的一般性意识包含了这两种可能性。[②] 如果一种新的理性形式建立起来，越轨的可能性也同样建立起来。

彼得·贝尔赫兹指出，"赫勒赞同柯林伍德，认为仅有编史，而不是历史。通过写作的方式写出来并不标志着有意识的历史的开始。在此基础上，正如柯林伍德、赫勒的旅程从希罗多德开始"。[③]

---

① 邹诗鹏：《历史意识的迷津：后现代历史观批判》，《学术研究》2003 年第 1 期。
② Agnes Heller, *A Theory of History*, Routledge & Kegan Paul, London Boston and Henley, 1982, p. 11.
③ Peter Beilharz, *Theories of History——Agnes Heller and R. G. Coollingwood*, *The Social Philosophy of Agnes Heller*, Edited by John Burnheim, Amsterdam-Atlanta, G. A., ·1994, p. 128.

赫勒认为，真正的历史学（作为认识历史）诞生于这个阶段，历史被看成了人们思考或行动的结果。人们不能满足于神话传说，特殊的起源说脱离了一般起源说，前者是由历史编纂者来完成的任务。犹太人和希腊人不再仅仅是记载那些重大的历史事件和胜利的统治者的编纂者，他们讲述普通人的故事。但是他们不再仅仅讲述故事，对动机的阐释和对事件的解释获得了一致性。既然历史不再是神话，它就是一个需要以事实加以证明的"真正故事"。历史事件必须像它们真正发生的那样被讲述。

历史不再仅仅讲述故事，对动机的阐释和对事件的解释要获得一致性。个体性、特殊性开始显现，人们不再满足于一般起源说，当历史事件必须像它们真正发生的那样被讲述时，真正的历史学伴随着历史上第一批历史学家诞生，赫勒指的是希罗多德时代。赫勒的判断是正确的，正是从希罗多德开始，通过神话故事历史化，把历史空间延伸到了神话空间。

3. 作为信仰的普遍性神话

在历史意识发展的第三个阶段即未经反思的普遍性意识阶段，产生了普遍性神话的意识，相对于未经反思的一般性意识，这是一种唯心主义的意识，是对历史的整体未经反思的意识。这个时期主要是基督教神学时期。人的本性按照造物主的意愿创造。这个造物主无所不能。一般性（人的本质，人性）取决于普遍性并永世不变。未经反思的普遍性意识排斥特殊性。无论你是什么样的人，甚至连异教徒也是会变成基督教徒——他们仅需要把他们置身于上帝更伟大光辉的照耀下就可以使他们不死的灵魂获得拯救。基督教传说中的男女英雄们不同于古代神学传说中的男女英雄，他们征服的不是疆土，而是灵魂。在基督教神学中，人类的、人的历史从头到尾都安排好了，创造—堕落—救赎—最后审判，整个过程被分成救赎前和救赎后两部分。赫勒指出，普遍性神话以这种方式回答了有关这样的问题：人是什么，人类是什么，作为一个整体历史是什么？它包含了过去、现在和将来。人是神话的接受者，但是同样地这个人却不允许去对神话进行反思。神话仅需要被信仰，但是信仰并不完全排斥对神话的解释。圣父时期是服从，圣子时期是爱，未来的圣灵时期是自由——把未来想象成自由国度，人间天堂。① 赫勒认为，这就是初生态的历史哲学。

在这个时期，基督教信仰是不容怀疑的，就如同早期的神话，哲学所能做的只是对它进行解释，也就是经院哲学时代。

4. 神话成为理解现在的中介

在历史意识的第四个阶段产生了特殊性中的一般性意识，逐渐形成了现代性的基础性叙述。历史不再是基督教时期救赎的历史。过去被慢慢地从史前史中分离出来——从艺术幻想的构思中，从神话中形成历史。赫勒认为，萨特关于我们可以选择自己历史的观点并不总是正确的，历史的意识超越了我们风俗习惯的史前史。赫勒认为，关于历史的意识开始于历史事件的意识。在这个观念上讲，每一种文明（历史）经历了同样的发展阶段：上升、兴旺、下降。文明就像一个生物有机体，它们有其儿童时期、少年时期、成年时期，最终也会死亡。

历史意识的真实时间继续被扩大，在意大利杰出的历史学家维柯的时代，他重新回顾了古希腊等历史时期，在《新科学》中，维科把人类历史划分为先后衔接的三个时代，即神的时代、英雄时代和人的时代。作为西方历史哲学的奠基者，他认为，人只有通过历史才能认识社会是如何被创造的，进而得以理解人本身。他致力于人的本质和人的意义这一各民族的共性，主张历史不是取决于个人意识而是取决于人的集体意识。自维柯以后，历史学家开始追问历史的动因、历史的结构、历史事件的规律性等问题，并力图阐明历史意识及其规范问题。凡此种种问题，已不再是单纯的历史学问题；而是"历史认识"问题，即历史哲学问题。

那么历史哲学是什么？法国启蒙哲学家伏尔泰在《历史哲学》（*La Philosophie de l'Histoire*）中，率先使用了"历史哲学"一词②，指的是从整体上理解支配历史的原则及其规律。赫勒认为，伏尔泰

---

① Agnes Heller, *A Theory of History*, Routledge & Kegan Paul, London Boston and Henley, 1982, pp. 13-16.

② 金寿铁：《西方历史哲学的进程——论世界历史的历史认识与新的世界史观》，《世界历史》2011年第3期。

创造出了"世界历史"的概念。① 这种真实历史的扩大最终导致了历史学家们产生了将所有讨论的历史加以统一的努力。也就是在这个阶段，寻求历史发展的统一规律被提上日程。

这样，历史就不再是救赎的历史。未来被以一种更加理性的认识模式越发被认识到。在这个时期，关于普遍的起源的画面也同样被推翻了。世界不再被认为起源于几种普通的物质：水、黑暗、形式、类物质；同样，它也不是被创造的。

在历史意识逐渐发展出一般性意识的阶段，关于世界的现代性的基础性论述也逐渐形成，赫勒指出，在这个时期，宇宙的规则是稳定不变的，文化（历史）的规则是易变的。时间就是文化：我们是时间。人的本质成为世界结构的焦点，只有人类理性或人类感觉的证据能够成为知识的源泉。但是意识将特殊性反映在一般性中，它是（某种）"自然"，同样它是"人"。由于它是自然，暂时性就被融入于永恒性之中（人被融入自然）。人属于自然，人是"外部的"。但是人的本质是属人的，短暂的、动态的、易变的。为了解决这一矛盾冲突，某些性质需要赋予人的本质，即使是在外部也可以说明其易变、动态和历史。这些习性是自由和理性：人生而自由，被赋予理性。人是自由的，因此自己可以改变他（她）的世界。他被赋予了理性，因此能够产生并不断增加他的知识，能够运用这些知识产生一个理性社会。②

同样，世界也不再认为是上帝创造的。未来只能以一种更加理性的认识模式来认识和描述，只有人类理性或人类感觉的证据能够成为知识的源泉。在这个时期，形成现代的历史意识、确立人的主体性成为整个近现代哲学理性的主题，所有这一切，逐渐形成反映在一般性中的特殊性意识：构成了现代性的基础性叙述。

整个近代化的目标就是使人摆脱对自然与上帝的迷信与恐惧，成为世界、文化及历史的主人，"人被看作是具有无限大的可能性

---

① Agnes Heller, *A Theory of History*, Routledge & Kegan Paul, London Boston and Henley, 1982, pp. 17-20.

② Ibid., p. 18.

的存在。他自己可以实现这些可能性中最高的可能性。在历史发展
过程中，他能够也必定使自己成为新人，与上帝或自然创造的不完
满的存在大不相同。人达到这种自我创造的方法，越来越被认为就
是来控制他自己存在的条件。他被看作是环境的产物，同时也被看
作是这些环境的操纵者；他被看作是历史的产物，同时也被看作是
历史的有目的的创造者"。① 在通过反映在特殊性中的一般性意识
中，人们逐渐接受：人的本质的基本特征是自由和理性。新的欧洲
文明具有了人类理性的曙光，资本主义社会是理性社会，资本家和
市民具有自由和理性，因此具有人的本质。

　　赫勒接受并且相信卢卡奇的观点：艺术深入地进入了"现在"
之中。历史和神话都仅仅是理解现在的中介。它的过去是现在的过
去，它的未来是现在的未来，现在的特殊性提供了所有必需的机遇
去探索人本质中潜在的可能性。

　　5. 普遍历史的"神话"

　　历史意识发展的第五个阶段是经过反思的普遍性意识，即世界
历史意识阶段，也叫作普遍历史（宏大叙事）。在普遍历史时代，
只有大写字母的"历史"（宇宙的历史，世界的历史），再也没有
复数的历史。就它反映的是当前的历史这个方面而言，世界历史意
识将我们的文明相对化；就它将自己的反映仅仅作为历史的自我意
识而言，世界历史意识同样使自己绝对化。所有的人类历史都统一
在一个普遍性的概念下，这个概念包括过去、现在和将来。未来不
再是一种文明或其他文明的未来，而是整个人类的未来。世界历史
意识是世俗的。就像基督教一样，世界历史意识也是从它的最终命
题的角度来建构世界。最终命题可能是历史的终点或史前历史的终
点或者永恒完美的永不结束。在所有情况下，"现在"都被相对化
了，因为它被未来的光线所照亮。它既不是宗教也不是神话，它首
先是历史的哲学。

　　个人变成了历史的附属。人们是普遍的，而不是个人的。只有
在他或她变成人类历史的对象或完全服从于历史时，这些和广泛性

_____

① ［英］R. 格鲁钠:《现代历史哲学》,《哲学译丛》2000 年第 3 期, 第 19 页。

相似的个人才被称作"人"。经过反思的普遍性意识将特殊性看成普遍性的载体。就像个人必须变成普遍的人（有才能的人）以便被崇拜，整体必须体现目标和普遍性的信息以便得到证实。① 这里，赫勒隐含了一个命题，如果我们理解正确的话，赫勒暗指这个渐渐一统的世界历史意识——普遍历史，创制了人类历史以来最大的神话，在这种神话中，人们变成了历史的对象，而不是个人。

6. 新"神话"的破灭

尽管赫勒没有明确指出，但暗含着一种不言自明的判断，即建立在科学或新的神学基础上的历史哲学的新神话的破灭。在历史意识发展的第六个阶段被证明是历史意识的混乱：即后现代历史意识。曾经为人们设计了美好未来的大写的历史，其"积极作用"被证明是破坏性的，至少看起来是这样。赫勒断言：经历了希特勒和极权主义之后，这个新的上帝被证明是嗜杀的偶像。进行试验的历史哲学应对发生的一切负责。所有协调一致的历史哲学，曾经被认为是理性的，这个理性的神话却产生了历史的崩溃。

在赫勒看来，历史意识的混乱表现了这样的感觉：历史是关于如何使她的最好剧本在棋局上演的一种计算机化的精心设计。作为一种普遍的现象，历史意识的混乱在第一次世界大战已经产生，在第二次世界大战、大屠杀、广岛和古格拉大屠杀中创伤性的体验使其加剧。这些甚至从整体上动摇了反映在普遍性中的意识的信念体系的特征。自然科学曾经是压迫的理性主义的敌人，这种世俗的力量已经逐渐变成了这些同样力量的工具。现代科学技术作为自然科学的产物，走向了毁灭人类自身的道路，奥斯维辛的毒气管道及焚尸炉、广岛和长崎原子弹爆炸，等等，这些都是自然科学"进步"的受害者。再也没有紧闭的门和思想：窃听装置记录了我们大多数秘密的行为，测谎仪突破了弗洛伊德"监测"的阻碍。在亵渎神明的意识中我们变成了上帝，末日审判的号角和带来世界末日的必要工具已经在我们的手中，在特定的时刻我们能将其付诸实施。对这

---

① Agnes Heller, *A Theory of History*, Routledge & Kegan Paul, London Boston and Henley, 1982, p. 27.

种建立在科学或新的神学基础上的历史哲学的新神话的批判，就成为赫勒历史哲学主题。

上述关于历史意识与神话的阐述，一方面基本上勾勒出人类历史观念的发展历程；另一方面也描述了历史意识与神话的错综关系。可以说，人类历史本身就是不断摆脱神话、追求神话传说背后的真实的过程，但是，我们必须承认，神话具有历史的性质，马克思认为，希腊罗马神话是在一定的历史时期产生的。它是古希腊人最早的思想形式，也是当时的历史现实在人们头脑中特殊的、形象化的反映。除此之外，历史在摆脱原始神话追求理性的过程中，不断创造着新的"神话"。赫勒对以自由为基础的现代性进行了无情的批判，并揭示那些为人们设计了美好未来的大写的历史神话之幻灭。但是，赫勒及其他后现代主义哲学家在不断揭穿这些理性神话的同时，是否也在创制着后现代多元化、非理性的神话呢？

二　从神话到逻各斯（哲学思维）

逻各斯与神话并不是简单对立的关系。赫勒指出，逻各斯也不仅仅是神话的一种，或与神话有着亲密关系，就像我们当代人开始相信的那样。

哲学作为逻各斯，通过用它自身的特征替换神话的特征而被理解为神话的对立物。哲学正是在最早的哲学家们所宣称的那种意义上，的确是，并且仍然是神话完全的他者。从神话到逻各斯的这个转折，需要使可见的特征被不可见的特征代替，更重要的是，需要人物和他们的表演的结合摆脱前哲学传统的束缚。结果，沉思的想象变得自由了。逻各斯（作为哲学）是能够赞同神话的，也能够像柏拉图那样充分地利用神话（因此他遭到了黑格尔的反对）。它也能够允许神话的特征进入到哲学沉思的领地之中（就像从中世纪的哲学家到黑格尔及更晚近者，基督教神话一直都被使用一样）。[①]

这里有一个从神话到逻各斯的跳跃。列奥·斯特劳斯说得更直

---

①　Agnes Heller, *A Philosophy of History in Fragments*, Blackwell Publishers, 1993, p. 82.

接，"哲学是对万物'原则'之追寻，而这首先指的是对万物'起源'或'最初事物'的追寻。就此而论，哲学与神话并无不同。但是，philosophos（爱智者）却不同于 philomythos（爱神话者）"。①

在赫勒看来，神话并不一定与想象相连，逻各斯（作为哲学）也未必与问题解决、认识或论证相等同。在早期哲学家看来，哲学作为逻各斯，通过用它自身的特征替换神话的特征而被理解为神话的对立物。哲学正是在最早的哲学家们所宣称的那种意义上，并且仍然是神话完全的他者。逻各斯（作为哲学）是能够赞同神话的，也能够像柏拉图那样充分地利用神话（因此他遭到了黑格尔的反对）。逻各斯也能够允许神话的特征进入哲学沉思的领地之中（就像从中世纪的哲学家到黑格尔及更晚近者，基督教神话一直都被使用一样）。②

我们也可以从相反的角度来理解。神话式的想象在口传文化中保持着最鲜活的状态，书写文化则使其僵化。希腊民主制作为一个影响广远的书写文化，很难在神话的狭小领域里使想象自由驰骋。所以，神话人物变成了悲剧中的重铸物。哲学（逻各斯）所做的与此不同：通过创造完全不同的新角色，建立了一个新的世界戏剧。逻各斯解放了想象。没有传统限制它，没有陈旧规则施于它之上——在此一切仍然是可能的。理性像重新获得想象能力——一种在不可见的王国里的想象。在这种意义上，哲学是世界戏剧——但神话也是。

不过，同样作为世界戏剧，哲学中的角色（如一与多、存在与非存在）是不可见的，而神话中的角色（各种神话人物）却是栩栩如生的，逻各斯显得完全异于神话。这里仍然可以找出神话与哲学的共同之处，两者都以类似方式控制着人物，都讨论（普遍的）整体，都分享着准自然的信念。但是，神话故事正常来讲非常琐碎，哲学中的故事则相当简洁，并且较少复杂性，因为哲学家倾向于将

---

① ［美］列奥·施特劳斯：《自然权利与历史》，彭刚译，2006 年 7 月第 2 版，第 83 页。

② Agnes Heller, *A Philosophy of History in Fragments*, Blackwell Publishers, 1993, p. 82.

复杂性留给基础性的论证。因为不同于神话人物，哲学人物是与哲学一起被创造出来的，并建立了自己的传统，因此，与神话的叙述相比，哲学不会也不将会与局部的传统发生密切关系，或为这个传统所激发。① 这也就是，哲学如何能够被真正地普遍化。

哲学可以容易地与神话的大部分相结合，假设这些神话含有普遍化的信息，或能够这样被解释。所有神话都处理一些普遍性的论题，比如开端与终结，宇宙（普遍），死亡，来世，苦难，工作，爱情，政治制度，正义与非正义，以及若干类似之物的起源；所有这些都为哲学所欢迎，并被适时插入哲学思考之中。但是，哲学无法与神话的那些更加具体和受到时间与文化限制的方面相融合，除非将其带出其所在的语境，以使其得到普遍化；这种情况不只对于古代的传统的神话有效，对于现代神话也是如此。哲学的人物必须首先是跨语境的，这样可以重新融入某种原初的哲学。② 这也是为什么与神话相比，哲学不但更普遍，而且更特殊。

就如同凯利将历史与神话比作一对纠缠不清互相交织的双胞胎兄弟③，赫勒将哲学与神话两者关系比作双胞胎姐妹④，它们共享着参与最伟大的精神冒险的决心，它们创作并演出了世界戏剧，在处理各自人物的方式上它们显现出了共同的志向。

首先，神话和哲学都是公共的、共享的。"神话和哲学都是某种精神的共和国，它们的人物都是公共的——rei publicae。人物和人物配置的储备库保证了这项事业的非私人性。尽管哲学由于前面讨论过的原因，比神话更普遍，同时也更特殊，但它并非是私人化的。至少直到现在，哲学还不是私人化的"⑤。

其次，哲学与神话都是文学体裁，语言是它们的媒介。尽管哲

---

① Agnes Heller, *A Philosophy of History in Fragments*, Blackwell Publishers, 1993, p. 84.

② Ibid., p. 85.

③ ［美］唐纳德·R. 凯利：《多面的历史——从希罗多德到赫尔德的历史探询》，陈恒、宋立宏译，生活·读书·新知三联书店 2003 年版，第 24 页。

④ Agnes Heller, *A Philosophy of History in Fragments*, Blackwell Publishers, 1993, p. 88.

⑤ Ibid., p. 89.

学人物层出不穷，每个哲学家都创制新的哲学人物（范畴），"事实上，作为神话最强硬的敌人，逻各斯是现代世界残存的最后的孤独守卫者，是一个曾经辉煌的精神事业的最后的莫希干人（Last Mohican）。毕竟，分享可称为精神上的共和国的人物储备库，是人类想象力的方舟"。①

再次，传统的神话叙述仅仅能够动员起一种复制式的想象力，但悲剧和哲学的想象力在不同的意义上都是创造性的。在这种意义上，悲剧与哲学的起源是相互纠结在一起的，既具有相似性，也有不同之处。与哲学类似，悲剧也是比神话更普遍，也更特殊。但悲剧的体裁表现有限的人物，它更强调有限性，悲剧是关于有限性的世界戏剧；哲学为我们的必死性所困扰，也许都超过了悲剧的程度，但是哲学的世界戏剧追求永恒与无限。

事实上，赫勒关于哲学与神话关系的思考在不断加强一个印象，那就是，在众多的世界戏剧（神话、悲剧、喜剧、文学）中，哲学以其不可替代的对形而上学的捍卫与追求成为现代性的核心，而其他的任何体裁都未能如此。在某种意义上，"凡是神话接受的，哲学都拒绝。哲学是关于对被欺骗的觉醒"。② 在现代性的浪潮中，尤其是最近五十年哲学遭遇了前所未有的颠覆与批判，语言游戏、延异（difference）、差别、"形而上学的终结"，这些新的哲学"角色"（character）③ 不断出现，但这并非因为"哲学"这种体裁处于消解的状态，或是它的界限已变得模糊。或许，海德格尔式的"形而上学的终结"的描述，以及所有它使之成为必要的对哲学想象的修正，正是基于对形而上学维度的深刻理解与对形而上学意义之追寻。

---

① Agnes Heller, *A Philosophy of History in Fragments*, Blackwell Publishers, 1993, p. 89.

② Ibid., p. 93.

③ 赫勒将哲学比作戏剧，"character"用来表示哲学人物或角色，实际上就是指各种哲学范畴。

第五章

历史哲学的特征

赫勒对历史哲学的理解经历了一个演变的过程。赫勒将历史哲学的意义定位于对历史存在的关注，同时关注历史哲学的价值研究。

在讨论赫勒对历史哲学的理解之前，应当对历史哲学的内涵和分类进行简要考察。哲学家们对历史哲学的理解也经历了一个变化的过程。伏尔泰在《历史哲学》第一次使用"历史哲学"一词的时候，是指理解支配历史的原则及其规律。历史哲学家沃尔什在其《历史哲学导论》中又提出了"分析的（或批判的）历史哲学"与"思辨的历史哲学"。

在沃尔什看来，思辨的历史哲学研究的出发点是历史发展的实际进程，努力探索历史现象背后支配历史的理性原则，寻找历史发展的本质和意义，研究历史的动力、规律及模式等等。这种历史哲学以总体性为特征，不关注单个历史事件或简单的史料收集整理及考证，所以这种历史基本上属于体系化的、大写的历史，黑格尔、斯宾格勒和汤因比等为最主要的代表。

与此相对，以狄尔泰、克罗齐、柯林伍德等为主要代表的"分析的历史哲学"则关注历史的主体，关注历史思维和历史知识的性质的研究，关注对历史认识的能力和性质进行分析，其研究的领域主要涉及历史学的前提假设、思想方法的性质、历史的理解与解释以及历史的客观性等问题。可见，思辨的历史哲学关注历史规律，而分析的历史哲学则关注历史研究的方法、历史研究的性质等问题。①

---

① 参见顾成东《卢卡奇历史哲学思想研究》，硕士学位论文，厦门大学，2009 年。

　　我国著名历史哲学学者韩震教授在《西方历史哲学导论》中指出，他同意沃尔什关于"分析的（或批判的）历史哲学"与"思辨的历史哲学"的分类方法，但是"分析的（或批判的）""思辨的"这种术语的表述容易引起误解，从而提出了一种新的表述方法，即把"思辨的历史哲学"称为"历史的哲学"或"历史本体论哲学"；把"分析的（或批判的）历史哲学"称为"历史学的哲学"。他强调，"历史的哲学"是关于历史过程的哲学思考，而"历史学的哲学"是关于历史认识论和历史方法论的哲学探索，这种表述是符合沃尔什关于"分析的（或批判的）历史哲学"与"思辨的历史哲学"的两种分类的内涵，而且便于理解，也比较准确。

　　不同的思想家对历史学、历史哲学的理解和态度也存在着较大差异。就历史学、历史哲学的任务与性质来说，"历史学"（geschichtswissenschaft）和"历史哲学"（geschichtsphilosophie）的目标和任务是根本不同的。从研究任务来看，历史学系统地考察内在于历史的诸事件。历史学家以寻求某种历史规律或普遍性为根本任务，即时间与永恒、自由与必然、特殊与普遍、历史与逻辑、历史与认识、历史与规律等。为了正确地把握这种历史规律和普遍性，历史学家必须按其时代潮流重新研究和解释过去的历史。历史学最重要的课题是两个"批判地研究"：其一是批判地研究作为客观事件的历史；其二是批判地研究历史，作为新的资料和客观根据，这种历史学并不是为了认识自然，也不是为了认识神，而是为了认识人自身。

　　因此，历史学的宗旨是人认识人自身。但是，历史学探求历史事件以及历史的真实，却并不能探求历史本身以及历史的意义。历史哲学则探求历史的统一性、历史的意义、结构和目标，探求关于历史的理念乃至形而上学问题，追问关于历史事件本身的目标和意义。可见，历史哲学重在追问历史的意义，历史意识及其作用，努力从人类的普遍生活中探求人性的实现即人的解放。所以，历史哲学不是关于历史的事实评价，而是关于历史的价值评价。① 由此可

---

　　① 金寿铁：《西方历史哲学的进程——论世界历史的历史认识与新的世界史观》，《世界历史》2011 年第 3 期。

以看出，历史学重点在历史事实与历史规律的研究与评价，而历史哲学则重点关注历史价值与历史意义的研究与评价，二者侧重点是根本不同的。

英国约克大学哲学教授阿特金森认为，"历史哲学有许多分类的方法，最方便的分类法是沃尔什（W. H. Walsh）教授提出来的。他认为有两大学派，他把它们分别命名为唯心主义历史哲学和实证主义历史哲学。唯心主义学派倾向于强调历史的独立性，强调它同其他学术研究之间的差别，而实证主义历史哲学派则倾向于把历史和自然科学或社会科学融合在一起"。①

赫勒不关心历史哲学的具体分类，却注重关于历史哲学的定位及其意义的思考。她对历史哲学的理解另辟蹊径，首先把历史哲学定位于哲学。赫勒从历史哲学与哲学的关系、历史哲学与历史学的关系着手理解历史哲学。

一　历史哲学的特征

赫勒把历史哲学定位于哲学，历史哲学仅仅是作为哲学的分支出现的，不是独立的学科，它能够被其他形式的哲学所代替。历史哲学与历史编纂相比，编史工作的作用不能被其他任何形式的学科所代替，而赫勒的历史研究试图提出一种理论上的建议，一种有关历史的哲学（a philosophyabout history），但不属于历史哲学（a philosophy of history），一种历史的理论（a theory of history）。② 按照安克施密特的分析，"在后现代主义声称是成功地避免分期化的第一历史时期（自启蒙运动以来）范围内，它是关于历史的理论（a theory of history）。接着，作为有关历史的理论（a theory about history），后现代主义是拒斥所谓'元叙述'的主张的理论"。③

从这里，我们也许可以看到赫勒与柯林伍德关于历史哲学理解

① R. F. 阿特金森：《现代外国哲学社会科学文摘》，姜文彬译，1980 年第 9 期。

② Agnes Heller, *A Theory of History*, Routledge & Kegan Paul, London Boston and Henley, 1982, p. 213.

③ ［荷］安克施密特：《历史与转义：隐喻的兴衰》，韩震译，北京出版社 2005 年版，第 231 页。

的区别。柯林伍德认为哲学必定是普遍的和必然的，历史哲学也不例外。历史哲学从三个层面来理解："首先，作为一种综合体的历史哲学，它直接由历史思维中产生的特殊方法论问题综合而成。其次，作为回答'历史是什么'这个问题的尝试的历史哲学。第三，与一般而言的哲学同一的历史哲学。"① 可见，柯林伍德将哲学包含在历史之中，以历史表达哲学，历史哲学不是哲学的一部分，而是哲学的整体，从历史观点所构思的一套完整的哲学，即一种广义的历史哲学②；而赫勒正好相反，赫勒将历史包含在哲学之中，以哲学表达历史。历史哲学首先是哲学，然后才是关于历史的哲学。

在赫勒看来，关于人类起源的问题，关于社会机制的发展问题，关于社会法则的产生、类型学的应用，以及不同社会模式之间特定的结构性和暂时性联系的普遍化问题，关于对完美社会进行的"模式"或"乌托邦"设计等问题，尽管是人们在哲学中一直思考的问题，却并不是历史哲学所特有的思考。但是，历史哲学也有属于自己特有的研究要素，因为它们不存在于其他类型的哲学中。那么，什么是历史哲学的独特之处呢？

在赫勒的历史理解中，历史哲学的核心是大写的历史（history）。所有特定的人类的历史都从属于历史。它们是树状历史的分支；或者和历史一样展现出同样的性质。大写的历史被认为是一种变化。这种变化有一个总体趋势，通过不同的分支中与生俱来的特有的趋势，或者是历史的展现来表现。在历史的所有的分支中，这种总体趋势被想象为进步或倒退，或者是相同发展模式的重复出现。通常的历史观公式化地将历史看作一个总体（whole），尽管也有"历史中不存在普遍规律"的说法。存在的起源与历史的起源有密切关系，现在是过去历史的产物。按照这种方式，人类的本性也可以被构想为是"历史"的产物。人类学的焦点是人类存在的真实

---

① R. G. Collingwood, "The Idea of a Philosophy of Something, and in Particular, a Philosophy of History," in *The Idea of History*, Oxford, 1933, Jan Van der Dussened, pp. 335 - 358.

② ［英］柯林伍德：《历史的观念》，何兆武、张文杰译，商务印书馆 1997 年版，第 34 页。

性，即使是用不同的和矛盾的方式来解释这个问题。① 二分法是赫勒整个哲学观的核心，"实然"与"应然"之间处于紧张状态之中。在关于历史哲学的讨论中，赫勒依然用"实然"与"应然"这两个范畴来分析。"一个哲学体系总是建立在'是'（is）与'应该'（ought）之间的紧张状态——哲学体系以此为特点并由此引出它最完整充分的表达。真与善的统一就是'应然'。"②

在对历史哲学的理解中，赫勒认为，历史哲学只是哲学一个特别的分支——它遵循所有哲学的普遍的模式。它将 is 和 ought，进行对比，并推断，ought 来自 is。假如这样的话，is 是历史和历史性，ought 要么只是历史性，要么两者都是。因此，ought 可以被构想成历史进程中新的（未来的）一步，或者是历史性的自我意识。ought 在这里，即在所有的哲学分支中，被理解为真实和美好，理论和实践的结合体，即为真理。但是如果存在被理解为历史真实性，人类的生存环境被理解为历史的话，那么真理就可以被定义为"历史中的事实"或"历史的事实"了。就像黑格尔所说：历史中的事实由历史哲学构成。历史哲学的理想状态一直是最高价值观，is 由最高价值观的衡量标准来评判。在历史哲学中，最高价值观被用来研究历史或者历史性的未来和过去。

"现在"是赫勒历史哲学处理问题的出发点。在历史哲学中，历史的真理在未来体现出来：在未来的历史中，在未来的历史真实性中，或者在未来的两者中。历史的真理即使身处于过去，也会在未来体现出来。如果是这样的话，未来就是本不该出现的事情，历史本身是由理想的观点（真实的观点）构成的。历史不是过去，而是现在，它包括了历史以及历史真实性的过去和未来。赫勒引用黑格尔的话：历史代替了绝对现在。现在就被认为是一个转折点。"现在"不仅体现了历史的过去，也是未来的摇篮。

---

① Agnes Heller, *A Theory of History*, Routledge & Kegan Paul, London Boston and Henley, 1982, pp. 216-217.

② Peter Beilharz, *Theories of History - Agnes Heller and R. G. Coollingwood*, *The Social Philosophy of Agnes Heller*, Edited by John Burnheim, Amsterdam - Atlanta, G. A., 1994, p. 81.

二　历史哲学与历史学的区别

关于历史哲学的研究对象的讨论，赫勒主要是将历史哲学与历史学进行对比展开的。与现代编史工作相比，一方面历史哲学研究的不是过去，而是现在。在历史哲学中，历史不是过去，它是现在的过去和未来。因此，历史哲学没有为我们提供有关过去的新的信息。它在其最高价值观，即自身真实性的立场上，把由其他学科——科学、艺术、宗教和最主要的编史工作所提供的信息进行重组。另一方面，编史工作研究的是过去，在编史工作中，现在并不被认为是"转折点"，编史为我们提供有关过去的新的信息和理论。

当赫勒说历史学是研究过去的时候，是在强调历史学和历史哲学的区别，申明历史哲学的研究出发点是现在，因此不能同意克罗齐和柯林伍德关于历史学应当着重于现在的观点。不过，我们认为赫勒与克罗齐等人的侧重点不一样。

克罗齐之所以反复说明历史是研究现在，是为了批驳那些求助于外在的因果联系的历史决定论，批驳那些求助于同样外在的超验目的的历史哲学，"被历史地思考着的事实在其本身以外无原因，亦无目的，原因与目的仅在其本身中，是和它的真正性质及质的实情一致的"①，因此克罗齐严厉驳斥历史哲学的"计划"和历史决定论的因果链条，进而宣称："既没有哲学，也没有历史，也没有历史哲学，而只有本身就是哲学的历史和本身就是历史并为历史所固有的哲学。"② 在这种分析的基础上，克罗齐才强调历史应着眼现在，"在历史进程中所保存和丰富的是历史本身，是灵性。过去不异于现在而活着，它作为现在的力量而活着，它融化和转化于现在中。……历史绝不是关于死亡的历史，而是关于生活的历史……"③可见，克罗齐强调历史研究中心灵的、精神的、主体经验的东西之重要，反对任何外在于历史之外的目的或超验的东西。实际上，如

---

① ［意］克罗齐：《历史学的理论和实际》，傅任敢译，商务印书馆 2005 年版，第57 页。
② 同上书，第 63 页。
③ 同上书，第 69 页。

果抛开赫勒对比历史学和历史哲学比较的意图，在历史哲学中处理过去的方式与克罗齐是有一致之处的。

狄尔泰曾经把历史比作人类的自传，赫勒认为，这种说法没有把历史学和历史哲学区别开来。历史学的科学性质在于与各种实用和即时的实践目标相分离，而历史哲学虽然也把知识与实用性分离开来，但它把知识与实践相联系。哲学本身在于意义的追寻，哲学旨在发现那些是真实的、好的东西。因此，正确的、好的东西就是真实的——这应该用来指导我们的行为和行动；邪恶的东西就是不真实的：它不能或者不应该用来指导我们的行为。在赫勒看来，历史哲学包含价值判断，在历史哲学意义上，过去经常是指现在的过去。历史哲学与"好的东西"相联系；它是对过去的一种重新构造，目的是重新构造现实与未来中真与善的统一。历史哲学提到过去，但并未就此与其他相联系；它告诉我们现实的一些东西，有意向去影响它，去保持或者改变它。① 当然，这并不意味着历史哲学能够给我们提供比史学更少的真正的知识。

在赫勒看来，"历史学的主题素材是过去，它与过去打交道，不仅仅是要解读过去。历史哲学的主题素材是过去、现在以及现在的将来，但它不从未来角度研究现实"。② 历史学家让我们知道了被忘记的那些内容，却从没有想要改变我们的生活；历史哲学家改变了我们的生活，或者至少通过重组被忘记的内容改变了我们对待生活的态度，却并不致力于我们追忆起曾被忘记的东西。

在《历史理论》中，赫勒对历史学的科学性质不加怀疑。就历史学与日常意识比较而言，历史学并不出于任何实用性或者实践性的目的来运用，当然间接性的实践目的并不与史学规范相矛盾。

赫勒指出，历史学具有批判的性质。历史学并不从证据表面价值出发，而是用以区别真实与虚假。关于证据的选择，在历史学规范中要求必须有一个总体的选择原则，日常选择过程不能服务于历史学的总体原则。不同时期的史学家都倾向于不同的总体原则选

---

① Agnes Heller, *A Theory of History*, Routledge & Kegan Paul, London Boston and Henley, 1982, p. 88.

② Ibid., p. 89.

择，但所有的真正历史家们必须以一致的方式来发现和使用它们。换言之，历史学的基本规范高于日常生活中人们的历史意识。

　　历史学是从现实角度了解有关过去的事实真相，但并没有与未来发生任何联系，也没有与现在角度的未来发生联系。但是历史对未来是有影响的，当然，这种影响不能是有意的，否则历史学就不是准确的。真正的史学不是建在未来角度之上的，虽然它研究的是过去，但必须对现实有一个反馈，所以能够影响现在之后的未来。历史的过去不是被遗忘的东西，而是能被回忆的内容。在这个意义上，事实是包含在现实中的。但只有被忘记的东西才能被追溯。历史学家是人类的心理分析师，如果我们想要记起，他们就能让我们实现。他们只能让我们记起是因为一些东西被忘记了。这种意义上，过去不是实际上被记起的东西，而是能够被记起的内容。这样，我们历史的过去就是能够被记起的内容。人类的过去是能够在未来中接下来的现实中被追忆起的任何东西。赫勒赞同海德格尔以下的描述："过去不是主要存在于被追忆的内容中，而是被忘记的东西中……因为只有过去拥有这种忘记的存在，这种忘记才得以保存和追忆。"①

　　按照赫勒的分析，我们能够在真实知识层次与过去进行沟通的唯一途径就是历史学。历史学必须研究过去；实际上，历史哲学也探究过去，但它只是提出已经为盘问者知悉答案的问题。结果，就过去而言，问题就是伪问题，它们只是有关现在的真实问题。结果，过去并没有为历史哲学提供任何新的信息，它只是提到了现在。另一方面，历史学却是联系过去。当历史学探究过去时，它提前并不知道答案。历史学会得出一个从未想过的答案，或者根本就没有答案，这甚至都会发生。同时，历史学必须"引导过去自我发问"。这是一个历史学从来都不能完成的史学规范，但这种完成必须是经常予以设想的。历史学家不能完成此项任务的原因，是由于对过去的重现是由现在的人来进行的，过去只能用现在的话语进行

　　①　Agnes Heller, *A Theory of History*, Routledge & Kegan Paul, London Boston and Henley, 1982, p. 86.

表述。所以，赫勒认为历史学是心理剧的一个类别，发问者被迫采取他想要理解的那些人的立场。历史学家必须在不假定她或者他比他们知道更多的情况下，采用过去的当下的立场，来分析有关过去的人们的活动。① 赫勒把研究历史看作与过去交流，在至少应该存在两个谈话者的情况下，他们能够提出不同的问题，并且用不同的方式进行回答，交流的结果与出发点不同，我们能够在交流后比之前了解更多，或者如果我们了解到至少一些不同的东西的话，交流才得以实现。

在历史研究的道德评价问题中，赫勒还讨论了历史文学与历史编纂之间的区别。首先，作为科学知识的历史编纂和作为文学创作的历史编纂（或者是有关历史的文学创作）是有区别的，但这种区别不是"真实"与"虚构"之间的那种区别。历史文学作品就其故事本身的"真实性"而言，往往经得起严格的检验。两者最根本的差别在于，在历史文学作品中，历史事件完全归因于历史人物，取决于历史人物的意愿、动机和个性；而对于历史编纂本身而言，动机只能是人们假定的而不能被确定地了解，但这个事实并不妨碍历史文学作品对动机的要求，历史文学在创作中追求"真"与"善"的统一。

但是，如果要在著名历史人物的事迹重现中实现真与善的统一，人们也许在试图达到这个目标时走过了头，以至于把具体的动机和历史事件归于一些历史人物，而他们的这些事迹在编年史中并没有记录。② 赫勒认为，文学作品中记述的历史事件中的历史人物都是真实存在的，所有这些历史人物确有他们自己的故事：那些受苦的人确实亲身遭受了苦难。将真正的知识和直接的事实区别开来的不是关于历史文学作品的标准。

历史编纂与历史文学是不同的。大体上，历史编纂的任务重现逝去的历史人物，历史文学创作则使逝去的历史人物成为与我们同时代的人，这样我们和历史人物就可以基于我们的道德标准用相同

---

① Agnes Heller, *A Theory of History*, Routledge & Kegan Paul, London Boston and Henley, 1982, p. 89.

② Ibid., p. 126.

的措辞来交流，人类之间的交流。历史文学作品请读者来做判断、引导读者做出与作者一致的判断，并通过这种方式来评判历史事件和历史人物。尽管历史编纂本身与历史文学创作都寻求实现在同等的措辞基础上与过去的历史人物进行交流，寻求重现过去的传统习俗，但他们完成的是不同的任务。就重现而言，历史编纂更具优势；就交流而言，历史文学创作更为适合。它们的工作是无法相互替代的。我们越是对历史进行深刻的反思（它不再是现在的过去），就越是能把历史编纂工作和历史文学创作的任务分开。前者主要是用于重现过去的风俗和传统，后者则使我们可以像与自己同时代的人沟通一样和逝去的历史人物沟通。在历史编纂工作中，人们应该少作道德评判；而在历史文学创作中，人们应做出道德评判。① 历史哲学不是"讲故事"，它不会像编史工作那样满足我们的好奇心。它不会让我们与过去产生联系。因此，这两种与编史工作有关的客观的标准与历史哲学无关。但是，这并不意味着历史哲学与实践没有联系，它是用实践性的意图来阐述的，历史哲学引导人们去行动，去生活，去思考。

正因为历史哲学与实践性意图的内在关联，历史哲学实际上可以看作是关于历史存在感这个问题的相关的答案，历史哲学可以作为编史工作的"高级理论"。一方面历史学家能够接受历史的观念，但不能够研究它；他/她能够接受世界发展的观点，但是不能够对它进行讨论，更不要说为之做出论证。历史学家只能从发展的观点设计出特殊的编史工作的理论。另一方面，编史工作的理论可能会"流回"历史哲学中。此外，那些能够反作用于历史哲学的编史工作的理论不仅仅意味着相同的哲学的应用，也能够适应其理论框架，作为证明的标准；编史上作的理论需要适合通常的推论过程，从"是"（is）中推出"应该"（ought）的推断，从而验证哲学的真实性。如果编史工作的理论所联系并解释的事实是伪造的，而且不能够用功能相同的事实代替，那么任何编史理论也能够被伪造。

① Agnes Heller, *A Theory of History*, Routledge & Kegan Paul, London Boston and Henley, 1982, pp. 125-127.

然而，历史哲学是伪造不了的。总有一些接近的其他的理论能够用来以同样的方式进行伪造，为的是证明正在讨论中的历史哲学的"真实性"。正因为历史哲学不研究过去，而是研究"现在"，改变对过去的认知对其没有任何关系，但是，改变对现在的认知却对它有意义。① 这样，赫勒就把历史哲学的出发点和归宿定位于"现在"。可见，历史哲学从现在出发，不关心历史的真实存在，而关注人类的历史存在感。

三 历史哲学是人类的需求

如果与历史学相比，尽管历史哲学不会满足我们的好奇心，并不为我们提供知识，但是作为我们的历史知觉的表达，它满足了我们其他方面的需求，而这些需求也深深地根植于我们对意义的渴求。赫勒赞同赫德尔（Herder）的话：历史哲学也是人类教育所需要的。历史哲学回答了关于历史存在的意义的问题，并满足了我们这个时代的需要。在赫勒看来，所有的哲学都提出了人类存在的意义的问题，人类存在被体验为是历史存在。但是，历史哲学作为哲学的分支，还要回答另一个问题，一个关于历史的意义的问题。但是，赫勒认为，关于"历史的意义"的问题不能代替关于"历史存在的意义"的问题。但是，如果我们以为理解我们的生活，就理解我们的历史，这是亵渎。历史没有隐藏的意义，我们没法理解"历史"的意义。

事实上，在赫勒看来，正如同在所有的哲学中，最高价值观（真理）孕育了人类存在的意义一样，在历史哲学中，最高价值观（真理）要么被理解为历史实体，要么被理解为作为一个历史产物的化身。因此，在历史哲学中，最高价值观是人类存在的真理，即真实性，是人类历史存在的真实性。人类存在的意义被理解为历史存在的意义。历史哲学在将人类存在的意义的问题转变成历史存在的意义的问题时，历史哲学表达了一个时代的历史观念，在这样的

---

① Agnes Heller, *A Theory of History*, Routledge & Kegan Paul, London Boston and Henley, 1982, pp. 216–218.

时代中，人类对于人类作为个体和物种存在的真实性拥有自我意识。① 在赫勒看来，所有阶段的历史观念都表达了真实性，但是只有反映出来的普遍性观念包含了所有的同样的自我反映，历史哲学是反映出来的普遍性科学，诞生于法国大革命时期，有许多形态和方式，但是所有形式都将人类存在的意义构想为历史存在的意义。

根据赫勒的理解，历史哲学是人类所需要的，历史哲学能够满足过去以及我们现在的需要，历史哲学为人们理解生活提供需要，但是历史哲学关于历史存在的意义的问题的回答，是受时间和空间限制的，任何历史哲学家都不能声称他发现了普遍真理。

如果用赫勒的语言方式来表述，就是"他/她的 ought 只能是历史的 ought，因为关于历史存在的意义这个问题的答案，只能阐述为一个历史真实性的答案，一个历史中的答案：因此，这是一个时间和空间上的答案，而不是一个具有永恒性的答案。任何在历史上影响他/她的 is 的人，都不能够阐述他/她的 ought 作为普遍真理"。② 而以往的历史哲学家们都呈现一个普遍真理，从现在中推断出了未来，从过去中推断出了现在。以往哲学经常表现为"救世论、世界末日论或者永恒重复论"各种类型的哲学，无论哪种类型，都试图作为"被解决的历史的谜题"。③ 赫勒批评道，所有这种方式暗示了一种过度的决断力，以解决一个根本不能够被哲学解决的问题。

尽管赫勒从根本上反对任何一种试图提出解决历史方案的历史哲学，但是，仍然坚持"历史哲学的功能就是承诺和警告。过度决断力使得承诺和警告变得有力量，而承诺和警告都是急需的。"④ 为了与以往历史哲学相区别，赫勒努力提出一种历史理论而不是建立一种历史哲学。"如果哲学只是负责回答关于历史存在的意义的问题，它将会克服错误的观念和过度决断力。它也不会为我们提供错误的承诺和警告。它会改变试图思考'历史的意义'的努力。

① Agnes Heller, *A Theory of History*, Routledge & Kegan Paul, London Boston and Henley, 1982, pp. 219—221.

② Ibid., p. 221.

③ Ibid..

④ Ibid., p. 222.

但是它由此就不能从中推出 ought；它会变成一门'不完整'的哲学。它将会转变成历史理论，而不会成为历史哲学。"① 可见，在赫勒那里，历史哲学的最终关切应该是历史存在的意义，而不是历史的意义。

赫勒提出以历史理论代替历史哲学，而且她在努力这样做，她把自己第一本关于历史的著作命名为《历史理论》而不是《历史哲学》。这是一种明显的后现代表达方式，但是，用赫勒自己的话来讲，80 年代初期的后现代是未经反思的后现代。赫勒认为，最好是坚持"历史的意义"和"理解历史"，而不要完全放弃理解我们行为和生活的要求。最好坚持"历史中的真理"，而不要放弃真理的要求。最好是过度决断和由此制造强有力的承诺和警告，而不要完全放弃试图承诺和警告的努力。这就是为什么——尽管对于历史哲学错误的观念有严厉的批评，尽管对于它的成就保持所有的怀疑，尽管对于这项工作理论和实践上的天生的危险有所意识，还是要重复。

上述对历史哲学的理解主要是赫勒在《历史理论》中未经反思的后现代主义时期的观点，在后来的《碎片中的历史哲学》及《现代性理论》中，也许是一种后现代态度使然，赫勒少有专门关于历史哲学的论述。但是，通过赫勒对其他问题的论述，我们依然可以把握到她这样一种矛盾重重的态度：一方面认为历史哲学是人类存在的必需；另一方面，又将历史哲学思考限定在后现代牢笼中。

① Agnes Heller, *A Theory of History*, Routledge & Kegan Paul, London Boston and Henley, 1982, p. 222.

第六章

历史研究的价值问题

关于历史研究中的价值问题，也可以理解为历史研究中价值选择问题。赫勒认为，确保历史观的真正知识的前提条件是正确运用历史观中的价值观，这种价值观具有以下特点：（1）有意识的或无意识的；（2）非歧视的或有歧视的；（3）有反应的或无反应的；（4）错误的或者真实的。

在讨论历史编纂学的知识真实性问题上，赫勒认为，只有当与实用主义和直接实践的联系中断，才能证明价值观是否正确。也就是说，历史学并不直接出于实用主义的目的，也不是直接用来指导实践。如果经过系统地检验证明价值观是正确的，如果真实知识的其他所有条件都得以满足，那么一个历史编纂学的理论就可以被认为是真实知识。因此，在将历史上升到理论层次的过程中，可以认为分开直接实际利益和实用利益是真实知识正确可能性的一个"充分"条件。然而，与直接实践和实用主义永久分开的标准应该用来指导历史学家，因为这是做到"分开"的唯一方法。

在这里，赫勒指出了价值观与自我历史意识的关系。一般来说，如果某种价值观只与"自我意识"有关，那么这种价值观的使用通常是带有歧视性的。历史学家不能把"民族"观定为最高价值观，因为历史学家要对所有民族的历史进行研究与评价，绝不能把这一价值观只用于他/她自己的民族，而是要真正用于所有民族。如果历史学家选择"文化"作为最高评价观念，那么这一价值观不能仅仅与历史学家自己的文化相互关联，而是应该与所有文化都相互关联。换句话说，价值观必须超越狭隘的自我意识。赫勒提出了历史研究中的价值观体系，即有意识的、非歧视性的和反应式的价值观体系必须以一种确定的连贯的方式、没有矛盾地用在历史编纂工作中。但是，赫勒承认，迄今为止，无论付出多大的努力，还没有哪位历史学家可以独自遵循这一标准。

对历史学家来说，遵循这一标准就是寻找真实知识的一种解决办法。但是，赫勒同时意识到，"每项实践都与特定组织及其特定项目的利益和需要相互关联。所以，如果可以从人类实践的立场构建价值观，如果这些价值观可以独立指导历史编纂学，那么它就可以与任何特殊实践和实用主义分割开来，而且对普遍实践的反馈也会成为可能。我们已经看到——我们自己本身就具有历史意义——我们无法在历史'之外'构建任何价值体系。那么我们能否在历史'之内'构建它们呢，或者至少制定出这样的一个构建标准？"赫勒的解决方案毫不新奇，而是抽象的形而上学的建构。"在历史自觉性里有一个经验上的普遍价值观，即'自由价值——观念'。因为每个人都就具有这一观念，并且没人可以选择它的对立面（不自由）作为一种价值观或是规范观念，因此它是经验上具有普遍意义的一个观念。所以，自由的价值具有普遍的合理性，当然这也并不就意味着它是无懈可击的。如果正确的价值观是普遍被接受的而且是与人类实践'本身'有关系的，一个价值观真实性的标准只能与自由价值——观念保持一致"。① 这样，赫勒提出以自由价值观作为历史评价的最高价值观。然而，不同的立场、不同的角度、不同的评价主体，也就有各种各样的自由，这种多元自由观必然带来多元历史评价。

赫勒的自由价值观只能是主观性的历史判断，这与柯林伍德强调历史研究中的主观性相似，他强调历史叙事具有自己的独特性，"自然的过程可以确切地被描述为单纯事件的序列，而历史的过程则不能。历史的过程不是单纯事件的过程，而是行动的过程，它有一个由思想的生成所构成的内在方面；而历史学家所要寻求的正是

---

① Agnes Heller, *A Theory of History*, Routledge & Kegan Paul, London Boston and Henley, 1982, p. 114.

这些思想过程。一切历史都是思想史。"①

在历史研究中，我们必须把我们的世界观从特殊性偏见的重担中解放出来。赫勒提倡历史研究中视角多元化和世界观的多元化。换句话说，是从使用历史作为证明特殊目的的一种方式中解放出来。赫勒从根本上是排斥历史目的论的，历史事实、历史事件不能从某种目的出发来加以连接，只有这样，才能够使每段历史之间进行理性的交流。所有的历史都是人类历史，所以这些历史都比上帝更容易接近和理解。我们生活在一个划分等级和阶级的世界中，一个利益冲突、世界观冲突的世界中，要不断地检查我们的价值观，以一种有意识的、非歧视性的和反应式方式来使用价值观，并且要在我们的研究中排除直接实践和实用主义，同时在我们的历史内部"或多或少的"达到普遍性；一段我们无法超越的历史。正确价值观的标准是正确知识的最高标准，尽管不是唯一标准。

事实上，赫勒本人也意识到，建立在自由价值观念之上的价值观的形而上学的理想主义性质。如何达到"所有的历史与人类是同等的接近呢？如果把这种价值观念当作是最高价值观，那么就无法认为所有人类历史与人类是同等地接近"。"自由，其地位在不同的社会中是不同的：在某些社会一直存在的种类繁多、各式各样的自由，在其他社会中则相当少见。但是，站在人类完美存在的立场上和每段历史进行交流，与平等地评价人性化的一切是两个不同的问题。第一个问题的目标能够也应该达到；第二个问题的目标不能也不应该完成。"② 我们无法也不应该避免有所偏爱。没有某种偏爱，我们不会对过去产生兴趣；在丧失这种兴趣的同时，我们也会不禁埋葬了历史编纂学。与价值相关的另一个问题是历史研究中的道德评价。当历史学家试图对历史人物进行道德评判时，他们的处境是尴尬的。无论历史学家是否陷入相同或是不同的价值体系中，他/她都无法以一种意义明确的方式来完成这个任务。

---

① ［英］柯林伍德：《历史的观念》，何兆武、张文杰译，中国社会科学出版社1986年版，第243页。

② Agnes Heller, *A Theory of History*, Routledge & Kegan Paul, London Boston and Henley, 1982, pp. 115–116.

　　关于历史编纂中的"偏爱"问题，赫勒的理解与伽达默尔在"解释学问题的普遍性"中谈到的"偏见"有某些相合之处。这里涉及的问题就是在历史研究中的对历史意识的历史客观性要求。在伽达默尔看来，兰克为人类历史思维提供的广为人知的公式是：历史意识的任务是从过去时代的精神出发理解过去时代的所有证据，把这些证据从我们自己当下生活的成见中解救出来，而事实上，"历史意识关于历史客观性的要求包含着严重困难"，尽管兰克对历史意识客观性的要求是一个正确的目标，但是成功地控制偏见并不能完全完成理解过去和传达过去的任务。

　　因此，伽达默尔提出："历史科学，即我所开始讨论的第二种异化经验，仅仅表达了我们的实际经验——我们与历史传统的实际遭遇——的一个部分，它所了解的仅仅是这种历史传统的一种异化形式。"不仅如此，伽达默尔还直接为偏见正名，"在构成我们的存在的过程中，偏见的作用要比判断的作用大。这是一种带有挑战性的阐述，因为我用这种阐述使一种积极的偏见概念恢复了它的合法地位，这种概念是被法国和英国的启蒙学者从我们的语言用法中驱逐出去的。……我们存在的历史性包含着从词义上所说的偏见，为我们整个经验的能力构成了最初的方向性。偏见就是我们对世界开放的倾向性"。①

　　赫勒认为"偏爱"是历史研究中的重要因素，而且认为如果我们在历史编纂中消除偏爱，历史编纂就无法进行。伽达默尔的偏见和赫勒的偏爱实际上都是在强调人的主观历史意识在历史研究中的不可替代的作用。

　　这就涉及长期困扰着历史学家的历史主观性和历史客观性问题。例如，在新康德主义哲学家李凯尔特那里，他不能同意历史学家兰克所谓"如实地"表述历史的观点。

　　兰克（Leopold von Ranke，1795—1886），19 世纪最伟大的德国史学家，现代史料学派历史学的奠基人。正是兰克确立了"如实

---

　　① ［德］伽达默尔：《哲学解释学》，夏镇平、宋建平译，上海译文出版社 1994 年版，第 7—9 页。

直书"的历史学原则。兰克在 1824 年出版了《拉丁和条顿民族史》，他在序言中写道："历史指定给本书的任务是：评判过去，教导现在，以利于将来。可是本书并不敢期望完成这样崇高的任务。它只不过遵循了事情是怎样的就怎么叙述的原则。"① 兰克认为："当我们研究我们习惯上称之为史料作家的那些撰写原始情况的作家，并把他们的著作看成是原始材料的时候，应该首先提出的一个问题就是：他们这些人是不是那些历史事件的参与者、见证人，或者仅仅是和那些事件的同时代的人。"②

李凯尔特认为③，对于那种或者主观随意地歪曲事实，或者在对事实的描述中充满了赞扬和责难的叙述来说，兰克对于"客观性"的要求是正当的。但是，这并不意味着历史的客观性在于单纯地重现事实，而没有一条作为指导的选择原则。④ 李凯尔特认为，无论是兰克的"如实地"这种说法，还是文德尔班的"表意化"方法，都只是包含着问题而远没有解决问题。如果像兰克所希望的那样，历史学家在研究历史的时候为了达到客观公正而应当抹杀掉自我的话，那就不可能有任何真正的历史，"这种历史只是一堆没有意义的、由许多简单和纯粹的现象所组成的混合物，这些现象是各不相同的，但在同等程度上或者是有意义的，或者是无意义的，是引不起任何历史兴趣的。"⑤ 李凯尔特所谓的原则即是"价值"原则。

李凯尔特认为，对于研究文化事件的历史科学来说，"现实分为本质成分和非本质成分，也就是分为历史上有意义的个别性和纯粹的异质性"。⑥ 这样一来，我们便得到了我们所寻找的一条原则，

---

① ［英］古奇：《十九世纪历史学与历史学家》，耿淡如译，商务印书馆 1997 年版，第 178 页。

② Leopold von Ranke, Critique of Guicciardin, The Secret of world History, edited by Roger Wines, p. 84. 19 世纪的历史学家。

③ 本文关于新康德主义学派观点的讨论内容载于韩震主编《20 世纪西方历史哲学》第二章，北京师范大学出版社 2003 年版。

④ ［德］李凯尔特：《文化科学和自然科学》，涂纪亮译，商务印书馆 1996 年版，第 75 页。

⑤ 同上书，第 76 页。

⑥ 同上书，第 73 页。

按照这条原则，我们形成历史概念，就是在保持现实的个别性和特殊性的条件下改造现实的异质连续性。这便形成了历史学家挑选本质成分的一条原则，历史学家所需要做的，首先是在无限众多的个别对象中，研究那些在其个别特性中或者体现出文化价值本身或者与文化价值有联系的对象，再从任何一个单一对象所提供的各种异质性成分中，选择那些作为文化意义的依据的成分。通过文化所固有的价值以及通过与价值的联系，可叙述的、历史的个别性概念才得以形成。李凯尔特认为，对个别事件的单纯"叙述"还不是科学，只有借助于"价值"的观点，历史学家才能够选择本质的、有意义的事件作为历史研究的对象。

李凯尔特进而指出，价值联系方法与评价方法是判然有别的。只有当价值实际上被主体所评价，因而某些对象实际上被看作财富的时候，历史学才对价值加以考虑，但是，历史学绝不是评价的科学。历史学只是对实际有的东西加以确定。即使没有历史学家的评价，历史的个别性也会借助于和价值的理论联系得以形成。因此，在历史上重要的和有意义的事件，即历史上的本质成分不仅包括那些促进文化财富得到实现的事件，而且包括那些阻碍文化财富得到实现的事件。只有那些与价值没有联系的事件，才作为非本质成分被剔除掉。由此，李凯尔特得出结论，当我们说一个对象对于价值、对于实现文化财富具有意义时，这决不是意味着对于这个对象做出评价。他举例说明，历史学家可以不必对法国革命对于欧洲有利或者有害这一点做出决定，这是一种评价。反之，任何一个历史学家都不会怀疑，在法国革命中的那些事件对于法国或者欧洲的文化发展来说是有意义的和重要的，因此必须从其个别性方面把它们作为本质成分包括到欧洲史的叙述之中，这是一种价值联系而非评价。根据李凯尔特的观点，评价不属于历史概念的形成这个概念，当历史学家提出赞扬和责难的时候，它就越出了它作为一门关于现实存在的科学的范围。他还特别指出，要明确地把历史发展概念与进步概念区别开。因为"进步"一词与评价直接相关。任何一个关于进步或退步的论断都包含肯定的或否定的评价。所以，从严格意义上讲，进步概念属于形而上学问题，是个历史哲学概念，不应属于历史领域。经验的历史叙述拒绝对历史事件的意义做出判断，任何一种判断都是"非历史的"。

李凯尔特认为，历史的经验客观性建立在文化价值的普遍性之上，文化价值的这种普遍性使历史概念的形成排除了个人的主观随意性，因而是历史概念形成的"客观性的依据"。① 他强调价值的普遍性，强调价值与评价的严格区别，都是为了达到一种历史客观性，那么他所谓的价值究竟是什么呢？"价值绝不是现实"，"关于价值，我们不能说它们实际上存在着或不存在，而只能说它们是有意义的还是无意义的。文化价值或者事实上被大家公认为有效的，或者至少被文化人假定为有效的，因而那些具有价值的对象的意义也被假定为具有一种不仅是纯粹个人的意义；而且，文化就其最高意义而言一定不是与纯粹需求的对象相关，而必定与财富相关。当我们一般地想到价值的有效性时，我们为了自己生活于其中的集体或者由于其他的理由而或多或少对于财富的评价或关怀感到'负有责任'；但是，我们不能仅仅从道德的必要性方面来思考它们。价值能够作为'应为的东西'与我们相对立"。

从李凯尔特关于价值的论述中我们不难发现"价值"这一范畴的超验性。在某种意义上，价值就如同康德哲学中的绝对命令，是一个形而上学的、不可言传的东西。为了避免主观任意性，李凯尔特说价值"不是心理的现实"，为了避免与唯物主义相合，他说价值"不是物理的现实"，就是这样一个既非主观领域又非客观领域的范畴，被李凯尔特赋予了极其广泛的"客观普遍性"，并将之作为历史学家区分自然和文化的标准，作为历史学家鉴别历史材料时借以区分本质成分和非本质成分的标准，事实上价值范畴除了是一个形而上学的假设之外什么也不是，苏联学者康恩称之为"超历史的、超主观的价值"。可以想见，以这样一种不具有客观性的、超验的价值作为历史考察的标准和前提，其结论必定是反历史的。李凯尔特反对历史研究中的主观任意性本身是正确的，问题的关键是

怎样建立一个客观的标准。实际上在历史领域，不可能存在超然中立的第三条道路，不可能不对任何历史进行评价，对待同一历史事件或历史人物，不作肯定的或否定的评价并不能掩盖历史学家本人的真实立场和观点。假如像李凯尔特所宣称的那样，价值不是评价，历史领域排斥评价的话，那么以李凯尔特所谓的价值联系为标准书写的历史也无非成了某一类事件的简单堆积，毫无科学性可言。事实上，任何一个历史学家都不可能不从一定的观点、立场、角度去看待历史问题，谁都不可能是一个全方位的、无立场的历史学家。无立场地对任何历史问题只按价值联系方法去叙述历史而不评价历史本身就是一种立场。况且，永远持一种不偏不倚的、超然中性的价值观的历史学家是没有的，譬如说，一旦马克思主义的唯物史观触及李凯尔特本人的阶级立场、阶级利益的时候，一直笼在他脸上的"客观"的价值中立的面纱便一揭到底，当他攻击马克思主义的历史观是"一种以粗暴的和非批判的方式臆造出来的历史哲学"的时候，他的超验的价值标准便不攻自破，他所捍卫的"历史客观性"也完全淹没在他本人强烈的主观主义倾向之中。

在新康德主义另一位哲学家卡西尔看来，如果历史学家像兰克所表达的那样，"为了使自己成为事物的纯粹镜子，以便观看事件实际发生的本来面目，他愿意使自己的自我泯灭"——成功地忘却了自我，那么他由此达不到更高的客观性。理由是历史学家熄灭了自己的个人经验之光，就不可能观看也不可能判断其他人的经验，就好比在艺术领域中没有个人经验就无法写出一部艺术史一样。卡西尔认为，兰克这个自相矛盾的提法，实质上是提出一个问题而不是指出一个问题的答案。在他看来，兰克的著作很好地说明了什么是历史客观性。卡西尔高度评价了兰克的历史真实观，兰克的反对者"抱怨兰克的冷冰冰的客观主义没有说明叙述者的内心站在哪一边"是浅薄的。他认为兰克的同情心是真正历史学家的同情心，是一种特殊类型的同情心，正是这种不含有好恶或党派偏见的、同时容纳朋友和敌人的同情方式阻止了兰克以一个狂热者的方式或以一个单纯辩护士的方式来处理历史问题。

在卡西尔看来，"理解一切就是原谅一切"这句格言不适应于解释伟大的历史学家的著作，真正的同情并不包含任何道德判断以及对个别行动的褒贬。卡西尔赞赏席勒的名言："世界的历史就是末日的审判。"在兰克那里，在世界历史的伟大审判中，历史学家必须为判决作准备而不是宣布判决。卡西尔认为："根据兰克的看法，历史学家既不是原告的辩护律师也不是被告的辩护律师。如果他作为一个法官来发言，那也只是作为预审法官来说话的。他必须收集这桩公案中的一切文献以便把它们提交给最高法院——世界历史。如果他在这个任务上失败了，如果由于党派的好恶成见他隐瞒或篡改了一点点证据，那么他就玩忽了他的最高职责。"① 卡西尔指出，历史学家的尊严和责任感，对他的任务的这种伦理意识是兰克的主要功绩之一，并认为兰克广博的同情心使他能够包容所有时代和所有民族，并使他的著作具有极其广阔而不受拘束的视野。

卡西尔指出，当我们说到物理事实的实在性或真实性时，我们所指称的正是这种规定性。然而，历史事实的客观性却属于一个不同的更高的秩序。在这里我们也要规定各种事件的空间与时间，但是当要调查这些事件的原因时，我们就面临了一个新的问题。如果我们知道了编年史顺序上的一切事实，我们可能会对历史有一个一般的框架和轮廓性的认识，但我们不会懂得它的真正生命力。而理解人类的生命力乃是历史知识的一般主题和最终目的。在历史中，我们把人的一切工作、一切业绩都看成是他的生命力的沉淀，并且想要把它们重组成这种原初的状态——我们想要理解和感受产生它们的那种生命力。一个物理的事物是通过它的物理惯性而保持其现存状态的，只要没有被外来力量所改变和毁灭，它就会保持它原来的性质。但是人的劳动成果却很容易在另一个方面受到损伤。它们常遭受的变化和衰微不仅是在物质的意义上而且还是在精神的意义上的。即使它们的实体的存在延续着，它们也处在丧失它们的意义的不断威胁之中。它们的实在是符号的，不是物理的；而且这样的实在从不停止要求解释和再解释。

卡西尔指出，历史学的伟大任务正是从这里开始的。历史学家

---

① 　［德］卡西尔：《人论》，甘阳译，上海译文出版社 1985 年版，第 240 页。

的思想与其对象的关系是完全不同于物理学家或博物学家的。物质的对象独立于科学家的工作而保持着它们的实存，而历史的对象却只有当它们被回忆起来——而且这种回忆的活动必须是连续不断的——时才是真正存在的。历史学家必须不仅像博物学家那样观察他的对象，而且还必须把它们保存起来。他想要保持它们的物理存在状态的希望随时都可能受挫。譬如说，一把大火使亚历山大里亚图书馆的数以万计的宝贵文献付之一炬；但是即使是幸存下来的遗物，如果不是靠着历史学家的工作而不断使之充满活力的话，也会逐渐地消失的。为了占有文化的世界我们必须不断地靠历史的回忆夺回它。但是回忆并不意味着单纯的复制活动，而是一种新的理智的综合———一种构造活动。在这种重建中，人的精神转到了原过程的相反方向。卡西尔进一步指出，人如果不具有使他的思想客观化并使之具有坚固而持久的形态的特殊能力的话，那他就不能交流他的思想和感情，从而也就不可能生活在社会的世界中。在这些固定静止的形态后面，在人类文化的这些物化成果后面，历史寻找着原动力。而这也是历史学家与自然科学家之间的区别，伟大历史学家的才能正是在于：把所有单纯的事实都归溯到它们的生成，把所有的结果都归溯到过程，把所有静态的事物或制度都归溯到它们的创造性活力。

　　总之，卡西尔认为一个真正伟大的历史学家应当不带政治激情、不带民族偏见地去写作，他引用雅各布·布克哈特的话印证自己的观点："除了盲目的颂扬我们自己的国家以外，另一个更艰巨的职责是我们作为公民所义不容辞的，这就是：把自己培养成为富于同情、善于理解的人——这样的人把真理以及与精神事物的密切联系视作最高的善，他们能够从这种知识中诱导出我们作为公民的真正职责，即使这些职责并不是我们生来俱有的。在思想的王国里，最高的公正和正义就是：一切国界都应当被抹掉。"卡西尔指出，历史学虽然是关于激情的历史，但是如果历史学本身试图成为激情，那么它就不再是历史，历史学家本人一定不能表现出他所描述的那些感情、那些暴怒和疯狂的情绪来。他认为，通过历史知识的这种特性，就能区分开历史的客观性与自然科学的客观性。从历史知识的目的在于对自我认识的丰富和扩大出发,卡西尔认为自然科学忘掉人,历史学模拟人。在自然科学领域,为了发现和制定自然规律,我们必须忘掉人;在历史领域,历史学从根本上讲是关于自我认识的知识,而不是关于外部事实或事件的知识,因此历史学是拟人的,历史学在努力追求一种"客观的拟人性"。

其实,无论是卡西尔的"客观的拟人性"还是李凯尔特的"价值"原则,都无法真正达到历史研究中的客观性。当然,赫勒以"自由价值观"作为历史评价的最高价值观就走得更远,这必然导致多元历史评价。

在多元自由观基础上,赫勒看不到历史发展的主流,反而认为历史充满了罪恶,我们的时代也同样是如此。全部历史都是有关谋杀、劫掠、抢夺、暴力、压迫和剥削的历史,是苦难的历史。它们都是非常特殊的犯罪事件。在它们当中,很少有人指出发生了谋杀:某个历史人物可以被认为对所发生的一切不承担任何责任的情况则更为少见,实际上根本没有。耶稣基督的神话不是历史,这就是为什么它可作为典范。只有某个承担了人类所有罪过和苦难的人,才有权力裁决生者和死者。没有任何人有同样的权力。① 可见,就赫勒对历史的整体评价而言,是消极而悲观的。尽管人类历史曾经充斥着罪恶,但是这从来不是历史的主流,人类历史是不断摈弃罪恶、走向光明的历程。

---

① Agnes Heller, *A Theory of History*, Routledge & Kegan Paul, London Boston and Henley, 1982, p. 124.

第七章

历史发展的多元选择观

不同社会类型应当如何选择历史发展道路，这也是赫勒历史哲学探讨的内容。历史哲学是关于历史反映出来的普遍性的认知的表达，自由是所有历史哲学共同形成的价值基础。反思 20 世纪人类的灾难，这些人为的灾难而不是自然的灾难，是看似理性的"新神话"所创制的灾难。"知识分子用他们错误的预言很可能背叛了历史。如果他们以不同的方式建设明天，大灾难就不会发生。如果人们的头脑是理性而有逻辑的（而不是非理性和形而上学的），如果面对开放的社会它是有选择的，历史将沿不同的轨道发展。"① 赫勒呼吁肩负理性责任的知识分子保持头脑清醒，呼吁建立一种开放的、多元的历史发展选择理论，从而避免重蹈覆辙。

无论历史哲学采取何种形式，是选择性的形式（要么……要么）、许可性的形式（如果……那么）和决然性的形式（必要性），这本身并不重要，共同之点是，所有历史哲学都试图探索一种发展的逻辑。因此，历史哲学为了把"历史"理解为以一种逻辑，一种以发展趋势为特征的连续性，被迫要在一条线上整理所有的人类文化，并根据它们预计在人类生活中所占的位置评估这些不同的文化。"正是这样一个过程被历史的理论所丢弃。后者并非要摒弃历史主义，而是想去对它做出结论。它满足了历史对我们的历史进行反思这样一种挑战，并且为关于历史存在的意识这样的问题提出了一个答案。这就是为什么它必须以构建我们历史的逻辑矛盾开始的

---

① Agnes Heller, *A Theory of History*, Routledge & Kegan Paul, London Boston and Henley, 1982, p. 28.

原因。这个起点包括了许多理论和实践上的含义。其中一个含义是形成完整的历史概念。"① 这种推论方式必然导致线型历史观。

事实上，这种线型历史观是后现代历史哲学家批评的焦点之一。海登·怀特在《历史的重负》一文中指出，"自 19 世纪后半叶以来，历史越来越成为那些清醒之人的避难所，他们无休止地在复杂中发现简单，在奇特中发现普通……历史学家在现在的世界与此前的世界之间建构一种华而不实的连续，这对任何人都没有什么帮助。相反，我们比以往任何时候都需要能够教育我们认识到断续性的一种历史，因为断续、断裂和无序乃是我们的命运"。② 但是，我们认为历史不能只是断续和无序，如果这样，历史就永远地陷入了各执一词的纷争。历史的意义远不是只在差异与断裂中生成，而更多地在共识与理解中走向完善。

本雅明曾在《历史哲学论纲》中明确指出，历史主义在历史研究中满足于建立因果关系，任何事实好像因为构成原因才具有意义，事实上，某一历史事实的意义可能在事后，跨越可能与它相距千百年的诸多事件之后才具有，只有这样做，历史学家才不至于把"一系列的事件当作成串的念珠去讲述"。按照这种方式，历史学家"把握的是他自己的时代和一个明确的、早先的时代所形成的结合体。这样，他所建立的关于现在的概念是一个把现在看作透入了弥塞亚式时间的碎片的'当下时间'的概念"。③

本雅明和赫勒的态度基本一致，都把历史哲学的着眼点放在现在。赫勒认为自己的历史理论抛弃了形而上学历史宪章，历史哲学总是关注现在：将历史性运用于它自己的理论建议中，必须构建强有力的预言和警告。④ 在这种意义上，赫勒反对以往处理历史的方

---

① Agnes Heller, *A Theory of History*, Routledge & Kegan Paul, London Boston and Henley, 1982, p. 292.

② ［美］海登·怀特：《后现代历史叙事学》，陈永国、张万娟译，中国社会科学出版社 2003 年版，第 62 页。

③ ［德］本雅明：《历史哲学论纲》，载汪民安等主编《现代性基本读本》上卷，河南大学出版社 2005 年版，第 156 页。

④ Agnes Heller, *A Theory of History*, Routledge & Kegan Paul, London Boston and Henley, 1982, p. 293.

式，不能为了历史哲学家的某种历史设计而选择历史事件，一切都成为这个历史哲学设计的历史发展链条上的一环。相反，赫勒主张历史事件的哲学方式。"历史"不能被想象成一个前进或后退的链条，它也不能被理解成为一个永恒、重复的链条。如果一个人用历史事件来代替"历史"（除了我们当前的起源和过去），整个哲学的历史大厦倒塌了。可见，赫勒反对历史决定论，否认历史中的因果联系。

所有历史哲学由于对自由价值观不同的矛盾的理解，产生了对各自发展理论的不同模式。由于所有的历史哲学是不同的，所以由它们构成的"历史"的发展理论也是不同的。坚持发展的历史哲学认为，自由是不断增加的；坚持倒退的历史哲学认为，自由是减少的；坚持"永恒重复"的历史哲学认为，自由或非自由是等量的，或者自由的增加或减少是永恒重复的。

在赫勒看来，尽管康德、黑格尔、马克思、胡塞尔、布洛赫、卢卡奇和萨特对自由的解释不一样，而且几乎没有什么共同的观点，但是他们都强调"历史"中一种类型的发展，即通往自由的发展，都属于发展的历史哲学。发展的理论认为，历史有一种发展的趋势，被理解为从"低"级向"高"级的发展。历史的框架是，现在是向"更高"或者"最高"的转折点。因此，发展的理论采取了"这是时候了"和"现在是时候了"这样的立场来完成发展链环的最后一步，来认识到我们的现在包含着历史的结果，来选择"发展"作为我们的价值观，来调动起我们的力量为未来作准备，等等。当然，这些是通过强调发展和现在而联系在一起的观点、作为历史发展的"分水岭"。

倒退的理论认为，"历史"有一种倒退的趋势：这种被称为"历史"的趋势的延续性被理解为从"高"级到"低"级的退化。历史是自由倒退的故事。从倒退的理论来看，"发展"与我们现在社会的标准无关，因为"进一步的发展"只是意味着自由更深层次的倒退，以及人类的自我毁灭。浪漫主义的所有模式都属于这类的观点。在现代，其最伟大的哲学代表无疑是海德格尔。

在永恒重复的理论中，历史可以被理解为相同的发展片段（发展—倒退）的重复，或者是相同的基础模式的变化性的结合。要么是人类的自由和非自由没有增加或者减少，要么是自由本身的增加或者减少以相同的方式一次次地重复。但是经常地，永恒重复的观点更类似于倒退的理论，特别是在我们 21 世纪，例如汤因比、列奥·斯特劳斯。

从整体上看，赫勒坚持发展的历史哲学，但是反对以往历史哲学把"发展""倒退"和"永恒重复"实体化的做法。因此，赫勒提出一个可以替代历史哲学的历史理论，包括了发展的价值观，但是它没有把发展实体化。赫勒提出，自由的价值观念应当是历史哲学的最高价值追求。发展的辩证观念一直占据着历史哲学。但是，现代社会人口密度的增加、人均生产的增加、科学知识的增加并不意味着自由的增加，自由——历史哲学的最高价值观——对于所有类型的"增加"远不是成比例的。

人们不再像以往那样关注自然、关注宇宙，转而开始关注人的存在。人类历史中的"历史"不仅包含了过去，而且还包含现在和将来，是以现在和它的历史的现代形式存在的我们人类历史精神的建构。包含着过去、现在、未来的人类历史，既与我们现在的过去的精神建构相关，也与我们对现在的未来的推测相关。被作为我们现在的未来的历史，包含着我们一无所知的未来历史性的推测。① 在赫勒看来，现时代我们对形而上学的人生体验的需要从宇宙转向了历史，这个人类思维的转向可以视为康德式的革命。因此这个建构和推测了过去、现在和将来的历史，已经成为并将会成为人类的意识。建构和设计（过去的、现在的、将来的）历史是一个典型的康德式的转变，我们体验着这种历史的现时代精神。"大写的历史是一个时代的形而上学，这就是历史。"② 赫勒强调历史意识之于我们的重要性，强调历史意识的生活体验本质。"这种意识是存在的意识，也即是说对生活经历的体验，被当作这些相同体验的联合所构成的体验。这是我们的意识，我们的存在，

---

① Agnes Heller, *A Theory of History*, Routledge & Kegan Paul, London Boston and Henley, 1982, p. 282.

② Ibid..

我们的生活体验，我们生活体验的构成。当谈到历史时，我们表达的正是这种动力，并且因此加强了它的存在。"① 更进一步讲，这种对形而上学的需要深深地植根于我们的现在之中，我们不能消除它，只能反映它。

在《历史理论》中，赫勒对现时代的存在形式及其内容进行了分析，其中包含了三个基本成分：市民社会（civil society）②、资本主义、制造工业。现代社会以选择性为特征。马克思把迄今为止的所有社会历史总结为阶级斗争的历史，赫勒提出，在现代（民主化—工业化—资本）社会，政治团体冲突而不仅仅是阶级的冲突同样存在着，而且这可能是在同样的社会体系中的替代性逻辑。这正是为什么现代历史（历史）以否定之否定为特征。赫勒概括了现代市民社会的两种内在逻辑（两种动力）。就市民社会的特点而言，具有相对独立性和自律，确保了私人经济范围的相对独立性。第一个逻辑是，市场的普遍化、私人财产的排他性特征、不平等和霸权的不断增长；第二个逻辑是在民主化、平等化和分权化的过程中发展和加强了的个人自由（人权）。前两种逻辑是作为市民社会的内在动力出现的。同时，赫勒谈到发展和增长中的工业包含了第三个逻辑，政府对市场的限制。在这里，赫勒比较含蓄地批评了当时的社会主义，认为以苏联为代表的社会主义并不是理想形态的社会主义。

面对这样一种现代社会，我们面临不同的选择，社会主义（或者社会主义的不同形式）只代表了历史选择中的一种。"无论是历史的起源还是分离，都不是社会主义的保证：它们甚至不会去保证植根于历史中的社会主义的观念和社会主义的运动。我们最有权利去说的是，它们并不排除社会主义的观念和运动，并且

---

① Agnes Heller, *A Theory of History*, Routledge & Kegan Paul, London Boston and Henley, 1982, p. 283.

② 按照查尔斯·泰勒的说法，市民社会（civil society）界定了东欧国家一度被剥夺的、而现在正力争重新创造的东西：即一个自治的社团网络。与国家概念形成对比。参见查尔斯·泰勒《吁求市民社会》，载汪晖、陈燕谷主编《文化与公共性》，生活·读书·新知三联书店1998年版，第171页。

由于我提出了后者，我同样有义务去相信它应该是这样。"① 社会主义通过民主、平等、分权来加强自由、人权，社会变革是一个从较少的社会主义向越来越多的社会主义发展的过程，从一个霸权主义的社会向社会自我管理的社会发展的过程。社会主义作为选择，"这个逻辑仅仅是我们社会中存在的好几个逻辑中的一个，并且没有某种必要性去保证它的持续性支撑反对其他的。让我们重复：我们仅仅能假设这样真正的，关于未来（准确地说因它也是同样是关于现在的观点），也即如果我们的历史存在，社会主义——作为一种理想——作为一种运动，或者二者都是——将会同样存在"②。尽管现存社会主义存在问题，但是批评社会主义或者社会主义本身（作为一种思想和作为一种运动），是一种狭隘而应该改变的视野。

这种关于历史发展的多元选择，首先是基于对当前文化的多元化理解，当前的文化在现实中而不是在观念中，已不再是单一文化，而是含有多种不同的文化，这已经成为我们人类目前的基本状况。"整体性"现在成为了生活在地球上的所有人类的"整体性"，它包含了众多文化和众多社会结构，其中包含各种过去和各种过去的历史。我们分享着我们的时空，我们紧紧地联系在一起。不仅通过政治、经济的联系而且通过道德责任相联系：当前的未来建立在当前所有社会和文化的基础上，无论我们是否意识到这种未来。我所讲的作为历史描述的社会结构仅仅是许多文化中的一种。③

在赫勒看来，我们不是历史链条上的旁观者，而是参与者。"与把我们当作'历史的'目标相反，我们能够将'历史'看成我们的目标。我们并不是那些被设想成排在黑色的隧道中的先辈们的旁观者，先辈们的目标被假设完全暴露在我们面前，反而，第一次独自地，我们把'他们'想象成被拘留于不同的牢狱中，就像战斗

---

① Agnes Heller, *A Theory of History*, Routledge & Kegan Paul, London Boston and Henley, 1982, p. 293.

② Ibid., p. 294.

③ Ibid., p. 292.

在不同的战场上，偶尔在绿洲中享受一些渴望已久的休息。"① 赫勒旨在反对目的论历史哲学，反对目的论历史设计把人当作手段的做法，但是，如果做一个比较，我们宁可选择前者，成为必然性的历史大潮中勇往直前的战士，而不是偶然性历史牢狱之囚犯。

不同的社会主义历史理论，强调了多种多样的价值追求，并且以不同的方式做出基本的选择。我们在选择历史的时候，应该拥有最大的个体自由，这样的历史才能减少灾难，历史也不应由少数人所决定。因此，每一种历史理论都必须做出选择，任何历史理论都不能被认为是从远古时代直到最近历史中的"与生俱来"的发展逻辑。赫勒主张，历史的理论拒绝建立在"但是"的逻辑基础上的论断。因为现代社会才完全明白矛盾逻辑，只有在现代社会才会知道辩证法，这就是为什么一种历史理论必须去反对完全落后或衰退的哲学，而它只是有条件地去反对进步的哲学。

与那种从大写历史设计的观点出发进行历史选择不同，赫勒的历史理论为历史选择提出一个一般的、无所不包的标准。自由的价值被理解成为个人的自由，被当作每个具有理性的人所具有的价值理性，被作为标尺评价各种各样的历史，规范到达它们的所有途径。② 赫勒在关于历史研究中的价值问题的讨论中，就提出自由是历史研究的最高价值观，但是，这种自由只是虚幻而大胆的乌托邦设想，既无根据又无基础，或者只能是有理论根据无现实基础的设想。面对历史时代，如果我们像赫勒所讲的那样，以市民社会的第二个逻辑即在民主化、平等化和分权的过程中发展和加强了的个人自由（人权）为选择前提，历史选择就完全成为个人的私人层面的事情，问题正在这里，这种建立在民主、平等和分权基础上的历史选择，并不能保证一定都是正确的。

在文化多元观的基本判断之下，赫勒认为，历史哲学的真正贡献在于，它回答了关于历史存在性的意识问题：存在性的问题指向

---

① Agnes Heller, *A Theory of History*, Routledge & Kegan Paul, London Boston and Henley, 1982, p. 295.

② Ibid., p. 298.

选择，并将探索之光指向意义。只是在现代情形下，历史理论是多元的。这个任务同样能被不同的历史理论所完成。[①] 任何考虑问题的方式，任何与价值相关联的行为都可以得到解释，历史哲学能够使我们做出选择，并且能够将探索之光指向含义。

[①] Agnes Heller, *A Theory of History*, Routledge & Kegan Paul, London Boston and Henley, 1982, p. 294.

第八章

历史理论的乌托邦

　　赫勒从人类学的角度，认为所有的历史哲学都应当被看作人类学，所有历史理论也是如此，如果所有的历史哲学都提出一种生活方式，那么所有历史理论也是如此。在批判以普遍法则为基础的历史哲学的同时，赫勒提出了自己的历史理论乌托邦设想。赫勒是在超越现存的理念的意义上使用乌托邦一词的。

　　历史理论的乌托邦（utopia）是赫勒提出一种历史理论的主旨，这种乌托邦建立在自由价值基础之上。赫勒批判了以往的历史哲学，认为它们从"实然"中推出"应然"，"实然"和"应然"同样被历史化了。"应然"被分解成为"应该是什么"和"应该做什么"，两者都产生于作为整个被看成历史的产物的实然本身。这就是为什么"应该是什么"和"应该做什么"被看成所有人类历史的结果的原因。

　　赫勒不能同意进化的普遍规则，认为历史中根本没有所谓历史法则，也不能接受历史必然性这一概念。在以往的历史哲学中，"应然"和"实然""它们就像一对恋人，经过成千上万年的安排后相会在目前或未来的婚床上。这个婚礼是历史（或史前史）的终点，为此新婚的钟声敲响。"[1]赫勒反复强调，"应然"不代表"实然"，从"应然"的预测中也不能必然地推出未来状态。因此，"应然"和"实然"不能定位于过去，从遥远的过去推导出未来。

　　历史理论的乌托邦设计可以通过以下几个方面来理解。

---

　　[1]　Agnes Heller, *A Theory of History*, Routledge & Kegan Paul, London Boston and Henley, 1982, p. 310.

一　历史理论的乌托邦依然建立在"应然"和"实然"相互关系的哲学基础之上

　　"实然"与"应然"的相互关系是赫勒历史理论乌托邦的哲学基础。历史理论也是从"实然"推导出它的两种"应然"形式（"应该是"和"应该做"），但是它并没有假定"应然"将就会是这样，"应该去做"就会被做。赫勒认为，马克思关于人类从来不会为自己设立无法认识到的目标的论断过于武断，应当用自己的历史理论取代它，尽管这种历史理论表达了"更少的雄心，但更具有现实性，更有约束力：人类从来不会产生这样的价值，它既不能被遵守又无法获得持续的坚持"。① 因此，历史理论将其"应然"展示在"应然"的形式，而不是实然的形式；作为一种理念和概念，并且同样认为一种应该被坚持的价值能被坚持仅仅是因为它们表现和植根于我们真正的意识存在，因为它们构建的目的就是去被坚持。各种各样的历史理论中的"应然"存在并共同构成了我们的存在，因为它们既规范理论又调整行为。

二　历史理论的乌托邦是历史的想象，它根植于市民社会第二逻辑中的价值的普遍化和理想化的想象

　　乌托邦的核心是不断追求个体自由的实现。在赫勒那里，现代市民社会的第二个逻辑是在民主化、平等化和分权化的过程中发展和加强了的个人自由（人权），是作为市民社会的内在动力出现的。我们的行为能够使每个人自由地接受我们的乌托邦。我们并不能保证我们的乌托邦能够被每个人接受，但是我们应该将之理论化，并且以一种这样的方式行动，我们的理论和行为能够使每个人自由地接受乌托邦。从社会平等的角度而不是从统治的角度，必须排除为了任何目的而使用明天的力量。强迫的自由是一种矛盾，因为它排斥多元性。所有人的意愿必须被允许处于平等的位置，如果我们期

---

　　① Agnes Heller, *A Theory of History*, Routledge & Kegan Paul, London Boston and Henley, 1982, p. 311.

望我们的愿望能被自由地接受并被每个人分享。① 乌托邦的理念强调人与人的平等、自由。

三　历史理论的乌托邦相信进步的观念，进步被理解为只有收获而没有相应损失，而且没有人仅仅当作被使用的手段

历史理论的乌托邦一方面乐于去创造进步，另一方面拒绝去产生关于未来的真正声明。"未来的进步并不是必要性，而是我们所忠诚追求的价值，并且通过这种虔信地行动，进步变成一种可能性。"② 关于历史进步，赫勒坚持柯林伍德的观点，没有损失的进步才是进步。换言之，如果进步的同时带来灾难或损失就不是真正的进步。

四　历史理论的乌托邦以推进多元化为目标

历史理论的乌托邦必须推动多元化的生命形式。如果说乌托邦是一种进步的理念，在于它是一种只有收获而没有相应失去的进步理念。人类只有在这样的状况下才能够实现社会平等：每个人的品位、倾向、渴望、天赋和兴趣不完全一样。"应该是什么"能够且应该被具体化到不同的方式，同样，"应该去做"能够也应该被多元化。所有特定的目标被乌托邦调整，所有动员的实现这些目标的活动，他们多种多样，同样完成"应该去做"的义务，甚至如果实现这样的目标可能在目前互相矛盾。在所有的这些情况下，矛盾不是植根于最高的价值中，而是基于满足需求的优先性。因此，它能（而且也应该是）在实际的交涉中得到实现，这种多元化接受理性的论点。

五　历史理论的乌托邦追求适合于乌托邦理念的目标，而不是去期待乌托邦"实现"

这种乌托邦将产生一个世界，与我们生活的世界相比，其带有

---

① Agnes Heller, *A Theory of History*, Routledge & Kegan Paul, London Boston and Henley, 1982, p. 312.

② Ibid., p. 307.

与乌托邦更多的相似性。"如果我们以自己的力量去做任何事情以产生一个与我们的世界相比，其与乌托邦的更相似，我们就尽到了我们的责任，我们就可以享受我们的生活，我们拥有的未来生活。"① 在这里，乌托邦理论的空想性质直接显现出来。

六 历史理论的乌托邦是一种符合理性的激进需求

社会主义的历史理论实际上成为激进需求的表达形式。但是它没有许诺满足未来所有人类的需求。满足所有人类需求的诺言是一种错误的诺言。即使它表达了激进的需要也不能满足他们。乌托邦的理性规范包含了对所有人类需要的承认，除了这些把人类仅仅作为手段使用的人。对于所有人类需求的承认，是对每个人——作为一个社会人的承认，每个人在能力上是自由和平等的。② 当然，只有当一个人的需求使其他人不自由、不平等时，他的需求才会被排除。

在以上的讨论中我们发现，赫勒力求提出一种基于现存社会的乌托邦。这种乌托邦立足于"今天"与"现在"，而不是"明天"与"未来"，这种乌托邦反对将"现在"边缘化为未来或明天，任何一种以"明天"为借口而牺牲人的当前自由的历史哲学和做法都是不足取的。乌托邦的理想"并不是对未来社会的详尽无遗的描述。因为关于'未来社会'我们几乎不能了解任何具体的东西。理性乌托邦总是为现在而设计的，它的理想指出目前人所应前进方向上的——相对——目标以及人在目前所应为之行动的目标"。③"'明天'伴随着它包含的一切，可能是不确定的，但是今天是确定的。没有明天的不确定性能够从满足的感觉中夺取人类，这种满足来自他们已经完成了他们的责任。"④ 这种乌托邦以所有人的个体自由

① Agnes Heller, *A Theory of History*, Routledge & Kegan Paul, London Boston and Henley, 1982, p. 312.

② Ibid., p. 318.

③ Agnes Heller, *Radical Philosophy*, Oxford and New York: Basil Blackwell, 1984, p. 146.

④ Agnes Heller, *A Theory of History*, Routledge & Kegan Paul, London Boston and Henley, 1982, p. 318.

为核心，以理性交流为前提，承认所有人的需求的合理性和平等性。这种乌托邦不相信普遍的历史法则，不相信历史必然性，不追求乌托邦的实现，而是强调乌托邦对人们行为和思想的指导作用。

历史理论的乌托邦充满了激进需求的辩护，将现存社会批判为令人不满足的社会。没有人能从不满足中"解放"，这些遵守社会主义历史理论规范的人也不会被解放。诺言仅仅包含了把不满足转变成有意义的生命的内在压力和呐喊。在遵守我们的义务中，在做我们应该做的事情中，世界依然充满着可怕的变故。认可所有人的需要激发了呐喊，因为需要没有得到广泛的认同。道义的呐喊被感受为苦难，没有"有意义的生活"能从苦难中免除，只要有理由去呐喊，并且没有人能够去许诺在未来将不会有如此的情况存在。①然而，在现实社会中，如果不探索可行的实践途径，激进需求是不可能得到满足的。

马克思的需要理论是赫勒需要理论的来源。赫勒关于人类需要的历史理论，是一种包含了建立在人性统一基础上的人类学，一种拒绝将所有的"人性"进行实体和现象两分的人类学。因此，乌托邦的愿望不能被理解成一种纯粹的实际的愿望，但是这是一种融合了的愿望，并且部分地被愿望和热情所促进。赫勒希望乌托邦被自由接受，并且假定没有哪种愿望会和这种愿望相冲突，这能够成为接受它的推动力。②

乌托邦是关于什么是"应然"的想象与图景。"在我们的动态的社会中，一个体系不稳定的社会，一个逻辑矛盾的社会，一个自由最高的价值能被以完全不同的矛盾方式加以解释与评价的社会，一个不再为人们提供传统的机制模式的社会，一个有等级的价值为个体行为和好的生活提供模式的社会，在一个有指导的理性已经统治了理性价值的社会——在这个社会中，没有'应然'作为理念的指导，有理性的价值行为和伴随价值的理性行为（好的生活）变得

① Agnes Heller, *A Theory of History*, Routledge & Kegan Paul, London Boston and Henley, 1982, p. 320.

② Ibid., p. 323.

不可能。任何人拒绝乌托邦，从而也拒绝了'好的生活'将使人类
背离仁慈的有指导的理性。"① 乌托邦提供的价值在数量上并不多，
但是它们是真实的：一个人可以通过完全不同的方式体验它们，并
且它们能够被具体化为各种各样的行为，各种各样的生命形式，它
们允许去融合形式伦理和实质伦理。对民主社会的第二个逻辑的观
点的不满，表明了对理性价值行为的需要，没有乌托邦的理性形
象，这种需要就不能得到满足，同样乌托邦变成了一种需要。事实
上，乌托邦历史理论也是赫勒需要理论的一种表达。

　　关于历史理论的乌托邦是赫勒整个乌托邦思想的重要组成部
分，赫勒在 1984 年的《激进哲学》中，进而阐述了理性乌托邦
（rational utopia）思想，并逐渐发展为激进乌托邦（radical utopia）。
"哲学是世界的创造者。哲学要求世界成为人性的家园，但是仅仅
要求并不能使之发生。哲学的应然必须成为人的意志，以便有一天
可以断言：它的确发生了。激进哲学必须成为激进运动的哲学，它
必须'打动群众'。它必须变成物质的力量，以便有一天可以断言：
它的确发生了。"② 我们可以感受到，赫勒希望激进哲学所代表的乌
托邦能够带动实践和行动，而不只是停留在理论的层面上。

　　最终，乌托邦理论指向了伦理的诉求。如同赫勒把哲学看作人
类学一样，她也将所有的历史哲学都看作人类学，所有历史理论也
是如此。在赫勒看来，所有的历史哲学都提出一种生活方式，所有
历史理论也是如此。③ 在《历史理论》中，赫勒提出所谓可能的社
会主义理论，把应然（乌托邦）作为应当作的一个标准。在赫勒那
里，我们被定义为共享我们生命的道德共在（togetherness）。"我们
的过去之井的确是深邃的，我们的责任的确是巨大的。在某种程度
上，我们只能奔赴死亡。我们不得不为我们的历史存在提供观念与

　　① Agnes Heller, *A Theory of History*, Routledge & Kegan Paul, London Boston and Henley, 1982, p. 327.

　　② Agnes Heller, *Radical Philosophy*, Oxford and New York: Basil Blackwell, 1984, p. 134.

　　③ Agnes Heller, *A Theory of History*, Routledge & Kegan Paul, London Boston and Henley, 1982, p. 331.

意义。有一个愿望是任何其他愿望都不能取代的：共享我们共在的责任。我们能够过一种诚实的生活——我们为什么不努力尝试呢？"① 这种理论以每个人可经验的善代替了卢梭的"公意"。因此，伦理成为内在的要求。社会主义历史理论主张形式伦理和实质伦理的结合。

赫勒把社会主义视为一种需要，认为社会主义是现代性的一个涓流。她认为，马克思作为社会主义最伟大的历史哲学家，也是一个历史的理论家。但是，赫勒委婉地批判了马克思的现代性理论，如果马克思坚持历史的理论，那么共产主义就只能被想象为一种运动，而不是作为被解决的历史之谜。彼得·贝尔赫兹认为，赫勒看到了柯林伍德所看不到的——乌托邦的需要，赫勒的乌托邦"不是19世纪的一种愚蠢的乐观主义，也不是她书中所讲的自我怜悯的20世纪的悲观主义。甚至于意识到，在那个领域，事情还有待于去做。人类学的激进主义被归类为政治的现实主义。赫勒的浪漫主义不是易受骗上当的清醒，也不是玩世不恭，它是批判而不是轻视……"②

赫勒主张伦理价值多元化，各种不同的生活方式都是同等正确和美好，而所有这些生活方式接受各种不同的道德。但是，这里的问题是，在价值多元的旗帜下，任何道德和任何生活方式都是同等正确和美好的，又如何使人们承担起我们共在的责任？

---

① Agnes Heller, *A Theory of History*, Routledge & Kegan Paul, London Boston and Henley, 1982, p. 333.

② Peter Beilharz, *Theories of History——Agnes Heller and R. G. Coollingwood*, *The Social Philosophy of Agnes Heller*, Edited by John Burnheim, Amsterdam – Atlanta, G. A., 1994, p. 123.

第 三 编

碎片化的历史意识：
宏大历史叙事之崩塌

　　现代人也好似被随意抛于不同邮箱的信件，只是没有地址署在上面：他们没有目的地，需要自己确定其目的地。他们成为他们自己的发送者，并且没有一个地方是适宜的。信封上是空白的。这意味着要被抛于自由或虚无中去。变得自由是从一个人的自由状态（作为"无"）到作为其自己之自由的自我转变。偶然性是一个人的历史结果。①

——赫勒

---

① Agnes Heller, *A Philosophy of History in Fragments*, Blackwell Publishers, 1993, pp. 17-19.

第九章

碎片化的当代历史认识

后现代主义思想的一个重要标志，就是以各种各样的方式表达了对"元叙事"即所谓普遍性大规模理论解释的拒绝。伊格尔顿说："后现代主义标志着这样的'元叙事'的死亡，元叙事隐秘的恐怖主义的功能是要为一种'普遍的'人类历史的幻觉奠定基础并提供合法性。我们现在正处于从现代性的噩梦以及它的操控理性和对总体性的崇拜中苏醒过来、进入后现代松散的多元论的过程之中，一系列异质的生活方式和语言游戏已经抛弃了把自身总体化与合法化的怀旧冲动……科学和哲学必须抛弃自己宏大的形而上学的主张，更加谦恭地把自身看成只不过是另一套叙事。"① 可见，后现代主义呼吁人们从元叙事、操控理性、总体性等构成的现代性噩梦中苏醒过来，继之以异质、多元、游戏等取而代之。

在赫勒提出关于历史理论的乌托邦设计与理想之后，发生了苏联解体、东欧剧变、柏林墙倒塌等重大历史事件。1992 年，福山发表了《历史的终结和最后的人》。曾经作为东欧新马克思主义代表人物的赫勒，不仅对马克思主义所代表的历史进化主义进行了反思，而且对启蒙理性所代表的现代性进行了反思。赫勒认为，世界解释属于人类状况，却不等同于现代图景，现代人的特征是曾经统一、同质的世界图景变成了碎片。② 赫勒不能同意海德格尔关于只

---

① ［美］戴维·哈维：《后现代的状况》，阎嘉译，商务印书馆 2003 年版，导论部分第15 页。

② ［匈］赫勒：《现代性理论》，李瑞华译，商务印书馆 2005 年版，注释部分第350 页。

有现代人有一个世界图景或世界观的说法。

　　统一世界图景的破碎对现代历史反思来讲，意味着某种东西的终结。1993 年，赫勒在《碎片中的历史哲学》中反复提到奥斯维辛。如果对福山来说，"冷战"结束意味着意识形态"历史的终结"，这个终结就是"人类意识形态演进所到达的终结点和西方自由民主制度作为人类政体之最终形式的普遍化"；而对利奥塔来说，奥斯维辛意味着终结，奥斯维辛标志着启蒙以来的现代性"一个时期"，"一种模式"的"一种终结"①。如果说赫勒也谈到了某种终结，那么这种终结与利奥塔相合。"是火车站作为大屠杀的隐喻而服务的：奥斯维辛的火车站。正是这些真实的人们，尽管是真实列车的不真实的乘客，被历史进步的机车带到他们最终的目的地，并被给与代号为最终解决方案。奥斯维辛摧毁了作为历史形象词的列车的支配图像。这里是一个朝向未知的旅行，其路线被计划者而不是乘客所知晓，这里是一个没有归途，没有作为绝对未来的终结的地方。"② 奥斯维辛撕碎了人们关于现代历史无限进步的梦想。

　　尽管后现代主义自 20 世纪 70 年代就已经形成一股强大的思潮，但是，那个时期的赫勒还不是自觉的后现代主义者。那个时期，赫勒完全没有看到旧的哲学死亡之后新的哲学出现的可能。经历了 80 年代末的剧烈社会动荡，90 年代的赫勒已经完全接受了后现代的思维方式和表达方式，从构建体系转向描述断裂。这也决定了赫勒带给我们的历史思考只能是碎片中的历史哲学（1993 年赫勒将自己的历史著作命名为《碎片中的历史哲学》）。赫勒说，《碎片中的历史哲学》可以作为《历史理论》续篇来读，但是结论是相反的。赫勒认为，《历史理论》继续了宏大叙事的模式，而这原本是应当加以拒绝的，那时根本没有意识到旧的历史哲学死亡之后一种新的历史哲学出现的可能性。赫勒认为，后现代"不是一个描述体系的好时机，却是一个描述断裂的很好时代"。

　　尽管对于现代性与后现代性、现代主义和后现代主义的相互关

---

　　① 转引自姚大志《现代之后》，东方出版社 2000 年版，第 259 页。

　　② Agnes Heller, *A Philosophy of History in Fragments*, Blackwell Publishers, 1993, p. 218.

系看法不一，而且这也不是本书的主题，但是，我们完全可以说，后现代主义确实是一种与现代主义不同的文化形式。在后现代主义文化的论述中，在艺术、建筑、哲学、科学、历史等各个领域，碎片（fragment）成为应用最为频繁的词汇之一，好像整个后现代文化就是关于碎片的。极端后现代主义者博德里拉认为，后现代性可以被看作在现代性的意义、指涉对象以及终极目标被解构之后，对空虚和痛苦所做的反应，后现代"世界的特点就是不再有其他可能的定义，所有能够做的事情都已被做过了。这些可能性已达到了极限。世界已经毁掉了自身。它解构了它所有的一切，剩下的全都是一些支离破碎的东西。人们所能做的只是玩弄这些碎片。玩弄碎片，这就是后现代"。① 在赫勒看来，"对前现代而言，有意义的生活和善的生活是同一的；但对后现代来说不是这样。总体而言，真理的无所不包并不需要在道德的意义上包括善，特别不需要在全善的理性下谈论作为自身的终结"。② 后现代的主要价值观念都发生了分裂。

对现代主义来说，历史是它的根基和灵魂，现代性是一个变化、革新、进步和发展的过程。历史是整个现代的希望之源，现代主义的人们相信历史的发展必将带来民主、革命、社会主义、进步和幸福。但是，社会历史的发展远不是现代主义之设计，极权主义、希特勒法西斯主义、原子弹的使用将人们从理想拉回现实。后现代主义面对历史，认为人类将不再"有任何稳定的结构、因果联系、具有重大意义的事件或某种确定的形式可供我们去描述历史的轨迹或发展道路。相反，一切都受制于不确定性和难以预料、让人迷茫的偶然机缘"。③ 后现代主义思潮迅速席卷了社会理论研究的各个领域，在历史领域也是如此。后现代理论拒斥那种为现代理论所

---

① ［美］道格拉斯·凯尔纳、斯蒂文·贝斯特：《后现代理论》，张志斌译，中央编译出版社 1999 年版，第 165 页。

② Agnes Heller, *A Philosophy of History in Fragments*, Blackwell Publishers, 1993, p. 135.

③ ［美］道格拉斯·凯尔纳、斯蒂文·贝斯特：《后现代理论》，张志斌译，中央编译出版社 1999 年版，第 172 页。

钟爱的关于社会和历史的总体化的宏大观点，赞成微观理论和微观政治，并放弃了多数现代理论假定的理性的、统一的主体，赞成被社会和语言非中心化了的碎裂的主体。

在历史断裂抑或"历史终结"的情形下，拒绝历史的"元叙述""宏大叙述"（利奥塔语）成为历史学家、历史哲学家的明显的态度。同时在后现代主义历史学领域发生着历史编纂的范式变革，历史学家以研究对象的微观历史境遇和生活境况代替了宏观历史结构理论。荷兰历史哲学家安克施密特将这个时刻描述为"那种对实际上始终支配着历史编纂的所有本质渴望的最后告别的时刻"。① 换言之，历史学、历史哲学开始告别历史研究中的本质主义传统。"从今以后，把这些社会的和文化的碎片组织成为更大的和更具综合性的整体，或把它们安排进等级系统中的尝试，都是注定要失败的"。利奥塔关于历史的理论是"对过去的根本统一性的通常概念的批判：过去被它打碎，成为一些孤立的碎片，而当代学术界的碎片化是过去消融的镜像比喻"。②

后现代主义对断裂、偶然性、流动性、短暂性、异质性、非确定性等的过度迷恋，使得我们把这个时代描述为碎片时代好像并不为过。哲学作为时代意识的反思与呈现，生活与思考在一定的历史时代，任何思考和呈现都不可避免地带有时代的影子。这个碎片时代，成为赫勒历史思考不可抗拒的巨大磁场和背景域，"无论如何，特定的观念总是处于'流动中'，更确切地说，处于给定时代的历史意识之中"③，这种思考的结果又怎能不是碎片中的历史断想？

这个时期，赫勒的历史断想从偶然性的本体论论述开始，揭示了真理的理念和范围，向以黑格尔绝对精神为代表的现代历史意识发起挑战，进而描述了后现代的生存状态——我们都是后现代历史牢狱中的偶然性的存在。

---

① ［荷］安克施密特：《历史与转义：隐喻的兴衰》，韩震译，北京出版社2005年版，第220页。

② 同上书，第232页。

③ ［匈］赫勒：《日常生活》，衣俊卿译，重庆出版社2010年版，英文版序言，第5页。

第十章

偶然性
——人类的存在状况

对偶然性的关注是当代历史哲学的理论生长点，不同的历史哲学家从不同角度予以阐发。在耶尔恩·吕森那里，"危机是对一种时间性变化的确定体验，即对偶然性的体验。偶然性是一种事件或事变发生的状况，它与某种预先给定的解释有出入"。① 耶尔恩·吕森认为，偶然性表达了一种断裂和间断性的特定时间体验，而历史意识正是对这种偶然性的回应。由于偶然性搅乱了人类生活原先确定的方向，它就有了与意义的基本模式相联系的那种"危机"的本体论地位。可见，在偶然性的本体论地位的理解上，赫勒与耶尔恩·吕森是一致的。

一 偶然性的本体论意义

偶然性理论是赫勒整个历史哲学的本体论基础。在赫勒历史哲学中，偶然性（contingency）是一个关于存在论的术语，偶然性概念是赫勒历史哲学的核心概念。对偶然性的强调是后现代主义的重要特征之一。而且，在赫勒那里，对偶然性的觉知是人的进步："前现代和后现代分享一些事：在面对偶然性时，它们都不摇摆，古代人来讲，他们对偶然性一无所知，因此他们根本就不是偶然的存在；后现代不是，因为他们已学会与自身的偶然性坦然相处，这

---

① Jorn Rusen，"Crisis，Trauma，and Identity"，发表于《中国学术》，第 3 卷（2002），第 1 辑。转引自陈新主编《当代西方历史哲学的若干问题》，复旦大学出版社2004 年版，第 315 页。

也是区分后现代和前现代之处。"① 但是，将偶然性作为一种本体概念提出来，并作为整个历史思考的本体论前提的大概只有赫勒。赫勒关于偶然性的论述，对其他后现代思想深有启发。

鲍曼曾指出，自己关于公认的偶然性条件下"无基础"生存（living）的实践后果的思考得益于赫勒的指引，从而认真考虑了赫勒将宿命（fate）的偶然性转变为有意识接受的好运（desting）的可能性。② 正是赫勒偶然性理论的启发，鲍曼发展了自己关于矛盾性和协同性的理论。但是，鲍曼也提出了与赫勒相反的观点，认为，现代性在任何情况下，都不可能仅仅通过把人类抛入他们偶然性的命运中，而我们提供了自由的可能条件。因为，首先，自由还远非是逃脱偶然性状态方式，更不要说是此的唯一的逃脱方式了；其次，更为重要的是，我们从偶然性本身的总数上看到了它的虚假性，或者少量的偶然性消失了，而在背后却是多数的偶然性还是看不见的。

在《历史理论》里，赫勒对偶然性的表述往往与可能性、机会、机遇（chance）同义。赫勒的表述是 chance 在前，contingency 作为括号内的解释出现。例如，赫勒在讨论普遍历史法则时谈到，在历史哲学中，"chance（contingency）偶然性是本体论的。这个'动量'，这个历史的推动力，既被理解为机遇，也被理解为必然性（这个必然性通过机遇来认识）"。这样一来，赫勒把机遇 chance（偶然性 contingency）看作历史发展的普遍法则，然而"将机遇（chance）［偶然性（contingency）］归结为历史发展的普遍法则恰好表达了一个相反的意思：历史发展的普遍法则就是历史中没有法则，没有规则，也没有典型的行为之间的相互作用"。③

对赫勒来说，无论是社会还是个人，既不存在什么前定的命

①　Agnes Heller, *A Philosophy of History in Fragments*, Blackwell Publishers, 1993, p. 135.

②　［英］齐格蒙特·鲍曼：《现代性和矛盾性》，邵迎生译，商务印书馆 2003 年版，第 26 页。

③　Agnes Heller, *A Theory of History*, Routledge & Kegan Paul, London Boston and Henley, 1982, p. 246.

运，也不存在什么必然性，一切都归之为可能性或偶然性。"在一个不稳定的平衡体系中，命运之剑并没有悬在创造物的头顶上，它放在这些相信它们的无限可能性的演员头上。拿破仑是世界精神的具体化，自我制造的世界诞生了自我制造的人的代表。今天一无是处的人明天可能变成重要的人——作为人或阶级，这无关紧要。今天重要的人物，个人或阶级，明天可能变得微乎其微。并且所有的这些并不是命运的反复无常或者是万能上帝的愤怒，而是因为个人或阶级没有去抓住时机，好的机遇。"① 因此，赫勒认为，历史哲学的任务根本不是尝试建立社会法则。

在《碎片中的历史哲学》中，赫勒对偶然性进行详细的论证。偶然性成为赫勒描述现代状况的本体论基础。赫勒在人类存在意义上理解"偶然性"（contingency），人类可以概括为"偶然的存在"（being contingent），偶然性是人类的条件或状态。"我使用偶然性一词作为一个事关存在的术语；它是人类的一种状况（condition），即男人和女人作为'偶然的存在'所体验和描述的状况。"② 术语"偶然的"并不意味着"意外的"（accidental），尽管它与"意外的"有所关联。③ 看来，"偶然的"事关事物的本质属性，而"意外的"则表示事物之间的非本质联系。

在赫勒看来，偶然性作为人类情形本身的存在性描述，就不能被理解为一种可以被附加于也可以不被附加于人类的且不改变其"本质"性质的特性。首先，偶然性与意外的（accidental）不同。意外的事件是非本质的关联，尽管偶然发生的事情也被称为意外事件（accidents），但偶然性则是本质的、存在意义上的概念。作为一种存在性的经验和描述，偶然性与此种"意外的"的情形并不相关。其次，偶然性虽然与运气是相关联的，但是，运气作为一种外在力量而出现，而偶然性则完全是内在的。

事实上，偶然性在经典哲学家那里有着不同的表述。在康德那

① Agnes Heller, *A Theory of History*, Routledge & Kegan Paul, London Boston and Henley, 1982, p. 284.

② Agnes Heller, *A Philosophy of History in Fragments*, Blackwell Publishers, 1993, p. 1.

③ Ibid..

里，历史中的偶然性和混乱本质上贬低了人性的地位，"正因为令善与恶如此交替变化是件愚蠢的事情，在这个世界上，我们人类自身的全部交往应该看作一部纯粹的荒诞剧；因为这将使得我们人类在理性的眼中比起其他动物来，没有任何更高的价值，而动物上演这种娱乐却不用花费什么，也无须耗费脑力。"①

当我们理解黑格尔《历史哲学》时，能够感受到黑格尔对历史发展的必然性和规律性的强调，历史是有意义、有内在联系的事件的系列与过程，但是，它绝不是一个可以从简单的公式中推导出来的过程。虽然历史深处的确隐含着它自身的规律或逻辑，但这种规律或逻辑恰恰是通过历史的偶然性起作用的。因此，黑格尔并不比任何一个别的历史哲学家或历史思想家更轻视偶然性在历史中的作用。但是，重视偶然性并不是将历史描述为一幅众声喧哗、杂乱无章的画面，而是要从整体上把握历史的内在原因与过程。这不仅不能以牺牲偶然性来达到，而且必须通过理解偶然性来达到。② 所以，当赫勒认为黑格尔历史哲学的所有努力似乎是对偶然性的克服时，认为在黑格尔那里一切都是绝对精神必然性发展过程中的一个环节的时候，我们只能说，赫勒由于强调偶然性的本体性地位而功能性地误读了黑格尔。

偶然性本身没有认识论意义上的价值。"偶然性不是暂时的，因为意识到我们自己的偶然性并没有增加我们关于过去、现在和未来的知识。假若偶然性意识意味着没有事情可预知，那么在对我的偶然性的意识中，我不会更好地预知我的命运，并且即使存在可预知的事情，我们也不会通过预知得到任何事情。"③

偶然性作为一种经验或一种事关存在的描述不具有任何认识性价值。因此，一个绝对知识的哲学家就是荒谬的，没有人能够知晓一切。当提出一种关于绝对知识的哲学时，哲学家超越了他自己的心智的和人类的资源，超越了他的偶然性。赫勒不能同意黑格尔关

① ［美］汉斯·凯尔纳：《此刻"不再"》，转引自陈新主编《当代西方历史哲学的若干问题》，复旦大学出版社 2004 年版，第 254 页。

② 张汝伦：《黑格尔的〈历史哲学〉》，《中华读书报》2001 年 11 月 21 日。

③ Agnes Heller, *A Philosophy of History in Fragments*, Blackwell Publishers, 1993, p. 2.

于绝对知识的论证，而且认为整个黑格尔哲学的努力就是建立必然性、克服偶然性的一种巨大的尝试。"它克服了宇宙偶然性，同时，接受了历史偶然性和现代人类体验的精华。为了简化历史，黑格尔提出一套普遍目的论的系统，在这套系统中，单独的个体目的论是历史的悬置的。单独的个体在普遍目的论发展中会保持偶然性，除非他进入普遍目的论的主流。如果不这样，他会生活在偶然事件中，仅仅是宇宙必然性的偶然现象。"①

黑格尔通过改造必然性概念，使这种综合具有哲学的可行性、必然性不再等同于因果关系，在体系的最后，黑格尔在《精神现象学》异化的章节已经尝试克服哲学化的宇宙偶然性。通过把历史性和宇宙偶然性紧密联系起来，他把偶然性自身历史化了。偶然性意识在黑格尔的描述中是世界历史发展过程中的一种过渡。这里的偶然性经历确实从属于历史目的，而且在历史目的自身中偶然性被克服了。

如果宇宙偶然性能够作为我们人类的境况被接受下来，这意味着对目的论的排斥。"不存在目的，绝不存在；不存在秩序，将来也不会存在。不存在理性，除了我们人类易犯错的心智。确实，在被称为坟墓的宇宙中，一个人只是零。接受所有的自然的偶然性，坚持历史是有目的的，这是欺骗性的。"② 赫勒要说明的是，历史除了偶然性的存在以外，没有所谓的历史目的。

在《碎片中的历史哲学》中，赫勒赋予社会历史偶然性以本体论地位；它是历史本体论的（historico-ontological），是对作为现代人类状态的关于偶然性之原初描述的重新表述。后来在关于现代性的理论中，赫勒仍然坚持每一个历史事件和历史事实的偶然性，坚持认为历史没有所谓的趋势，没有所谓的历史必然性，这种后现代态度走得更远，"后现代的男男女女思考和行事的方式就仿佛一切（每一个历史事件）全都是偶然的（在这个词最强烈的意义上），但他们并不以本体——形而上学的方式谈论偶然性。一个偶然的人

①　Agnes Heller, *A Philosophy of History in Fragments*, Blackwell Publishers, 1993, p. 7.

②　Ibid., p. 13.

只是带着偶然性意识行动和生活而已"。①

这里，偶然性的本体论地位发生了变化，表明了赫勒在偶然性问题上的极端后现代态度，那就是，向一切形而上学的叙事方式挑战，换言之，偶然性如果作为本体——形而上学的方式被谈论，这又重蹈现代主义叙事方式之覆辙。后现代主义就是这样处于前后矛盾的语境之中不能自拔。

二　偶然性的生存体验：偶然性的存在主义特征

赫勒关于偶然性的理论深受帕斯卡尔、海德格尔、萨特等人的存在主义影响。赫勒关于偶然性的隐喻直接来自帕斯卡尔关于上帝存在的赌博。人的存在如同一场赌博。帕斯卡尔在哲学上的主要贡献是，对理性本身的内在矛盾及其界限进行了深刻反思。从这个意义上讲，他不属于他所生活的时代，因为 17 世纪是一个高扬理性主义的时代。但是，帕斯卡尔的思想通过尼采、柏格森等人，深刻地影响了 20 世纪的西方哲学，现代存在主义对人的真实存在状态的描述，可以说是帕斯卡尔思想的现代翻版，并形成了声势浩大的非理性主义思潮和个人主义浪潮，继续影响着当代西方后现代主义。

在历史发展的进程中，个人主义在资本主义发展的最初阶段是作为一种解放力量出现的，它鼓励个人的首创精神，抗拒着封建主义传统对人的禁锢。但是当资本主义经过几个世纪血火洗礼战胜封建秩序从而占据统治地位之后，个人主义便失去了其消极对立面，其自身的弊端也日益暴露出来。

现代个人主义的自我走上了恶性膨胀的道路。意志主义哲学的代表人物尼采宣称："每个人都想把自我同一切自我同等看待，这是奴隶理论。"② 尼采认为，超人是真正的目标，应当成为超人，而且超人就应当高高在上。在尼采那里，就道德而言，如果除了意志的表达以外，别无他物，那么我的道德只能是我的意志的产物，因

---

① ［匈］赫勒：《现代性理论》，李瑞华译，商务印书馆 2005 年版，第 15 页。
② ［德］尼采：《权力意志》，商务印书馆 1991 年版，第 122 页。

而不可能有自然权利、功利、最大多数人的最大幸福这些虚构物的位置。因此尼采指出，我自己必须创造"一类新的善的东西"。"我们要成为我们所是的那些人——新生的、独一无二的、举世无双的人，自己为自己立法，自己创造自己的人。"

根据麦金太尔的分析，"十八世纪的合理的并得到合理论证的自律道德主体是一个虚构，一个幻觉，所以尼采摧毁了它，让意志取代理性。"① 但是，尼采让我们以某种巨人般的英雄的意志行为使我们自己成为自律道德主体的同时，也宣告了自我同社会的最终对立，个人成为超越于众人，超越于社会之上的对立之物。因此，在这种意义上我们可以说尼采只以他那强有力的警句格言摧毁了一个旧世界，却并没有建立一个新世界。然而，尼采的超人学说却成为后来个人主义取之不竭的源泉。

后现代哲学是现代西方非理性主义在当代新的表现形态。世界局势的变化及生活方式的急剧变迁，法西斯主义给人类带来的科技理性的暴行，这一切使理性主义再度成为幻梦。20 世纪的人们经历了太多的创伤，人们关注的重心是生存状态和未来发展，关注个人感受与个性体验。20 世纪成为一个体验的时代，17 世纪帕斯卡尔关于人的体验的哲学影响着赫勒。

帕斯卡尔揭示了人的非理性的体验，进而揭示人的存在状况，并寻找人的存在的终极意义或永恒福祉。帕斯卡尔揭示了人的渺小与虚无状态："当我想到我的生命的短暂，时间的永恒吞没了我，我在其间只占一个极小的位置……这时我就感到恐惧，震撼于我是存在于此，而非彼。因为在此而非彼，在现在而非以后，是没有理由的。谁将我放置在这里？是谁的命令和指挥，这个空间和时间就降临在我的头上？"

所以，在赫勒的理解里，一个没有目的的宇宙，也是一个没有理性的宇宙。"在一个没有理性的宇宙中，无论事物的存在还是非存在都是没有理性的。因果律的力量是盲目的和无精神的。每一个

---

① ［美］麦金太尔：《德性之后》，龚群译，中国社会科学出版社 1995 年第一版，第 143 页。

为外在的动力因所决定的事物都是一个随机的事物。因果链中一个单独的外在原因造成这个依赖于仅仅是偶然的力量的因果链中的结果。"赫勒认为谈论宇宙的意义是荒谬的。"黑格尔的名言——如果你将这个世界看作是理性的，这个世界也将理性地看你——是同义反复，因为在他的观念里，你理性地看待世界就意味着你预设了世界是像我们一样的精神。但如果世界是一个偶然事件的链条，则我们越是理性地看待世界，世界对于我们来说就越不是理性的。"①

帕斯卡尔的问题是，在茫茫无限中人是什么？理性能带给我们什么？"添加到无限中去的个体什么都增加不了，就像增加到无限的尺度中去的一英尺：有限被淹没在无限之中，变成了纯粹的虚无……如果有一个上帝，那么他也是无限地超出我们的理解力，因为如果他是可见的和没有限制的，他就和我们没有任何关系。让我们说：'要么上帝在，要么他不在。'……理性无法裁决这个问题。无限的混沌分隔开了我们。在无限距离的遥远的彼端，一枚硬币被抛起，他将正面或者反面落下。我们怎么赌？理性无法使我们做出选择，理性也无法证明哪个是错的。"②

在帕斯卡尔那里，以博弈的合理性替换掉了知识的合理性。我们无法理性地证明上帝的存在或非存在，但我们可以理性地证明我们必须押上身家性命来赌上帝的存在："因为我们不得不选择，那么选择此而非彼，我们的理性就不会太被冒犯……但是你的幸福呢？让我们衡量一下押上帝存在的正面的得与失。让我们估价一下这两种情况：如果你赢了，你就赢得了一切，如果你输了，你什么也没有失去。"③赫勒赞同帕斯卡尔关于人被悬置在零与无限，即内在的与外在的无限性之间的论断。单个的人是虚无，是零，因为个体被加到无限之上还是无。这个描述更接近于现代人的人生经验。我们作为单个人是微不足道的，他们的生活既没有目的又没有意义，被偶然地抛入无限性的死亡之中，被抛入无所谓的活字印刷版

---

①　Agnes Heller, *A Philosophy of History in Fragments*, Blackwell Publishers, 1993, p. 8.

②　Ibid., pp. 8-10.

③　Ibid., pp. 8-11.

的随意组合之中，对这些的意识和理解使他们心中充满恐惧。

赫勒完全接受帕斯卡尔对人的虚无状态的描述，并进而把人生比喻为一场无法掌控的赌博或博弈，断言社会历史的偶然性（Historico-social contingency）是人类的现代性状态。没有赌博支持或对抗这种偶然性。即使现代人还不完全熟悉这个概念，但是他们能够意识到他/她们的偶然性，因为他们体验到了它。现代思考概括了这种体验，使它得以显现，增强了它，并对它进行了反思。萨特对偶然性体验的现象学描述是："生存就是去选择自己；无法从外部或它能够接收或接受的内部降临于它。无论如何，它完全受不可容忍的使自我生存（be）的必然性所摆布而没有任何帮助——直到最细微之处。因而，自由不是一个存在（being）；它是人的存在（The Being of Man）——他的虚无（nothingness）。"①

赫勒认为，萨特（Sartre）关于偶然性的哲学讨论，尽管没有在宇宙偶然性与社会历史的偶然性之间做出区分，但《存在与虚无》（*Being and Nothing*）深刻地揭示了现代偶然性的体验。萨特给我们提供了轮廓分明的偶然性体验的现象学描述。"生存就是去选择自己。因而，自由不是一个存在（being）；它是人的存在（The Being of Man）——他的虚无（nothingness）。"

事实上，萨特关于自我的偶然性体验是以强调个人的自由为目标的。但是，由于对自由的过度推崇，为了提出一个自为的自我，却将自我推向"什么也不是"的虚无境地。这是片面推崇人的主观性的存在主义逻辑贯彻到底的必然归宿。萨特宣称："人在把自己投向未来之前，什么都不存在……，人只是在企图成为什么时才取得存在。"②

在萨特那里，人首先存在，但这存在最初原本是个"无"，他什么都不是，等到后来才是他自己所造成的那种人，因此存在先于本质，因而个人的主观性是萨特的存在主义的出发点。人之所以是

---

① Agnes Heller, *A Philosophy of History in Fragments*, Blackwell Publishers, 1993, p. 16.

② ［法］萨特：《存在主义是一种人道主义》，周煦良、汤永宽译，上海译文出版社 1988 年版，第 21 页。

自由的，就是因为自我永远是他现在所不是的"是"。自我只有不断地拆解其现在"是"的这个人，他才成为"自己"。人只有在不断地超越自我时，才能保持"自为存在"的尊严。

萨特宣称人的自由是与生俱来的，自由是选择的自由，不是不选择的自由。实际上，萨特的自我成为一个拥有主观生命的规划。人不仅自己设计自己，自己选择自己，人同时也创造了社会及其世界的价值。"我的自由是各种价值的唯一基础，没有任何东西，绝对没有任何东西能证明我应接受这种或那种价值。我作为诸价值赖以存在的存在，是无可辩解的。我的自由之感到焦虑是因为它成为诸价值的基础而自己却没有基础。"①

因此，在萨特那里，自我几乎是世界的主宰，自我不仅创造自我，而且是一切价值的基础和标准。这样一来，每个自我之间永远没有统一的价值基础，因为每个自我都拥有一套独立于他人和社会之上的价值标准，自我和他人之间的联系断裂了，没有共享的目标，没有一致的理想和追求，每个自我都存活于自我设计的图画之中。这种理论的终端必然得出萨特"他人就是地狱"的口号。因而萨特所谓的"自为存在"的自我之间不可能是平等的，相反萨特说："尊重他人的自由是一句空话：即使我们能假定尊重这种自由的谋划，我们对'别人'采取的每个态度也都是对于我们打算尊重的那种自由的一次践踏。我们的涌现是别人的自由的自由限制。"②因此，萨特虚无化的自我概念只是倡导了一种个人至上的绝对个人主义，这种自我的自由之获得是以践踏、摧毁他人自由为代价的。

萨特虚无化的偶然性经验被赫勒表述为虚无、零存在（being zero），如同海德格尔所说的被抛入无（being held out into nothing）的经验。"偶然性之畏不仅从成为外部力量之玩物的图景那里升起，而且从完全遗弃的意义上，从没有外部力量支撑、独自生存而被遗忘的意义上升起。孤独的焦虑是对空无的焦虑。当他们开始发现，他们并且只是他们使自己成为其所是时，正是这种焦虑支配着现代

①　［法］萨特：《存在与虚无》，陈宣良译，生活·读书·新知三联书店1987年版，第72页。

②　同上书，第527页。

人，并且它只依他们而定，而不管他们全然变成什么。自由是灾祸
（Curse）之名。它也是无限偶然性之名。无限是无，因为它是自
由。灾祸与偶然性是同一的。""行动的第一状态是自由"①。

从根本上讲，赫勒是反对目的论的。在赫勒看来，一个人出生
在前现代，有一个原初的 telos（目的）；前现代的人们就像信件一
样，被随意地抛投在诸多邮箱中的一个中去。在那里，所有被抛投
在同一个邮箱的信件署着地址，正是通过出生之偶然，人们被分配
了他们的命运。他们知道他们所能做的以及他们所应达至的；他们
是被构成的，而不是自我构成的。与此相反，"尽管现代人也好似
被随意抛于不同邮箱的信件，只是没有地址署在上面：他们没有目
的地，需要自己确定其目的地。他们成为他们自己的发送者，并且
没有一个地方是适宜的。信封上是空白的。这意味着要被抛于自由
或虚无中去。变得自由是从一个人的自由状态（作为无）到作为其
自己之自由的自我转变。偶然性是一个人的历史结果"②。

赫勒关注偶然性体验，关注虚无的体验，主要是抗拒目的论，
因为目的论将人们变成木偶。"对于现代人来说，不太关心永恒的
幸福，但关心自由。如果人们有充分的理由相信除了人的心智之外
再没有更高的目的的话，人们能够从这样的观念中得到启发，甚至
是快乐，即人们的生活没有客观的意义或目的，人在无限中实际上
就是零。目的、精神或上帝（可知的和不可知的，可见的和隐遁
的）阻碍了人们对绝对自由的追寻。我们是虚无，但无限不再使我
们感到恐慌，我们能够征服宇宙这个坟墓。"与帕斯卡尔或海德格
尔相比，赫勒更加强调偶然性对人的实践意义。

就实质而言，赫勒的偶然性理论仍然是个人主义的变种。③ 个
人主义的极度发展，导致了严重的社会后果。社会分离的力量不断
加强，个人权利与公共义务、个人自由与社会秩序之间已失去了平

---

① Agnes Heller, *A Philosophy of History in Fragments*, Blackwell Publishers, 1993, p. 16.

② Ibid., pp. 17–19.

③ 本书该部分相关论述载于论文《驱逐了德性，自我走向何方》，《北京政法管理干部学院学报》1999 年第 2 期。

衡。加拿大哲学家泰勒认为，正是这种过分增长的自由形式，导致了"现代性病症"，并把这种病症表述为"濒临崩溃"①。泰勒认为，这种病症表现为个人主义处于生活的首位，人们失去了宽广的目标，因为他们只关注他们个人的生活。个人主义的阴暗面把自我放在中心位置，这锉平和限制了我们的生活，使之缺少意义，并对他人和社会漠不关心。个人对自我利益的过分关注，使他们陷于原子式的存在。社会联系的纽带被割断了，社会分裂为无数自我封闭的原子。"现代自由通过毁灭意义而暗中毁坏了自身"，并且"直接引向自我毁灭"②，因为它腐蚀着自由真实的条件——社会结构。

在哲学史中，亚里士多德认为城邦在本性上先于个人、黑格尔认为国家在逻辑上先于个体。亚里士多德认为，如果某一个体"出于自己的天性而不是由于偶然情况生活于国家之外，那他不是在道德方面不健全，就是一个超人"，③因而他把社会置于个体之上，亚里士多德还说过，"凡隔离而自外于城邦的人……他如果不是一只野兽，那就是一位神祇。"因为每一位脱离城邦的"个人都不足以自给其生活"。④正是在这种意义上，虽然城邦发生程序上后于个人，但在"本性上则先于个人和家庭"。因为就本性而言，"全体必然先于部分"。⑤

黑格尔的自我概念是费希特自我概念的扬弃。在费希特那里，自我是无所不能的活动主体，它不仅认识，而且设定、创造整个周围世界即他贬称为"非我"的东西。费希特认为"一切实在性都被设定于自我之中了，而非我是与自我相对立的；根本没有实在性被设定于非我之中。一切非我都是否定性，因为非我自身中根本没有

①　转引自韩震《公共社团主义的兴起及其理论》，《中国社会科学》1995年第2期，第110页。

②　同上。

③　转引自［苏］科恩《自我论——个人与自我意识》，佟景韩等译，生活·读书·新知三联书店1992年版，第110页。

④　［古希腊］亚里士多德：《政治学》，吴颂皋、吴旭初译，商务印书馆1965年版，第9页。

⑤　同上书，第8页。

任何实在性"。① 这样一来，自我不仅是自我的创造者，而且社会也成为自我的创造物。

黑格尔认为，"自我万能论"把整个外部世界变成赤裸裸的外形，实在的人的"自我是有生命的活动的个体，而他的生命就在于能把自己的个体性显现到自己的意识和旁人的意识里，就在于表现自己，使自己成为现象"。② 黑格尔也断然反对经验论者试图把自我问题归结为个体对自身单个性的认识。在这种经验的自我意识范围内，"我们看到的只是一种囿于自己和凡人琐事，只会孵育自己的极其贫乏也极其不幸的个人"。③ 黑格尔认为，自我意识是活动的一个侧面或因素，个体性在活动中与共同性相融合，因此形成："我们"就是"我"，"我"就是"我们"。黑格尔认为，个体发现自己的"自我"不是通过内省，而是通过他人，通过从个别向全体过渡的交往和活动。

亚里士多德和黑格尔关于全体高于个体的论述，不但启发着当代思想家重新思考自我与社会、个体与全体的关系，而且推动了人们对极端自由主义、个人主义学说的怀疑和批评。

三　历史是偶然性的存在

存在论问题是第一性的，认识论问题是第二性的，只有人类提出存在的问题，存在论比认识论更根本，这是赫勒偶然性理论的最终关注。赫勒主张，"只有人类确信某种偶然性，只有存在者被抛。我称那个信箱，即抛掷的地点，叫历史。人们被抛入历史。这个大写历史不可与另一个大写历史相混淆，后者比如那个被称为普遍历史的宏大叙事，也就是对人类历史的总体的目的论描述。在此被解释的历史也不能与那些讲述人们的故事、事迹和命运的故事的历史（小写的）相混淆。这个历史（大写的）既非宏大叙事，又非英雄史诗，亦非只是小叙事。事实上，它根本不是一个叙事，而是一个

---

① 转引自韩震《生成的存在》，北京师范大学出版社 1996 年版，第 11 页。
② ［德］黑格尔：《美学》第一卷，商务印书馆 1979 年版，第 81 页。
③ ［德］黑格尔：《精神现象学》上卷，商务印书馆 1981 年版，第 150 页。

存在的境况"。只有通过被抛进历史，他们才拥有一个世界。"被抛
进历史"就是历史性的表现之一。历史性与被抛入世界的存在境遇
相对待。

这样一来，赫勒以偶然性为本体论基础，提出了完全不同于现
代主义的宏大历史叙事的历史概念。这个历史不再是必然性之链，
而是偶然性事件的联结。历史哲学也不再是以发现必然性历史法则
为己任。这样，历史就成为偶然事件之细丝纺成的丝线，成为丝线
织成的固定样式的织物。这种历史不再与宏大叙事、英雄史诗以及
小叙事相混淆。我们被抛进不同的信箱，并从这里被分配到不同的
命运。所有的叙事，无论大的还是小的，都是从这个抛掷、分配以
及命运中获得意义的。历史哲学是一种叙事，即使不是，它也依赖
于叙事，大的或者小的。历史哲学纺织挂毯，或以马赛克装饰，有
时还要用许多（不同的）马赛克，或者是以叙事为参考点，为经验
的证据，为解释的材料，或仅是用来解构的文本。

偶然性的开放性状况就是人所处的历史境域。赫勒将存在的经
验置于中心性地位。赫勒关于历史、关于人的思考是存在主义的。
换言之，偶然性是一种存在经验，偶然性的问题是一个存在的问
题。赫勒区分了两种偶然性，即宇宙偶然性和社会历史偶然性。宇
宙偶然性的问题是一个猜测的问题，是关于宇宙的目的是否在场的
问题，也是人们能否真正建立真的知识的问题。赫勒重点考察了社
会历史偶然性，社会历史偶然性完全是一个实践问题。正是我们原
初偶然性的无限性，以及作为虚无的自由，使现代人有了无根的战
栗，这里并没有"物自体"。我们是被抛入自由的，我们的生活并
没有前定的宿命，是我们自己命运的主人。我们所不知道的正是我
们的命运。

在后现代，自我的存在是自我选择的、自我决定的，自我选择
的同时选择了一连串开放的偶然性和虚空的自由。通过选择自身，
人们就是选择他们之所是。这里，偶然性转变为命运。

在亚里士多德那里，存在着一种"偶然成为的人"与"一旦认
识到自身基本本性后可能成为的人"之间的区别。亚里士多德认
为，善是人类本性意义上的目的，是人作为一个种类所特有的追求

目标，善对人类最终意味着幸福。拥有善，就会使一个人获得幸福。因此，善是人所过的全部最好生活，而在这种生活中，德性的践行是其必要的和中心的部分。德性在人认识到自身的目的后向人自身目的的追求过程中，起了一个关键性的作用。德性就是能够使人从偶然形成的人性向认识到目的后可能形成的人性转化的力量。

与被现代个人主义文化所割裂的分离的自我相对，麦金太尔描述了一种叙述的自我。"自我的整体性在于这样一种叙述的整体之中，这种叙述把诞生、生活和死亡联结起来作为叙述的开端、中间和结尾。"① 在麦金太尔那里，个人行为者的历史应当置于整个人类历史之链之中，没有人类历史，个人行为者的历史以及他在时间中的变化就是不可理解的。麦金太尔进一步把人的生活描绘为特殊文化群体的一个叙述系统。麦金太尔认为，人在本质上是一个说故事的动物。在巨大的叙述系统之中，自我既是叙述的主体，又是叙述的客体。"我是他们的故事的一部分，正如他们是我的故事的一部分一样。任何一种生活的叙述是相互联结的一组叙述的一部分。"② 在这个叙述整体中，我成为历史的一部分。

根据麦金太尔的分析，尼采的超人、萨特的"无"的发现、戈夫曼的角色之衣借以悬挂的一个"衣夹"，都将自我隔离于历史之外，这种自我也许只有幻想的意义，只能生活在道德幻想之中。依据情感主义观点，一个道德行为者，也就是有能力从任何自己卷入的情境中退出来，而且能够从某种与全部社会具体情况完全分离的纯粹普遍的和抽象的观点出发，对这种情境或特性进行评价。因而，由于道德能动作用必须置于自我之中而不是置于社会角色和实践之中，任何人都能够成为道德行为者。而各种道德评价标准与尺度的纷繁并存，却被自由主义者冠以"多元论"的美称而沾沾自喜。

麦金太尔认为，这种不具有任何必然社会内容和必然社会身份的自我能够是任何东西，能够扮演任何角色、采纳任何观点，因为

---

① ［美］麦金太尔：《德性之后》，龚群译，中国社会科学出版社1995年第1版，第259页。

② 同上书，第275页。

他本身什么也不是，什么目的也没有。在萨特那里，自我的发现其特征表现为自我是"无"的发现，即自我不是一个实体，而是一组永远保持开放的可能性。在戈夫曼那里，自我不过是角色之衣借以悬挂的一个"衣夹"。

因而，麦金太尔指出，如此设想的自我，一方面与其在社会中的具体体现完全不同，另一方面它自身也缺乏任何合理的历史，从而显示出某种抽象的、幻影般的特性。"这种特殊的现代自我即情感主义自我，在争取自身领域主权的同时，丧失了由社会身份和把人生视作是被安排好的朝向既定目标的观点所提供的那些传统的规定。"① 在麦金太尔看来，我可以既是家庭成员，又是村庄成员，还是部落成员；我可以同时是哥哥、堂兄和祖父，而这些并不是偶然属于人们的特性，不是为了发现"真实的自我"而须剥除的东西。它们是我的实质的一部分，它们至少部分地，有时甚至是完全地限定了我的责任和义务。在相互联结的社会关系中，每个人都继承了某种独特的位置，没有这种位置，他就什么也不是，或者至多是个陌生人或被放逐者。

正是在这种意义上，麦金太尔把人的本质理解为一个过程。人们认识到自我是这样的人并不是要占据一种静止固定的社会位置，而是要发现自己已经被置于朝向一定目标进发的旅途中的一个点上，度过生命就是能或不能朝一个既定目标前进。在这种意义上，代表着正直、诚实、忠诚、勇敢、正义的德性就是那些能够使恶被克服的品质，是使人完成其使命、走完其旅途的品质。因而不能把德性看作不过就是我们碰巧发现的一种令人愉快的或者有用的品质而已。

麦金太尔描述的叙述的自我实质上是一个历史的自我。这种自我首先生活在历史之中而不是生活在幻想之中。我从我的家庭、我的城邦、我的部族、我的民族继承了它们的过去，各种各样的债务、遗产、合法的前程和义务。这些构成了我的生活的既定部分，

---

① ［美］麦金太尔：《德性之后》，龚群译，中国社会科学出版社 1995 年第 1 版，第 45 页。

我的道德起点。在一定程度上，正是这一切使我的生活有它自己的道德特殊性。个人主义观点正好与此相反，认为我是我自己所选择的那种存在，只要我愿意，我就永远能把那些仅仅被看成是我的偶然性的社会特征放在一边。

在赫勒的视野中，现代人被认为是在设定目标，设计着所谓的"人生计划"，在无限偶然性的密林中开辟自己的道路。然而，生活的选择实际上非常不同于技术上的选择。由于常常有多个可供选择的偶然性，有时实际上甚至有无限多个可能的结合，结局往往不可预料。自我选择是实践性的，赌博的参与者将所有关键之物都押在第一性的存在选择之上，也就是第一性的实践选择之上。因为历史——社会偶然性只有在实践领域中才能被取消。在我们的内在目的得到拓展时，我们社会历史存在的悖论才会得到解决。但我们的宇宙偶然性的悖论还是不会得到解决。这就是康德主义的"实践理性的首要性"对（后）现代人所意味着的东西。

在赫勒关于偶然性的分析中，"从后现代性的角度来说，宇宙偶然性的意识可以被推翻，但是历史—社会的偶然性意识却不能。历史—社会偶然性不是一个'物自体'。从后者的意义上讲，我们是偶然性的存在这个断言的真实性取决于我们的理解或概念，这些理解或概念从总体上说仅仅作为事实的陈述。历史—社会的偶然性不能被思想、想象、观念、理解或任何思想行为或理性的言语行为取消"。[1] 对宇宙偶然性和社会历史偶然性的区分，旨在揭示自我选择命运和自我决定命运的重要性。社会历史偶然性不是一个"物自体"，[2] 不能被思想、想象、观念、理解或任何思想行为或理性的言语行为取消，除非一个人面对自己的历史偶然性以及学会拥有它，学会用它处理问题，学会抵挡这种想逃脱它的强烈诱惑，并以实践的方法来抛弃社会历史偶然性。

可以说，后现代对偶然性的探讨是空前的。偶然性的本质与性质从来没有受到如此地探讨与关注。在罗蒂看来，"自来，承认偶

① Agnes Heller, *A Philosophy of History in Fragments*, Blackwell Publishers, 1993, pp. 30-35.

② Ibid..

然并努力成就自我创造，和超越偶然并努力成就普遍性，两者之间就存在着某种紧张关系。这种紧张关系在黑格尔以降（尤其是尼采以降）的哲学之间未曾稍歇。20 世纪的重要哲学家纷纷追随浪漫主义诗人，试图跟柏拉图决裂，而认为自由就是承认偶然"。罗蒂认为尼采以后的哲学家，写作哲学都是为了呈显个体与偶然的普遍性与必然性。罗蒂努力对哲学与诗加以区别，尼采之前的哲学家"认为个体生命的特殊偶然都是不重要的，诗人的错误就在于他们在独特性、偶然性上面白费笔墨——向我们诉说偶发的现象而不是本质的实在；承认纯粹时间的位置、纯粹偶然的环境是重要的，就等于把我们贬抑为生命短暂的动物。"① 事实上，只有诗人才能真正体悟偶然和掌握偶然。

罗蒂是在西方哲学语言学转向的背景下提出自由概念的，这种自由的解释是跳出了以往以必然性或可能性为基础的第三种证明方式，即以偶然性来阐释自由。罗蒂关于自由的解释基于语言与自我本身的偶然性特征提出来的；语言是偶然的，自我又是由语汇的使用创造出来的，当然自我也是偶然的。在罗蒂的论证中，对语言的偶然性论证在整个论证中处于基础性地位。罗蒂提出了"语言的偶然"（the contingence of language）和"自我的偶然"（the contingence of self），"承认偶然性并努力成就自我创造，和超越偶然性并努力成就普遍性"。② 罗蒂指出，自我就变成实质上是一张历史和现实不断编织而成的网，"利用由偶然关系组成的一个网络，一张向后延伸到过去、向前延伸到未来的网"。③ 偶然的这种自我彻底扬弃了理性自我。赫勒赞同罗蒂的自由定义，认为这种自由"意味着从幻象和希望中解脱出来的自由，一种需要勇气的斯多葛式的自由"。④ 罗蒂努力提出一种自由主义乌托邦的诗化文化的主旨，即在

---

① ［美］理查德·罗蒂：《偶然、反讽与团结》，徐文瑞译，商务印书馆 2005 年版，第 41 页。
② 同上。
③ 同上书，第 61 页。
④ Agnes Heller, *A Philosophy of History in Fragments*, Blackwell Publishers, 1993, p. 14.

于告诉人们，自由乃是对偶然而非必然的承认。

受赫勒偶然性理论的启迪，鲍曼认为，对偶然性的觉知意味着摒弃寄生在对普遍性、确定性和清晰性的希望，这是通往解放之路的第一步。"我们再也不可能忘记偶然性；假如它能说话的话，偶然性定会重复尼采在 1889 年 1 月 4 日给其发现者、朋友和宣扬者勃兰兑斯所写的话：'您发现我之后，便不需什么招数就能找到我；现在难的是丢不掉我……'我们可以将偶然性从破灭希望的词汇转变成机会的词汇，从主宰的语言转变为解放的语言。"这样，"作为好运的偶然性使解放成为可能，解放意味着，承认自身的偶然性奠基在偶然性是生存以及允许生存的充足理由这一认识之上。它标志着对变化性的恐惧的终结以及对矛盾性的厌恶的终结。"① 可见，鲍曼把对偶然性的接纳看成解放的步骤。

尽管强调自我的偶然性，但是，在自我的社会属性问题上，理查德·罗蒂在其《后哲学文化》中指出："对于自我的属性与自我的组成部分之间的区别，自我的偶性与其本质之间的区别，我们也可以作为'纯粹'形而上学的东西予以忽略不顾。"② 实际上，正像不能说个人是完全自足、完全独立的一样，也不能把社会、把历史传统看作是脱离了个人而存在的抽象整体。公共社团主义由于过分倚重传统和历史而缺乏现实的批判力。这种要社会还是要个人的浪漫主义对立势必将我们的哲学理论和个人意识都引进死胡同。

在解放自我的战略上，马克思做的第一件事就是推翻一切个人浪漫主义理论的前提，具体地说，就是推翻自我与社会的本体论绝对对立观念。无个人的社会和独一无二的"自在之我"都不过是某种一厢情愿的意识假象。马克思曾经指出，任何人类社会，不管是什么形态，都是人们交互作用的产物。个体生命活动同社会发展的历史过程、同社会劳动和社会功能的划分有着千丝万缕的联系。自我同社会是辩证的对立，互相否定又互为前提。马克思说："首先

---

① ［英］齐格蒙特·鲍曼：《现代性和矛盾性》，邵迎生译，商务印书馆 2003 年版，第 354 页。

② ［美］理查德·罗蒂：《后哲学文化》，黄勇译，上海译文出版社 1992 年版，第 182 页。

应当避免重新把'社会'当作抽象的东西同个体对立起来。个人是社会的存在物。因此，他的生命表现，即使不采取共同的、同其他人一起完成的生命表现这种直接形式，也是社会生活的表现和确证。"① 因此，无论是在哲学层次上还是在现实生活中，都应该意识到个人、个人的自我意识和内在世界不可能离开社会关系、生活方式而存在，也不可能脱离这些东西去理解。

尽管我们不能完全赞同赫勒关于人的偶然性存在的论述，但是，我们或许可以说，我们读到的不全是丢掉必然性的恐慌与质疑。既然我们就是一封没有地址的待发的信件，在我们面前，就有着无限的开放性和可能性，我们可以不断地存在着，选择着，生活着。用赫勒的话说就是：如果一个个体已经意识到充分利用了自身几近无限的可能性的话，那么，这个人已经将其偶然性转化成为自己的好运。如果社会中的成员已经觉知自己正是喜欢生活在此时此地，那么，社会已经将其偶然性转化成自己的好运。②

---

①　《马克思恩格斯全集》第一卷，人民出版社 1972 年版，第 35 页。

②　［匈］赫勒：《从社会科学中的诠释学到一门社会科学的诠释学》，《理论与社会》1989 年第 18 卷，第 291—322 页。转引自［英］齐格蒙特·鲍曼《现代性和矛盾性》。

第十一章

历史中的真理问题

无论是对卢卡奇还是对赫勒，克尔凯郭尔的存在主义的真理观都产生了深刻的影响。卢卡奇认为，"生活中没有什么体系。生活中只有分离、个别和具体之物。存在就是有差别。只有具体的、个别的现象才是不含混的、没有细微差别的绝对。真理——或许是纯主观的；但主观性则肯定是有真理性的：个别的事物是唯一如此的事物，个别的人是真实的人"。① 这些论断充分表达了卢卡奇具体的、主观的真理观。如同我们在讨论赫勒偶然性问题时所注意到的一样，赫勒对生存论/存在论的关注胜过对认识论的关注，在真理问题上，赫勒的态度依然是生存论/存在论的。对赫勒来说，对现代生存状况的揭示，始终是哲学的关注之点，而且，同她的导师卢卡奇一样，赫勒坚持主观真理论。

一 真理理念：持续的瞬间中有意义的生存行为的有规律的理念

赫勒说，"由于每个真理在时间中显现自身，所以真理问题是历史的"。但是，以往真理往往并不与瞬间或永恒相联系。"什么是真理？"（一个与真理概念相关的问题）和"什么是真实？"（一个与相关真理内容相关的问题），从这两个方面得到的真理定义来讲，真理被假定没有承载变化；真理就是真理，一劳永逸。② 真理在苏

---

① ［匈］卢卡奇：《卢卡奇早期文选》，张亮、吴勇力译，南京大学出版社 2004 年版，第 151 页。

② Agnes Heller, *A Philosophy of History in Fragments*, Blackwell Publishers, 1993, p. 114。

格拉底、柏拉图和黑格尔的判断中都是由否定而来的辩证的概念。通过真理概念形成了真理问题。在黑格尔看来，历史即是真理的自我运动，最终绝对真理会从总体上把握真理。在这样的假定中，历史最终与永恒一致，相对与绝对一致，条件和非条件一致。

在赫勒看来，黑格尔的绝对真理是令人怀疑的，现代哲学家必然挑战这种真理观。

在黑格尔的理解中，"真理的存在要素只在概念之中"，① "科学只有通过概念自己的生命才可以成为有机的体系。"② 黑格尔所谓真理是"科学的体系"，也就是说真理是一种概念的系统，是一种概念的发展过程。真理是概念和客观性的统一，并不意味着真理是可望而不可即的目标，而应当把概念看成是现实的存在，因为一切现实的东西自身都包含着并表现着概念。所以，黑格尔不能同意康德把作为整体的人一分为二、把世界分为物自体与现象的划分，当然也不同意"彼岸世界"的论断。

按照黑格尔的解释："观念是概念和客观性的统一，是真理，所以不应当把观念只看作一种目的，一种应当与之接近、然而其自身永远是某种彼岸性的目的；而应当这样看：一切现实的东西之所以存在，仅仅是因为它们自身包含着并且表现着观念。对象，客观的和主观的世界，不仅应当完全和观念吻合，并且它们本身就是概念和实在的吻合；和概念不符合的实在，仅仅是现象，仅仅是主观的、偶然的、随意的，而不是真理。"③ 在黑格尔那里："真理是全体。但全体只是自身通过发展而达于完满的那种本质。"④ "因为事情并不穷尽于它的目的，而穷尽于它的实现，现实的整体也不仅是结果，而是结果连同其产生过程。"这样，真理实现的过程也就是通过理性精神来实现人与自然、必然与自由的一致的过程，通过理性自身的力量解决这一统一性问题。黑格尔把人与自然的对立、必然与自由的对立作为绝对精神自我分裂、自我运动、自我表现的产

---

① ［德］黑格尔：《精神现象学》（上卷），贺麟、王玖兴译，商务印书馆1996年版。
② 同上。
③ 《列宁全集》（38），人民出版社1959年版，第207页。
④ ［德］黑格尔：《精神现象学》（上卷），贺麟、王玖兴译，商务印书馆1996年版。

物。这种统一正是通过概念来完成的，这是一个逻辑化的过程，因此，黑格尔的所谓真理就是绝对精神的自我表现。思维与存在的对立及其统一就是绝对精神本身的"现象"或者"显像"，是人的理性完全能够把握的。

这种绝对真理观引起了后来者的困惑。克尔凯郭尔正式提出关于真理问题的困惑。在对基督教的讨论中，他提出以下难题："永恒真理如何能够历史性的出现？"他声称："永恒真理的历史性出现是一个矛盾的事实，绝对点说，这是不能被理性解释的。"赫勒考察了许多现代哲学家为思考真理问题作出的有益贡献。例如，维特根斯坦通过对他者真理的认同，使我们中越来越多的人认可以一种不同的方式思考真理。克尔凯郭尔讨论"瞬间"，瓦尔特·本雅明指出"永恒时间"是为了描述观察和体验真理的神秘方式。福柯则遵循尼采的传统，把真理看作由权力掌握的武器。从这个角度理解，每种话语都生产自己的真理，这些真理依次在那个特殊话语中的权力位置上确立牢固地位。海德格尔被认为是来恢复真理名誉的人。把真理理解为整体历史概念，没有完全放弃提供一个关于真理本质的首要出发点的目标。他的相关真理理论没有以简单的非真来揭示，而是以西方文化中的"真"来理解，以现代性表达形而上的和技术的"存在开放性"。①

在赫勒看来，只要真理是作为某种被强迫的东西定义的，紧随而来的就是真理的强迫。在回答什么是真理的问题时，过去的哲学家们通过真（正确）的推理模式或根据一个简单事实是何种真（正确）来界定真理，有意无意地、强制性地使一种主导话语的形而上学成为权威。但是在主流话语中被认为真的东西是强迫真理；他们的替代品被认为是非法，而那些寻找替代物的人被社会看作离经叛道者、浅尝辄止者或疯子而遭到否定。似乎一种强迫真理是对真理的分析。一种新真理宣称："你认为真的东西是非真理的，另外的东西才是真理"，这会受到强迫真理的特别扭曲。因为如下的理由：

---

① Agnes Heller, *A Philosophy of History in Fragments*, Blackwell Publishers, 1993, pp. 116-120。

不是真理强迫你，而是另外的东西强迫你。

后现代主义哲学家们不应寻求那种普遍强迫的真理。一方面，他们不相信任何东西有这样的强迫权力，使自身优越于其他不拥有这种权力的事物。另一方面，他们也不信传统的普遍性观点：认为可以以任何生存方式强迫他人。在这个意义上，一个正确的算术答案会普遍地迫使每个人；但是说到真理的答案，是有着历史规定性和个人决定性的（不是普遍有效的）。① 人们可以在艺术或宗教中找到真理而不是困惑。

在日常生活事实、数学算式、历史叙述、科学理论、伦理判断、真相与谎言等例证中，真理不是一种简单的认知理论和认知任务。现实生活层面的多元化，决定着真理问题的多元化。就算是在每个不同的生活领域，真理也不是简单对应的。以科学领域为例，现代科学所要求的必然性和确定性似乎就无法证明，甚至是荒谬的。在科学（或其他任何）理论中，并没有真理标准的最终理论。

后现代主义者不再相信普遍"世界图画"的理念，也就是在一个绝对的、无可置疑的理论中反映外在现实，从而为我们提供一条解开"自然之谜"的线索。有关真理问题的出现归因于意义生产的现实的多重性。第一，哲学把自身建基于一个，而且也是唯一的一个现实上，正是这个现实为"什么是真理"提供了答案。哲学真理（既包括存在的真理又包括存在物的真理）仅通过哲学揭示。第二，哲学把真理和非真（比如，神话的真与非真；荷马史诗的真与不真；悲剧的真与不真；历史的真与不真）区别开来。意义生产的复数的真理是分层的。它们在 2500 年里持续重新排列。现在，在后现代时期，划分意义生产范围（真理）头一次成为怀疑。也就是在现代，有些提供意义的领域被提升到大大超过日常现实的范围之上，以多种多样的次领域来划分真理，从而导致了一种"真理生产"持续增长的职业化。文化更明显地被分为"阳春白雪"和"下

---

① Agnes Heller, *A Philosophy of History in Fragments*, Blackwell Publishers, 1993, pp. 124-125。

里巴人"的文化，而提供真理就仅仅成为高等文化的目的。① 在此，赫勒隐含的意思是要说明，"真理生产"持续增长的职业化必然导致真理的话语霸权。

基于对真理概念的分析，赫勒提出了自己的真理观念。赫勒试图将两种似乎完全相悖的推论："真是总体性"（黑格尔语）和"真理是主观的"融合在一起。赫勒的真理观念深受克尔凯郭尔启发。克尔凯郭尔《非此即彼》最终的判断是："只有启发性的真对你而言才是真理。"在《非科学结语》中，他以更详细的方式表达了这一观点："在最富激情本性的某种最本己的东西中，一种客观不确定性即时抓住的是真理，最高的真理为存在的个体所获得。"② 在这种意义上，真理就是确定的主观性。

真理是主观的，只有启发性的真理才是真理，赫勒进行了理解和扩展。首先，启发性的真理是针对每个不同个体的；其次，这个理论假定了存在多种不同的真理；再次，真理是历史的，在我们历史的现在中有多种真理。这样在真理问题上，就推断出一种认识论的开放。对绝对真理而言，确定性是可能而绝不是必须的方面，绝对真理可以是发散的、直觉的和顿悟的。宇宙，数字和符号的世界，对人来说上帝全能的方式成为真理就是因为它们是不可理解的，神秘隐蔽的，而不是因为人可以逐渐地理解或通过扩大确定性了解。赫勒坦言，事实上，与同时代的其他人一样，一概排斥前康德时期的认识论和形而上学。康德式的命题只能代表它之前的时代。③ 在后现代知识理论的框架内，被调整了的克尔凯郭尔式的真理观点发挥着完全的作用。在今天，真知的内容和标准是历史性的，多样性和变化性对它们来说是共通的。

在后现代的视野中，主体间性的建构已经成为信条，人们的意识与认识对象的吻合是一个无须思考的论题，因为这样的吻合不会正常发生。对后现代主义者来说，真知是作为社会产物显现的。把

---

① Agnes Heller, *A Philosophy of History in Fragments*, Blackwell Publishers, 1993, p. 119。

② Ibid., p. 129。

③ Ibid., p. 130。

真知和意见完全并置是不足取的，特别是当真知不是作为一种本质的确定性来理解的时候。在赫勒看来，启发性的真理可以是超历史的，"后现代就是作为人类条件的历史境遇的和解。只要真知被关注着，我们就关上了我们的历史性的大门。真理不是由真知来确证的，但真知能成为真理（如果它有启发性）。可是一旦真知是富有启发的而且成为了真理，不必要保持真理的历史特性"。① 对赫勒来说，真理不意味着是总体的全面的，总体意见既不是真理标准，也不是真知的结果。不仅仅是因为内容，也因为不同领域的真理标准不同，真理总在变化。"关于个案的真知——哪怕只是一种短暂的现象——对那些生命与之相关的人来说，也能够成为真理。"② 真理成为生命个体的自我感悟，只有与个体生命紧密相关，或者对生命个体有所启发的东西，才可能被认为是真理。

正因为真理因人而异，真理标准是变化的，所以对后现代来说，建构一个不堪重负的单一真理概念已成为很大的问题。对于真理来说，没有什么普遍的答案，至少没有一个持续长久的概念。对待历史真理，海德格尔不得不承认，过度构建真理概念（去蔽）不等于真理，但等于承认真理（此在的敞开），所以他所能做的也只是持续地撞击历史性的牢狱之门。当然，我们由此得出的结论也不是放弃真理问题。

赫勒指出，"这种真理的理念与真理概念以同样的方式得出，即通过辩证的否定而来。真理理念并不否定真理概念的可能性和相对性。但是它否定真理是具有普遍效力的独一无二的真知；而且，它也否定真知应该普遍地决定什么是真理。它否定形而上学的权威，否定那些一劳永逸地获得真理的科学，否定所有那些告诉我们什么是真理或什么能是真理的声称。它也否定真理概念的垄断性"。③ 这样，赫勒从对真理概念的界定转向对真理理念的揭示。"只有那些启发你的才是对你来说的真理"的准则，使真理多元性

---

① Agnes Heller, *A Philosophy of History in Fragments*, Blackwell Publishers, 1993, pp. 130-132.

② Ibid..

③ Ibid., pp. 132-133.

和真理概念多元性的大门敞开。这个准则不会告诉你真理是什么，也不会揭示真理是什么，而是一种有关真理的理念。

既然排斥真理的独断与强迫，真理理念就必然要尊重他者。这种真理理念告诉你一种真理对你来说是否是真理，也告诉你一种真理是否是"他人的真理"（就是说，如果它能启发其他人）。就算某种东西对你来说不是真理，它对其他人来讲仍可能是真理。即便一种真理对你而言是绝对的和最终的，你仍然要承认这同一个真理对他人来说有可能不是。真理理念把我们互相联结起来去认识彼此的真理，这是认知他者的最高形式。赫勒认为，真理理念是主观这个论断与海德格尔的真理建构是不同的。真理理念与唯我论无关，与世界的主观建构性也无关，这仅仅是说真理是有关主体的主观真理。

在海德格尔那里，在"去蔽"（此在的敞开）中能够认识到所有真理的条件以及坚持真理的理念都与真理主观性相关。生存（以此在的名义）宣称真理就是主观性。"此在的光芒"是一种显现；（用海德格尔的术语讲）就是"在场"。真理是主观性的理念是历史性的；历史真理只适用于当下。赫勒认为，"真理是主观的理念"本质上是历史的，但启发了我们成为"为我们的真理"的真理无须以历史性来理解。这种真理理念让我们相信真理的永恒。

没有人能拥有真理，只能被真理启发。赫勒反复强调真理的启发性，"'为我的真理'不是对'我的真理'的确证"。"你能被不同的方式启发。但是在一个真理范围内作为真、善、美显现的任何东西可以成为一些人的真理；这些个范围也可以这样生出全新的东西。任何真都能够成为真理，包括丑和恶。真理不提供真、美、善的标准，因为这些标准以不同的方式设置、推翻、重置，与语言游戏断开或不联系。"① 赫勒这种理解真理的态度对拒绝真理霸权是有益的，但同时必然陷入真理多元论和相对论，最终导致真理虚无论。在这里，赫勒相信自己的真理理念将超越时空。按照赫勒的理

---

① Agnes Heller, *A Philosophy of History in Fragments*, Blackwell Publishers, 1993, p. 133.

解，拥有这一真理理念得到的是一种真理方法而不是真理标准，一种理念而不是某种真实。然而，这种方法能够超越历史吗？

当赫勒宣称真理理念是"在持续的瞬间中有意义的生存行为的有规律的理念"时，实际上是在倡导一个没有主流话语的后现代。当代主导文化并没有一个主导的真理概念，而且主导真理概念的缺失成为后现代的主要特征，"一个时代主导的真理概念表达了这一时代的主导文化。我们能否说没有主导的真理概念就没有主导文化？或者我们应该探索这样的可能：主导真理概念的缺失事实上恰恰表达了当代（后现代）世界的主导文化？"[①] 但是，赫勒提倡一个没有主流话语的主导文化，实际上也排除了任何真理的有效性和总体性。

哈贝马斯认为，"对真实性、正确性和真诚性等有效性要求的破坏，直接影响到充满理性关系的总体性"，我们无一例外地生活在共同的社会实践中，这种真理理念排除了每个个体之间共同的基础与理解，也必然作为非理性的和不可通约的体验，"对所有人都要求的合理的共同生活结构的破坏，同样也要影响到每个人"。[②] 无论以何种方式生活，我们必然与他人共处，我们与他人的共同理解与体验是任何一种社会生活的前提和基础。没错，没有真理我们也能活，但这种生活会如何呢？

二　历史真理：一种存在性的介入

关于真理是"在持续的瞬间中有意义的生存行为的有规律的理念"这个提法本身，蕴涵着真理的另一层面含义，即真理是一种存在性的介入，真理是历史真理。

关于真理的讨论，赫勒区分了"什么是真实？"和"什么是真理？"两个问题。"什么是真实？"的问题是一个认知问题，是认识论的；"什么是真理？"则是存在论的，是一种存在的立场。赫勒反

---

① Agnes Heller, *A Philosophy of History in Fragments*, Blackwell Publishers, 1993, p. 135.

② ［德］哈贝马斯：《现代性的哲学话语》，曹卫东等译，译林出版社2004年版，第376页。

对真理对应理论，如果拘泥于"这是真的，那是假的"，这就将对真理的追求变成了一件技术性的事。但是，对真理的欲求与探索是关于意义的追寻，追求的是一种确定性，一种绝对——一个绝对基础，而不是某种确定无疑的知识。

但是，在真理多元的后现代，完全不具有关于真理的绝对基础。"真理之为真理是因为有限的心灵和转瞬即逝的存在者都涉身其中，……所有转瞬即逝的存在者都涉身于历史真理之中。历史真理不只是近似的，它还取决于提出'什么是真理'这个问题的那种存在立场。历史真理是人们涉身其中的真理。不存在现代人能够借以提出那些问题的共同基础。"① 按照这样的理解，真理其实取决于提出者的立场和态度，人们可以自由地从多种不同的立场提出问题，当然也可以根据立场做出取舍。而且赫勒认为，关于真理的主要概念的缺失恰好就是我们后现代主义文化的现象。在后现代，自我的历史意识不能把握绝对精神，换言之，自我认识不能得到绝对真理。

这里，赫勒指出，真理各个领域情形不同，在客观精神的领域，也可能有关于真理行为的一致意见，如在法庭程序中或者报道科学实验结果的过程中。但是，在社会历史领域，这种一致性和严格性都与历史意识的同一性有所不同。"如果有可能的话，真理的'拯救权力'依赖于绝对精神。历史的自我意识的同一性是团体精神的核心，历史意识为个人的/私人的拯救打开了方便之门。在绝对精神的领域里，没有拯救的完成，甚至没有调解的完成。"② 由于赫勒给人的历史意识限定范围，认为就历史真理而言，我们永远无法彻底洞察，这样也就从根本上排除了认识历史真理的可能。

由于赫勒将历史领域的真理问题完全看成是历史个体自我历史意识的问题，当然就不存在可共享的、公度性的、普遍的历史认识。在研究传统的过程中，个人是以自己的方式理解传统的，由于

① ［匈］赫勒：《现代性理论》，李瑞华译，商务印书馆 2005 年版，第 31 页。
② Agnes Heller, *A Philosophy of History in Fragments*, Blackwell Publishers, 1993, p. 209.

存在一个与我们每个人息息相关的世界，所以必然存在一个和我们息息相关的真理。① 赫勒从个体自由的立场出发，强调每个人自由接受适合自我的真理，这种真理的理念必然导致一个后果，我们的社会将缺少一般的、分享的、绝对的精神和观念。

这种推论的结果必然走向相对主义，真理取决于价值立场，真理变成悖论性的命题，只具有相对的意义。赫勒反复强调，历史真理取决于存在的立场。"人们可以自由地从多种立场提出问题，从每种立场看，真理都将放射出不同的光芒；由于对现代人来说不存在共同基础（除了'自由'），每一种立场都将提出它自己的真理。"②

这里，赫勒实际上已经指出，这个加注引号的"自由"作为现代性的基础本身就是不能成立的。赫勒设想，自由是现代人的基础，这意味着每一次论证都必须求助自由，而自由保证了论证的真与善。在现代性里，自由被认为是理所当然的，是所有论证的"始因"。然而，这个终极始因被以一种非辨证的方式摧毁了。"自由作为基础也就意味着一切没有基础。它意味着——这等于是一回事——奠基工作每一次都重新开始。每一项政治行为都以自己为根据，每一种生活都以自己为基础，每一种哲学都是自我奠基的。"③这样，所有的哲学或理论都自由地选择任何一个起点，所有的哲学或论证都宣称自己是绝对真理，而所有的真理都仅只代表自己的立场，就必然只具有相对意义，于是真理成为悖论性结论。

在赫勒的推论中，一方面，自由的悖论性质决定了真理的悖论性质；另一方面，自我的历史意识本身是受历史时代局限的，并夸大了这种局限。"团体精神送给我们一个很大的圈，是关于过去的圆圈（包括现在的过去）。真理就是在整体内部存在的东西——在圆圈内部——因为没有什么东西存在于整体之外，至少这是可以预料的。真理是完全内在的，在圆圈之内，每个事物都是允许存在

---

① Agnes Heller, *A Philosophy of History in Fragments*, Blackwell Publishers, 1993, p. 210.

② ［匈］赫勒:《现代性理论》，李瑞华译，商务印书馆 2005 年版，第 31 页。

③ 同上书，第 27 页。

的；真理毕竟是主观的，但人们不能超出这个圆圈。"① 这样，赫勒把人们对历史真理的认识限定在历史牢笼中。

历史真理问题涉及历史的客观性问题。在历史客观性问题上，新康德主义学派的几个哲学家进行过比较充分的讨论。他们的出发点为了维护历史的客观性，尽管各自论述的角度不同，最终却都无法摆脱相对主义倾向。

例如，文德尔班把历史科学界定为事件科学，这种科学以描述特征为己任，而制定法则的任务是由规律科学即自然科学来完成的②。这样一来，探求普遍性的规律则被排除在历史学的任务之外。在文德尔班的分析中，他强调历史学研究对象的独特性与不可重复性，断然否定普遍规律性的存在。他以有机自然界的科学为例，作为分类学，它是带着制定法则的性质的，因为它可以把那些在人类一直观察到现在的数千年始终如一的生物类型看成它们的合法形式。但是，作为发展史，它是把地球上各种有机体的整个系列表述成一个在时间历程中逐渐形成的渊源流变的过程，而这个过程不但无法保证在任何别的星球上重演，连这样的或然性都是根本谈不上的——正是在这种意义上，把历史学成为一门描绘特征的历史学科。这段话的意思无非是想说明，在历史的领域里没有所谓的普遍性的、必然性的、规律性的东西存在。

文德尔班通过提出历史"是一门批判的科学"，把批判意识引入历史学，体现了他关于历史客观性的思考。他认为，没有批判就没有历史。"一个历史学家是否成熟，其依据就在于他是否明确这种批判观点；因为如果不是这样，在选材和描述细节时他就只能按本能从事而无明确的标准。"③ 但是他又指出，首先，这种批判不应诉诸个人任意性，"批判的标准不应是历史学家个人的理论，甚至

①　Agnes Heller, *A Philosophy of History in Fragments*, Blackwell Publishers, 1993, p. 211.

②　本书关于新康德主义学派观点的讨论内容载于韩震主编《20 世纪西方历史哲学》第二章，北京师范大学出版社 2003 年版。

③　［德］文德尔班：《哲学史教程》上卷，罗达仁译，商务印书馆 1987 年版，第28 页。

也不是他的哲学信念；如若应用了个人的这样一种标准，至少就会使据此标准而应用的批判失去科学普遍性的价值。"① 其次，这种批判应遵循历史是关于个体性的科学的原则，"历史的批判在对它所陈述的东西加工制作的时候，尽管需要进行一些非常细致复杂的概念工作，但是它的最终目的永远在于从大量素材中把过去的真相栩栩如生地刻画出来；它所陈述出来的东西是人的形貌，人的生活，及其全部丰富多彩的特有的形成过程，描绘得一丝不苟，完全保存着生活的个性"。由此可见，文德尔班力求避免历史认识中的主观性，用他的话来说就是"历史学家的任务在于使某一过去事件丝毫不走样地重新复活于当前的概念中"。事实上，在文德尔班的价值理论中，认识就是评价，甚至为克服人们主观性而提出的"规范性意识"也只是一种假设，并不是认识的客观依据。因此，文德尔班力图达到的客观真实性无论如何也难以超出康德先验唯心主义的范畴。

同文德尔班一样，李凯尔特也力图避免历史研究的主观任意性，为了达到一种客观性，他推出了价值学说。价值学说在李凯尔特的历史哲学中占有重要的地位。"没有价值，也就没有任何历史科学。"借助于价值范畴，李凯尔特试图建立一种中立的价值观，避免主观倾向，从而达到历史客观性的要求。

历史客观性问题长期困扰着历史学家。李凯尔特不同意历史学家兰克所谓"如实地"表述历史的观点。

卡西尔不同意李凯尔特以价值体系来选择历史事实的标准，他也不能同意那种主张真正的标准在于实际的结果并不在于事实价值的观点，他认为一切历史事实都是有性格的事实。历史学是对过去的重建，是对各种符号的解释，但是历史学不可能描述过去的全部事实。卡西尔在探讨历史客观性这一问题时，是从区分物理事实的实在性（真实性）与历史事实的客观性入手的。他认为，在考虑物理事实的真实性时，只要我们成功地把事实安排在三重系列秩

① ［德］文德尔班：《哲学史教程》上卷，罗达仁译，商务印书馆1987年版，第29页。

序——空间、时间、因果的秩序中，这些事实就得到了充分的规定，然而历史事实的客观性却属于一个不同的更高秩序，我们不仅要规定各种事件的空间与时间，还要考虑这些事件的原因。如果我们知道了编年史顺序上的一切事实，我们可能会对历史有一个一般的框架和认识，但是不会懂得它的真正生命力。

卡西尔认为，历史知识的一般主题和最终目的正是理解人类的生命力。呈现在历史学家面前的不是一个物理对象的世界，而是一个符号的宇宙。历史学家解读历史事实是从破解各种符号开始的。对于历史学家来讲，所有那些文献、遗迹都只是符号而已，他必须在这些符号之下去寻找人类的和文化的生活，在这种解读符号的过程中，历史学家注入了自己的内在情感。卡西尔指出，这样一来便引出了历史思想的基本二律背反—— 一方面，历史学家寻找事物和事件的真理，另一方面，他融入了自身的经验和情感，一个伟大历史学家的与众不同之处正在于他个人经验的丰富性和多样性、深刻性和强烈性。那么，"一种个人的真理不是一种语词上的矛盾吗？"①历史真理的客观性和历史学家的主观性之间的表面对立应当怎样解决呢？

卡西尔认为，如果历史学家像兰克所表达的那样，"为了使自己成为事物的纯粹镜子，以便观看事件实际发生的本来面目，他愿意使自己的自我泯灭"——成功地忘却了自我，那么他由此而达不到更高的客观性。理由是历史学家熄灭了自己的个人经验之光，就不可能观看也不可能判断其他人的经验，就好比在艺术领域中没有个人经验就无法写出一部艺术史一样。

卡西尔认为，兰克这个自相矛盾的提法，实质上是提出一个问题而不是指出一个问题的答案。在他看来，兰克的著作很好地说明了什么是历史客观性。卡西尔高度评价了兰克的历史真实观，兰克的反对者"抱怨兰克的冷冰冰的客观主义没有说明叙述者的内心站在哪一边"是浅薄的。他认为兰克的同情心是真正历史学家的同情心，是一种特殊类型的同情心，正是这种不含有好恶或党派偏见

① ［德］卡西尔：《人论》，甘阳译，上海译文出版社 2004 年版，第 237 页。

的，同时容纳朋友和敌人的同情方式阻止了兰克以一个狂热者的方式或以一个单纯辩护士的方式来处理历史问题。在卡西尔看来，"理解一切就是原谅一切"这句格言不适应于解释伟大的历史学家的著作，真正的同情并不包含任何道德判断以及对个别行动的褒贬。卡西尔赞赏席勒的名言："世界的历史就是末日的审判。"

在兰克那里，在世界历史的伟大审判中，历史学家必须为判决作准备而不是宣布判决。卡西尔认为："根据兰克的看法，历史学家既不是原告也不是被告的辩护律师。如果他作为一个法官来发言，那也只是作为预审法官来说话的。他必须收集这桩公案中的一切文献以便把它们提交给最高法院——世界历史。如果他在这个任务上失败了，如果由于党派的好恶成见而隐瞒或篡改了一点点证据，那么他就玩忽了他的最高职责。"① 卡西尔指出，历史学家的尊严和责任感，对他的任务的这种伦理意识是兰克的主要功绩之一，并认为兰克广博的同情心使他能够包容所有时代和所有民族，并使他的著作具有极其广阔而不受拘束的视野。

卡西尔把历史知识归为语义学的一个分支，因此历史学被包含在阐释学领域而非自然科学的领域。他赞同丹纳把历史叙述建立在"一切有意义的细小事实"之上，他认为丹纳所说的事实虽然就结果而言并没有重大历史意义，但它们都是历史符号，正是借助这些符号历史学家得以解读个人的性格及整个时代的性格。历史学家必须利用一切经验调查的方法，必须搜集一切可以得到的证据并且比较和批判他的一切原始资料。卡西尔强调历史学家不能遗忘或忽视任何重要的事实，但是他认为对于历史研究来讲最终的决定性的步骤总是一种创造性想象力的活动。卡西尔坚信，只要历史学家用正确的方式来写作和阅读，历史学就会把我们从物质的、政治的、社会的、经济的生活的一切必然事件中提高到自由的境界。

但是，卡西尔所谓的正确的历史学写作方式是建立在一种普遍同情的历史观之上的，这就意味着卡西尔在重复着一条试图超越道德判断之上的第三条写作道路，事实证明这是难以做到的。他称赞

---

① ［德］卡西尔：《人论》，甘阳译，上海译文出版社 2004 年版，第 240 页。

兰克的广博的同情心，他赞同席勒的激情观——存在着一种表现激情的艺术，但不可能有一种"本身是激情"的艺术，他高度评价黑格尔关于世界历史就是末日的审判的历史观，他相信布克哈特"一切国界都应当被抹掉"的正义观，但是所有这一切只是表达他内心中对于历史观的美好假设，他批评李凯尔特的"价值联系"方法，但是他自己的"符号"论也同样不能为历史学家选择历史事实提供一种客观的标准。

事实上，正如李凯尔特反对"价值就是评价"一样，卡西尔所谓的历史学家的"最道德的责任感"也把评价排除在历史领域之外。在前面的分析中我们已经说到，在历史研究领域中不可能存在道德中立的标准或方法，即使历史学家内心的确想同时容纳敌人和朋友，但是在具体的历史事件上，历史学家不可能超越于自身所处的阶级、立场、利益之上或之外。卡西尔同李凯尔特一样试图以一种表面上的冷静与中立掩盖其实质上的道德倾向，这样一种历史研究方法不可能达到历史客观性。如果说李凯尔特的"价值"范畴就如同康德哲学中的绝对命令，那么卡西尔的"符号"也具有着同样的超验性质。在卡西尔那里，人的意识结构中有一种"自然的符号系统"，亦即先验的符号构造能力[1]，这样，人类的全部文化都被归结为"先验的构造"，而不是历史的创造，这种明显的唯心主义性质正好应了卡西尔对自己哲学的命名：作为一种文化哲学的批判唯心论。

关于历史真理是存在性介入的讨论，赫勒指出了所有真理的历史局限性及相对性，避免了一种绝对主义的态度。但是，真理的悖论性质及自我历史意识的讨论却让人感到颓废和悲观。

根据马克思、恩格斯的观点，"在思辨终止的地方，在现实生活面前，正是描述人们实践活动和实际发展过程的真正的实证科学开始的地方。关于意识的空话将终止，它们一定会被真正的知识所代替。对现实的描述会使独立的哲学失去生存环境，能够取而代之的充其量不过是从对人类历史发展的考察中抽象出来的最一般的结

---

[1]　［德］卡西尔：《人论》，甘阳译，上海译文出版社 2004 年版，中译本序第 9 页。

果的概括。这些抽象本身离开了现实的历史就没有任何价值。它们只能对整理历史资料提供某些方便，指出历史资料的各个层次的顺序。但是这些抽象与哲学不同，它们绝不提供可以适用于各个历史时代的药方或公式。相反，只是在人们着手考察和整理资料——不管是有关过去时代的还是有关当代的资料，在实际阐述资料的时候，困难才开始出现。这些困难的排除受到种种前提的制约，这些前提在这里是根本不可能提供出来的，而只能从对每个时代的个人的现实生活和活动的研究中产生"。① 这就是唯物史观的理论体系展开的起点和前提，即"一些现实的个人，是他们的活动和他们的物质生活条件"②，因此，马克思反对所谓的"一般发展道路的历史哲学理论"，如果这样，就不可避免地重复一切旧唯物主义的做法，"对对象、现实、感性，只是从客体的或者直观的形式去理解，而不是把它们当作感性的人的活动，当作实践去理解，不是从主体方面去理解"③。

或许，荷兰历史哲学家安克施密特在《为历史主观性而辩》一文中的观点可以从另一个侧面更好地理解历史的主观性问题。在他看来，历史学家伦理的和政治的标准引入历史研究并不一定是历史真实性的灾难，"一部成功地清除了道德和政治标准的任何痕迹的历史作品，它在我们极力区分道德的和政治的价值的好坏中，不可能有任何帮助。掌握有关过去的知识确实重要，但是，或许弄明白我们应当珍惜什么伦理的和政治的价值同样重要。因此，一部企图（不管它如何徒劳地）避免一切道德和政治标准的历史作品，必将最严重地削弱我们对过去的洞察，以及身处现在、面向未来的倾向性。这样，我们不应对主观性有所恐惧，就好像它是历史学家的道德罪恶，而应当欢迎它，把它当作一种我们有关过去的知识和当代及未来的政治策略作出的不可或缺的贡献"。④

---

① 《马克思恩格斯选集》第 1 卷，人民出版社 1995 年版，第 74 页。
② 同上书，第 67 页。
③ 同上书，第 54 页。
④ ［荷］安克施密特：《为历史主观性而辩》，载于陈新主编《当代西方历史哲学的若干问题》，复旦大学出版社 2004 年版。

因此，"真正的主观性问题恰恰相反：历史实在与历史学家的伦理的和政治的价值可能经常彼此非常得接近，以至于不可区分"。安克施密特毫不犹豫地说："在过去数个世纪中，历史著作史中的一切真正的进步，多少都能在过去的史学大师及有影响的史学家有意或无意采用的伦理的或政治的标准中找到其根源。"①

赫勒关于真理的历史局限性及相对性的讨论，意在避免一种绝对主义的态度，却也把人类可以、可能认识并把握客观真理的可能性排除了，历史学家对历史客体或史料的任何认识都是带着主体烙印的，但这并不意味着历史认识不可能有客观真理。"人应该在实践中证明自己思维的真理性，即自己思维的现实性和力量，自己思维的此岸性。"② 所以，主张"从主体方面"，也就是从主体的能动性方面去理解人们对客体的主动的改造和认识，并不意味着历史认识就缺乏客观性。

同样，主张尊重历史客观性，也并不是像兰克那样，"在日常生活中任何一个小店主都能精明地判别某人的假冒和真相，然而我们的历史编纂学却还没有获得这种平凡的认知，不论每一时代关于自己说了些什么和想了些什么，它都一概相信"。③ 正如巴勒克拉夫所说："今天仍保留着生命力和内在潜力的唯一的'历史哲学'，当然是马克思主义。"

---

① ［荷］安克施密特：《为历史主观性而辩》，载于陈新主编《当代西方历史哲学的若干问题》，复旦大学出版社 2004 年版。
② 《马克思恩格斯选集》第 1 卷，人民出版社 1995 年版，第 55 页。
③ 同上书，第 101—102 页。

第十二章

理性终结?

尽管赫勒历史哲学整体上表现为一种后现代语境中的表达,但是,在理性问题上,赫勒反对后现代非理性主义关于"理性终结"的口号,坚信理性的意义与责任,只有通过理性,我们才能够理解与他人共在的生活,也只有理性的生活才是美的生活。可以说,赫勒关于理性的理解完全是传统理性主义的观点和立场。

从总体上看,整个西方文化和西方哲学的传统都与理性主义密不可分。美国哲学家布兰夏德指出:"对理性的信仰在广泛意义上说是希腊时代以来西方文化的一个重要组成部分,这一点决定了西方哲学的主要传统。"理性主义在西方文化体系中占据着重要的地位。古希腊时期是西方理性主义的源头。古希腊先哲苏格拉底提出美德即知识的论断,强调以理性作为判断道德行为的标准;柏拉图则第一个系统论证了理性主义的认识论,提出了"理念说"、"回忆说",人的知识来源于灵魂对理念的回忆;将古希腊时代理性主义推向更高阶段的是亚里士多德,他提出了实体理论,只有理性才能把握和认识构成事物的本质——实体。

欧洲中世纪经院哲学时代,哲学沦为神学的婢女,奥古斯丁提出了信仰高于理性,理性为信仰服务的观点。自文艺复兴运动开始的思想解放运动,反对理性成为信仰的附庸,理性主义旗帜被重新高扬。真正确立理性主义在整个文化体系中的核心地位的是18世纪的启蒙运动,理性主义也成为启蒙运动的核心主张。法国哲学家笛卡儿以"我思故我在"的命题和口号,确立了人的理性至上的理念,人的理性成为人之为人的本质。德国古典哲学开创者康德更是提出了"人的理性为自然立法"的观点，并把理性分为理论理性和实践理性。

德国古典哲学集大成者黑格尔确立了理性的"实体"地位。黑格尔明确指出："哲学用以观察历史的唯一的'思想'便是理性这个简单的概念。'理性'是世界的主宰，世界历史因此是一个合理的过程。这一种信念和见识，在历史的领域中是一个假定，但是它在哲学中，便不是一个假定了。"①

在黑格尔那里，思考的认识在哲学中证明："理性"……就是实体，也就是无限的权力。它自己的无限的素质，做着它所创始的一切自然的和精神生活的基础，还有那无限的形式推动着这种"内容"。一方面，"理性"是宇宙的实体，就是说，由于"理性"和在"理性"之中，一切现实才能存在和生存。另一方面，"理性"是宇宙的无限的权力，就是说，"理性"并不是毫无能为，并不是仅仅产生一个理想、一种责任，虚悬于现实的范围之外、无人知道的地方；并不是仅仅产生一种在某些人类的头脑中的单独的和抽象的东西。"理性"是万物的无限的内容，是万物的精华和真相。它交给自己的"活力"去制造的东西，便是它自己的素质；它不像有限的行动那样，它并不需要求助于外来的素质，也不需要它活动的对象。它供给它自己的营养食物，它便是它自己的工作对象。它既然是它自己的生存的唯一基础和它自己的绝对的最后的目标，同时它又是实现这个目标的有力的权力，它把这个目标不但展开在"自然宇宙"的现象中，而且也展现在"精神宇宙"世界历史的现象中。②

黑格尔的理性概念把理性主义推到了顶峰和极点，使理性本身成为无限的、完全自由的、神圣的绝对精神，这个精神不是别的，正是上帝的化身。因此费尔巴哈曾经指出，黑格尔的学说是"理性化和现代化了的神学"，是"神学的最后的避难所和最后的理性支柱"，"谁不抛弃黑格尔哲学，谁就不抛弃神学。"③ 毫无疑问，启蒙主义运动的思想家的"理性"是作为反对封建制度和神学信仰的

---

① ［德］黑格尔：《历史哲学》，上海书店出版社2001年版，第8—9页。

② 同上书，第9页。

③ 《费尔巴哈哲学著作选集》上卷，商务印书馆1984年版，第103、114、115页。

武器出现的，而黑格尔关于理性先于自然和人类社会的逻辑实在性的系列论证不过是资产阶级永恒正义王国的化身，成为现实存在的哲学论证，正如恩格斯在《路德维希·费尔巴哈和德国古典哲学的终结》里所指出的：黑格尔的名言"凡是现实的就是合理的，凡是合理的就是现实的"，"这显然是将现存的一切神圣化，是在哲学上替专制制度、替警察国家、替王室司法、替书报检查制度祝福"。

高举理性主义旗帜的黑格尔实际上窒息了理性主义的发展，所以，19 世纪向 20 世纪哲学过渡的各种流派几乎无一例外地从对黑格尔哲学的批判出发。怀特在《分析的时代》开宗明义声称："几乎 20 世纪的每一种重要的哲学运动都是以攻击那位思想庞杂而声名赫赫的 19 世纪的德国教授的观点开始的，这实际上就是对他加以特别显著的颂扬。我心里指的是黑格尔。"①

伴随着对黑格尔理性主义的"攻击"，在 20 世纪重要的哲学运动中，出现了现代西方非理性主义思潮。现代西方非理性主义反对以黑格尔为代表的理性主义，不认为"理性"是宇宙的实体和本质。现代西方非理性主义的代表人物有唯意志主义者叔本华、尼采；生命哲学家柏格森；现象学家胡塞尔等等。以叔本华、尼采、柏格森等人为代表的现代西方人本主义推崇直觉方法，把人的非理性因素作为哲学研究的主要对象。与理性主义推崇理性不同，他们把意志、生命、情感、欲望、现象等视为世界的本质，从而强调人的意志和生命冲动在认识世界中的作用。

现象学家胡塞尔从方法论的角度，认为现象就是本质，本质就是现象。所谓认识世界、认识事物就必须面向"事物本身"，也就是要回到现象本身。回到现象本身的唯一方法是"本质的还原"。在胡塞尔那里，呈现在意识中的现象既是外在感性的东西，又是内在本质的东西，由此得出现象就是本质的观点。要达到"本质的还原"，不能依靠理性主义的演绎或归纳的逻辑过程，而只能通过"本质的直觉"。

在后来兴起的后现代主义思潮看来，现代西方非理性主义不足

---

① ［美］怀特：《分析的时代》，杜任之译，商务印书馆 1964 年版，第 7 页。

以反对以黑格尔为代表的理性主义。因为他们只是用意志、生命、情感、欲望、现象等取代了理性概念，依然保留了世界的本体和本质，在后现代主义认识论看来，不存在任何确定的世界本质。世界不存在传统哲学包括现代西方非理性主义所追求的基础、确定、单一，世界是破碎的，充满了不确定性、多元性、差异性和开放性。

在后现代主义思潮的代表人物之一德里达看来，传统哲学始终在追求一个中心结构，其实，"围绕中心结构这一概念，其实只是建立在某个根本基础之上的自由嬉戏的概念"。① 整个传统西方哲学演变的全部历史，"就必须被认为是一系列中心对中心的置换，仿佛是一条由逐次确定的中心串联而成的链锁。中心依次有规律地取得不同的形式和称谓。形而上学的历史，与整个西方历史一样，成为由这些隐喻和换喻构成的历史。其根本策源地——就是把存在（being）确定为全部意义上的此在（presence）。我们完全可以说明，所有与本质、原则，或与中心有关的命名总是标明了一种此在的恒量——理念，元始，终结，势能，实在（本质，存在，实质，主体），真实，超验性，知觉，或良知，上帝，人，等等"。②

所以，德里达西方形而上学对世界本质的追求看作一种嬉戏而已，是一场不断更名的嬉戏。既然一切处于流动和嬉戏状态，就要容忍差异，而不是要求同一。从而避免对真理的垄断。他指出，"延异"（differance）就是差异和差异之踪迹的系统游戏，也是间隔的系统游戏，"正是通过间隔，要素之间才相互联系起来"③。保持差异，这是哲学的真正任务。

如果从比较的角度来看，赫勒在理性问题上显然不属于典型的后现代主义。

在赫勒看来，哲学是关于是对被欺骗的觉醒，将哲学付诸实践

---

① ［法］德里达：《结构，符号，与人文科学话语中的嬉戏》，载王逢振等编《最新西方文论选》，漓江出版社1991年版，第131页。
② 同上书，第134—135页。
③ 《符号学和文字学——法国哲学家德里达与J.克里斯特娃的会谈》，《哲学译丛》1992年第1期。

就是一个使人觉醒的过程。哲学家不会被背叛，除非是自我背叛。
什么是理性？理性是治疗自欺的药物。可治愈的最好的药品（它甚
至能阻止欺骗和背叛）的名字就叫作理性。① 所以赫勒认为理性是
一种绝不背叛、欺骗或说谎的力量。理性绝不捉弄人；我们可以无
条件地依赖于它。

一　理性是创造性哲学想象，是分享世界的确定性

在赫勒那里，理性是一种哲学想象制度（institution）。哲学通
过唤起和创造那个叫作理性的实体，而变成了一个独立的体裁和一
个跨文化的传统构建者。赫勒坚信亚里士多德关于第一哲学的论
述，所有人究其本性都是渴求知识的。"哲学就意味着一种心智勇
气和精神探索的文学体裁。勇气是一种美德，也是一种回报，如果
在其他领域不是，至少在哲学中如此。哲学家的理性引导着迷路者
通过深渊之上的狭窄通道，但这最终将提供一种不再会受损害的确
定性，迷路者会来到家园或重返家园。"② 在这种意义上，对哲学的
渴求就是对理性的渴望。

那么，理性包含什么？在赫勒那里，一方面，语言、论证（所
谓的逻辑自洽性）、真的知识本身或达到它的最佳手段、思考；一
般而言的认识、审慎；一般而言的机智、真理、上帝、美的秩序、
灵魂的非道德部分；一般而言的精神、科学或科学的思考、自然之
"光"等都是理性。另一方面，依据理性行动或成为一个理性的人，
包括道德行为，事业的成功完成，作为一个技术性生产者找到目的
手段之间的恰当关系，遵循每一门科学的内在程序，遵守法律，参
与讨论以建立新的法律，听取他人的辩论，在适当的时间地点运用
规则，如此等等也都是理性。但是，滥用理性却会发生欺骗与背
叛，尽管被称作理性的药书中的所有药物都可以用来反抗欺骗和背
叛，但还是有不同种类的欺骗与背叛，并非每一种药物都能医治所
有的痛苦。有的理性就像毒药一样，如果时机不恰当，或服用了错

---

① Agnes Heller, *A Philosophy of History in Fragments*, Blackwell Publishers, 1993,
p. 93.

② Ibid., p. 96.

误的剂量。[①] 离开了哲学良医的指导，特殊的药物都可以是致命的——可以变成欺骗者的化身。

理性是美的信仰与美的追求联系在一起的，理性的生活也是美的生活。"爱与信是灵魂的拥有通向哲学伊甸园的确定通道的唯一经验。它们自身就可以要求无限与应得的不死。美即秩序，秩序即理性，而上帝就是美、秩序和理性的全部。这样，就它们属于理性而言，爱与信是神圣的；也正因此，它们赋予生活以意义。'人只有达到对美本身的观照，他的生活才是值得一过的。'"[②] 赫勒坚信，理性是共和国：理性正是我们分有的共同之物。正是理性，使我们理解在这个世界上我们是与他人共在的。我们的举动对他人是有意义的，同样，他人的举动对我们也是有意义的。安心、确定性、觉醒、对背叛的阻止、合理性，这些就是理性。这就是所有理性如何表征（或至少是分有）着永恒，这也就是理性与感情、感知、感官想象之区别。

赫勒关于理性是我们共同的分有之物的观点深受黑格尔的影响，黑格尔说："当我们说思想作为客观思想是世界的内在本质时，似乎这样一来就会以为自然事物也是有意识的。对此我们还会感觉一种矛盾，一方面把思维看成事物的内在活动，一方面又说人与事物的区别在于有思维。因此我们必须说自然界是一个没有意识的思想体系，……这里所说的思想和思想范畴的意义，可以较确切地用古代哲学家所谓理性统治世界一语来表示——或者用我们的说法，理性是世界的灵魂，理性居住在世界中，理性构成世界的内在的、固有的、深邃的本性，或者说，理性是世界的共性。"[③]

赫勒和黑格尔一样，坚信人的理性超越于感觉、知觉、想象，坚信理性的共通性和公度性，在理性的共和国里，我们就像在我们的母语中一样，就如同在家中一样。赫勒认为，与理性相反，所有

---

① Agnes Heller, *A Philosophy of History in Fragments*, Blackwell Publishers, 1993, p. 97.

② Ibid..

③ ［德］黑格尔：《小逻辑》，贺麟译，生活·读书·新知三联书店1954年版，第79—80页。

感觉、知觉、想象都是不能确定的，"知觉是私人的；感觉是强烈的、生动的、紧张的，作为绝对的和确定的东西冲击了我们。但它不过是我们的感觉，我们无法确定它是否是确定的；同样我们也无法确定它的绝对性"。① 我们无法分有另一个人的感觉，蓝色的天空对我们每一个人都有不一样的感受。因为我们绝不会通过我们的感官获得确定性。不断变化的想象和感官经验被囚禁在我们有限的身体和灵魂之中，我们这些快乐或不快乐的囚犯永远无法知道任何有关延伸到狱墙之外的世界的东西，以及这个世界，这个不变之物——它是由我们在居住之处与他者共同建造的，当然，他者不只包括人类，还有动物、宇宙力量、上帝、人造物和国家。可见，理性是作为感性的对立之物出现的。我们可以共享理性，却很难有共同的感觉。

因此，赫勒认为，一个无法被分有的世界仍旧是私人想象不断变化的产物，是某种梦幻。在我们的梦中，哲学自赫拉克利特以来就是如此，我们被彻底抛向了我们自己。完全不能分有的世界，是一个疯狂的世界。如果不在理性的共和国里获得一个份额，男人和女人就无法拥有一个世界。我们做他人能够理解的事，他人也做我们能够理解的事。至少在一定程度上，我们有规则去应用，有习惯可遵守。某个特殊团体的成员共享着区分善与恶、有用与有害、神圣与渎神的方式，并能够说明那些不与我们共享这种方式的他人的不同之处。我们在相互理解的期望中与我们的同伴交流。在这里，我们看到了赫勒与哈贝马斯的共同之处。

所以，只为某种团体或特殊文化所共享的东西还不算是广泛的世界共同性，依然是有限的，狭隘的，仍然有危险存在。"只是为一个团体或一种文化所共享的事物还是有死的，而凡是有死的，也是可能会欺骗的。"也就是在这里，赫勒转向了超验的神秘普遍主义：共同的世界是一个理性的世界，但这种理性是非常低层次的。它是一个真的意见，但也仅是个意见而已；它是一个理念，但也只

---

① Agnes Heller, *A Philosophy of History in Fragments*, Blackwell Publishers, 1993, p. 98.

是一个令人困惑或不充分的理念，或某种幻象，而非一种只来自上帝的确定性。最高种类的理性是一种为全体人类所共享的，或更准确地说，是应该为他们所共享的知识。也正是这种神圣之光照亮了世界另一面不可测度的黑暗，显现出了所有的颜色。① 事实上，赫勒关于理性的讨论与关于真理的讨论是自相矛盾的。在关于真理的讨论中，赫勒不承认有绝对真理、绝对知识的存在。而在这里，赫勒又认为有一种全人类共享的知识。

赫勒赞成卡斯托里亚迪斯关于想象的理论。后者认为，想象的根基存在于灵魂无意识部分的物质里。创造性的想象力使所有持存的事物得以产生，也使我们拥有、分享和独享的这个世界得以产生。创造性的想象力既是公共的，又是私人的，既是理性的又是感性的，同样的，这也发生在所有的层面上：造物者的层面、客体化的层面以及容纳者的层面。通过语言，我们理解并分享世界，语言——逻各斯——是我们共享的世界的枢纽。创造性的想象力向此回复，因为它保持住了所有我们共享之物的稳固性的保证。

二 理性的终结——告别绝对性

在后现代哲学那里，"理性的终结"就像"一个启示般的口号"，成为现代性终结的一个组成部分。赫勒在哲学上做出的所有努力都在于对现代性进行反思。她指出了现代性的危机及理性的终结："终结被发现了；它被上帝的光照亮。启蒙，哲学的终结；危险无所不在。"② "终结出现了：理性的终结、主体的终结、艺术的终结、意识形态的终结、哲学的终结——历史的终结。危机本身终结了，因为它已经走到终点。"③ "它的优势在于：它可以简单地被重复而无须被理解。"但是，并不是所有人都赞成这个口号，或者说"理性的终结"对每个人的启示意义是不同的。同样的一个"理性的终结"的口号，可能站在完全不同的甚至是对立的立场上阐发

---

① Agnes Heller, *A Philosophy of History in Fragments*, Blackwell Publishers, 1993, p. 99.

② Ibid., p. 69.

③ Ibid., p. 70.

理由。

对于赫勒来说，一方面，理性不应终结，而且相信理性还在。"由于那些散播关于理性终结的口号的人希望我们至少是粗略地理解他们陈说'理性的终结'时所意指的含义，所以我们能够继续相信理性还在我们周围。"① 另一方面，理性应该终结。当理性走向世界知识与控制的极权化，变成社会统治问题的组成部分而不是解决社会现实问题的一种手段时，这种理性则变成理性的霸权，统治的形式，必须终结。这时候，"'抛弃理性'就不再是一句口号或战斗呼喊，它变成了一个受压抑者，一个几乎听不见的口吃声，或仅仅是一声叹息。这是告别的叹息，告别永恒的不可见的力量，告别承诺让我们完全不受欺骗的知识，告别那伟大的，也常常是可靠的觉醒者，告别治疗我们所有疾病的药物。在这个意义上，也只有在这个意义上，这也是对普遍性的告别，是对我们所有人都是绝对的那种理性的告别，是对能够永恒地和绝对地对所有人和神证明（至少是呈现）出来的绝对性的告别。让我们与我们的有限性和平共存吧"。②

的确，赫勒对待理性的态度是正确的。理性的终结，并不意味着所有包含在叫作理性的药书中的疗法的终结，笼统地喊理性的终结没有实质意义。在赫勒看来，目前看来没有什么可以替代理性。如果我们说"抛弃理性!"我们必须立刻补充一句："……万岁"，但万岁的是什么？不论是什么替代理性，次要的叙述，差异，游戏，文学，思想，其他种种——无论是什么占据治疗者的位置——都将变成理性的替代品，都将是经过伪装的理性，或新的上帝。

赫勒的态度力图证明，理性本身没有罪，当理性被普遍化、绝对化、无限神圣化的时候，就变成了压迫性的、强制性的、灾难性的东西，这种理性必须终结。因此，我们渴求一种开放的、对话的、有限的理性永存。

---

① Agnes Heller, *A Philosophy of History in Fragments*, Blackwell Publishers, 1993, p. 103.

② Ibid., p. 106.

三　理性内在地包含道德责任

在赫勒看来,理性远还没有在舞台上消失。在"理性的终结"的故事中,叫作理性的人物扮演了一个替罪羊的角色。赫勒通过亚里士多德的"审慎"概念,说明人的理性自由与理性决断意味着责任。在亚里士多德那里,审慎可以被翻译或解释成自由选择或决断,因为作为精神事件的审慎居于欲求(慎思)与行动之间。审慎的意义在于:人是其行为的作者,要对其行动负完全的责任。审慎并不是一种自主行动的力量。① 是人,而非决断在做出决定。审慎是人的精神行动,这包含终极因,也变成了其行动的作用因。自由意味着责任,责任在于创作者。对决断的理论上的澄清,仅仅是通向至高的关于正当的(有德性的、善的、适当的)决断的条件和本质问题的道路必要的铺路石。在亚里士多德那里,做出错误行为的人与做事正确的人在同样程度上是自己行为的作者。投身于德性(这是一种理性的投身),由正确的伦理与心智训练获得的好的习惯,最后是正确的实践判断,所有这些保证了人们所有选择的善。德性是善的生活的保证。

在当代,"罪已经完全失去道德想象机制的中心位置"。② "道德,曾经一度被作为世界历史意识的背景,仍然作为背景。错误或不准确的知识是盲目的,不是在道德的价值和形式上有缺陷。在这里,客观责任的概念(在流行的历史哲学中)被强调,而不是道德(主观)责任。价值的成分是减少了而不是增加了。"③ 人们往往为自己道德自由和责任的问题找出理由,归之"环境"等因素。按照这种方式,如果我们设想按照我们自己的意志行动时,"因为上千个异质的因素决定了决断(意志)本身,从这些因素的角度看,它们又是以同样的方式为先在的成千上万的其他因素所决定,跟从这

---

① Agnes Heller, *A Philosophy of History in Fragments*, Blackwell Publishers, 1993, p. 107.

② Ibid., p. 110.

③ Agnes Heller, *A Theory of History*, Routledge & Kegan Paul, London Boston and Henley, 1982, p. 28.

个无限倒退的链条，决断（意志）也就绝不是自由的；结果，也就没有人应该对其行为负责，这样，道德也就仅仅是一个想象，一个神话，一种（不科学的）意识形态，或者换一种说法，是一种为了方便起见而制定的社会机制，它是独断的，缺乏哪怕最微弱的本体论的辩护。"① 以各种借口开脱主体责任往往成为现当代道德生活的普遍现象。

但是，任何一种解释和开脱都不能免除主体责任。我们的决断和意志的确是被决定的，或者由自然或者由自由。赫勒以康德式的理性反驳这种观点。但是，我们是道德主体意味着：我们的决断是由我们的意志决定的，即由（实践）理性（即自由）来决定的。通过回归到亚里士多德的时代，我们将得到这样一个洞见：关于决断或选择的自由或不自由，人类对这种选择的责任和义务，以及从此产生的行为这样的问题，与效果是否有其原因这样的问题绝无任何关系。最后，赫勒通过她一贯存在主义立场解决这个问题：一个不确定的个人的存在主义式的选择可以被视为某种本体论的基础。我们能够坚持这样一点：自主"永久地"，而非历史性地立基于自我选择之上②，我们作为自主的道德存在也是如此。

但是，当代道德情境恰恰是"罪"的概念的边缘化以及道德责任的缺失。"不是决定论与非决定论，而是作者与作者的缺席是今天伦理学的决定性问题。如果我们提到了作者，我们也就暗指了行动者的责任与义务，因此我们也就进入了对道德性的讨论。"③ 道德的作者是个简单的问题。鲍曼在分析当代道德状况时也指出："事实上，道德关注的焦点已经从道德行为者的自我审视转移为制定伦理规则的规定和禁令的哲学/政治任务；同时'责任的责任'——即决定实际行动是否符合责任要求（超越责任要求）的责任——已

---

① Agnes Heller, *A Philosophy of History in Fragments*, Blackwell Publishers, 1993, p. 110.

② Ibid., pp. 110–111.

③ Ibid., p. 111.

经从道德主体转移为超个人的代理机构，它们被授予唯一的道德权威。"① 道德责任的推诿实质上是道德主体的缺失。

当一个人在真实地回答"这是你做的吗？"这个问题的时候，就设定了责任的存在。但是，从根本上来讲存在着作者吗？赫勒反问。对作者身份的承认是具有真实性的态度。具有真实性的人将道德的重负交托于一个单独的因果链条，即自己的行为与从这些行为引出的行为。真实性并非是一种谦卑的德性，相反，它是获得道德自主性的决心，一个人能够独立（即自主）达到的唯一的一种自主性。自我的存在主义式的选择是向着全面自主的一跃。② 道德自主性可以通过作为高贵者的自我的存在主义式的选择来获得。每一个道德个体都应为自己的存在选择负责。

偶然性理论成为赫勒解决这种当代道德困境的努力。一个人为自己择善，也会在所有决定中择善而从。结果，它们就不再是被决定的。一个人是他所有行为的唯一作者，并且正是如此，他才将偶然性转化为命运。也就是在这里，我们再次发现了赫勒乌托邦式的设想，这是道德的乌托邦主义。赫勒对存在主义式的选择与真实（确定）性坚信不疑。不过，乌托邦道德的诉求也是赫勒解决理论困境的一贯选择，"一种植入了反映在一般性中的意识的历史理论必须被理解成为从自由中与生俱来的，这是明显的。因为每一个理性的社会以一种或另一种世界观的形式包含了理性。解释理性的理论在解释自由时变得至关重要，如果历史的设计与民主社会的第二逻辑相吻合，理性的价值在解释理性的时候处于首要地位，因此自由的概念必然会涉及道德的诉求"。③ 无论是历史理论乌托邦设计，还是道德主体的行为责任问题，赫勒都有转向空洞的道德乌托邦的倾向。

---

① ［英］齐格蒙特·鲍曼：《生活在碎片之中》，郁建兴等译，学林出版社 2002 年版，序言第 4 页。

② Agnes Heller, *A Philosophy of History in Fragments*, Blackwell Publishers, 1993, p. 112.

③ Agnes Heller, *A Theory of History*, Routledge & Kegan Paul, London Boston and Henley, 1982, p. 296.

在赫勒"理性的终结"中，我们确实发现了终结，那是绝对化、普遍化、压制化理性之终结。更重要的是，在赫勒那里，我们发现理性远没有终结，无论是存在主义的选择，还是道德乌托邦的诉求，都让我们感到了强烈的理性责任与理性信念，那正是赫勒始终不渝的乌托邦主义信念。

第十三章

后现代历史牢笼

赫勒后期的历史哲学思想充满了相对论，也充满了矛盾。一方面，赫勒认为人类不能放弃理性责任，哲学家不能放弃形而上学的乌托邦主义追求，在这个意义上，我们认为赫勒即使是接受并诠释着后现代思维，那也是充满着理想性质的后乌托邦精神的；另一方面，她却时时为人类思维划定牢笼，字里行间流露着思想的无奈与无为。赫勒对人类历史，对人的历史性，对历史意识有着深刻的理解，但是，深刻的历史感并没有确立起理解历史、把握历史的信念。

黑格尔对赫勒哲学影响深刻。赫勒认为，要理解黑格尔，必须以黑格尔式的方式进行。在赫勒看来，黑格尔的绝对知识不是知晓一切的知识，黑格尔对此根本不感兴趣。绝对知识意味着无限性的知识，是关于绝对原则的认知，这种知识可以达到对自我的最终了解。通过这个绝对原则，世间万物都可以透彻把握，就像世界精神（理性）向自由进军一样。哈贝马斯认为，黑格尔不是第一位现代性哲学家，但却是第一位认识到现代性问题的哲学家。① 他曾经指出黑格尔现代性精神的局限，"自由的理念不单单表达了现代意识，而且还表达了不受限制的客观化思想以及一种激进的未来定向。"② 赫勒认为，哈贝马斯是正确的，因为他指出了客观化思想和未来定

---

① ［德］哈贝马斯：《现代性的哲学话语》，曹卫东等译，译林出版社 2004 年版，第 51 页。

② Agnes Heller, *A Philosophy of History in Fragments*, Blackwell Publishers, 1993, p. 187.

向就像自由一样，都是使哲学得以产生的理念。

　　赫勒以黑格尔学派的方式对黑格尔绝对精神进行了解读。从这里，我们可以看到，赫勒对黑格尔绝对精神的基本态度。① （1）绝对精神是一种推理的思想，是为了思想的思想，是以自身为目的思想，是提供意义的思想。也就是说，它是为了满足我们形而上学的需要的思想，但它本身不是形而上学的。它适合于给偶然存在的人们的生活提供意义。（2）作为自身的结果和作为提供的意义的实践而言，推理思想的永恒实践就是虔敬（Andacbt）。思想的虔敬使一个人的思考的对象变形。正如我们所知道的那样，思想的虔诚加深和扩大了我们的"内部世界"或空间；我们是存在的。我们可以通过思想的虔诚"再现"无数事物。（3）绝对精神是团体精神。一个团体精神需要共同的实践。被崇拜的对象是思想的虔诚本身。但是，现代的（后形而上学的）思想的虔诚是相当个人的，不适合共同的崇拜。

　　黑格尔哲学的高明之处在于，其哲学中不使用任何预设，所以运用各种不同的预设都可以对他的历史哲学做出解释②。从黑格尔绝对精神那里，赫勒读到的是理性把握世界的雄心，从其内心深处来说，对黑格尔的这种绝对理性也不无羡慕，尽管这种绝对理性经由无限制的发展也给世界带来了灾难。"哲学是密涅瓦（Minerva）的猫头鹰；总是投下回溯的一瞥。"哲学家的使命便是在回溯中反思。当然，这种回溯既是虔敬的，也不需要总是虔诚的；"它可能是不虔诚的，讽刺性的，破坏性的或非建设性的。因为不是'呈现'的方式而是像这样的'呈现'思想的实践，产生了虔诚。思想意味着思考过去和'呈现'过去"。③ 而今，这种对世界理性绝对增长的明晰与信念已成明日黄花。面对以黑格尔绝对精神为标志的巨大的理性遗产和现代性的断裂，赫勒感受到的是历史的重压、现

　　① Agnes Heller, *A Philosophy of History in Fragments*, Blackwell Publishers, 1993, pp. 187–188.

　　② ［匈］赫勒：《现代性理论》，李瑞华译，商务印书馆 2005 年版，第 37 页。

　　③ Agnes Heller, *A Philosophy of History in Fragments*, Blackwell Publishers, 1993, p. 188.

实的困境和未来的迷茫。

正是基于回溯与反思的需要，赫勒提出了"历史意识"的讨论范式，"历史意识"就是对过去的"呈现"方式。历史意识呈现的对象是团体意识。赫勒的历史意识是相对于黑格尔的绝对精神、卡斯托里亚迪斯（castoriadis）的想象制度而言的，尽管在不同的哲学中出现，却具有相同的哲学含义，都是对特定时代的团体精神（congregation）①的反映。赫勒赞成哲学范式——多元论，因为提供一个综合性的现代性的自我意识已成为不可能。这也恰好说明团体精神本身的难以捉摸，现代性的理论家、哲学家、艺术批评家或解释的历史学家只会为现代性提供他们自己的自我意识，都是些零零散散的碎片。尽管哲学家、理论家能坚持认为自己的范式是真理，但是，"绝对的要求并不能将一个碎片改造成一个整体，不能将单子的宇宙改造成神的宇宙，它们也不能减少团体精神的价值，如果团体精神存在于碎片或单子之中的话。"②

那么，团体精神是什么呢？赫勒把团体精神比作狡猾的魔鬼，其实就是时代精神的自我认识。这种团体精神通过个体的主观精神得以表现。但是，赫勒认为，对现代性的自我意识就像西西弗斯的劳动，一种不可以实现的劳动。现代性的居民不能呈现现代性的自我意识。现代性的绝对精神呈现出碎片化或单子化，并且，这些碎片不能成为一个整体。作品变得个性化，成为主体（艺术家和哲学家）的经验的描述。哲学把它的注意力定在过去（或现在的过去）；它思考着思想；当哲学虔敬地呈现着客体的时候，它把每个客体改造成一种思想。③因此，对哲学家来说，对绝对意义的追问迫使他尝试这种不可能的西西弗斯的劳动。

在赫勒那里，"历史意识的核心是正是作为历史意识的历史意识本身。我们的历史意识解释了历史意识本身。历史意识本身不是

---

① 赫勒认为，将黑格尔的 Gemeinde 英译为 community（团体、共同体、群体）容易引起误解，她译为 congregation，英文解释为集合、团体等意，本书译为团体。

② Agnes Heller, *A Philosophy of History in Fragments*, Blackwell Publishers, 1993, p. 190.

③ Ibid., p. 193.

历史的。每一事物通过意识的思考而被'呈现'出来。"每个时代的哲学家、理论家通过自我意识把握时代的意识、时代精神，现代性的充分发展似乎穷尽了所有真理，"现代性的资源将被耗尽"。这种状况在阿诺德·盖伦那里的表述为："现代文化中所固有的可能性都已得到充分的发挥。其反面可能性和反题亦被挖掘出来和加以接受，以致从今往后改变前提变得越来越难以想象……要是你有这种印象，你在像现代绘画这样一种如此活跃和复杂的领域中也会感觉到凝固化的存在。"正是基于这种判断，盖伦认定时代已进入后历史（Post Historie）。① 尽管赫勒没有使用后历史的表述方式，甚至表现了一种对后历史表述方式的反感，但是，赫勒表达了另一种悲观与绝望的情绪，"现代人已将自己关在历史的牢房里，并将钥匙丢弃了。……我们不再住在柏拉图的洞穴里，因为我们现在知道（或者，更确切地说，这就是我们所知）：每个时代都是一个监狱，并且每个人都是一个囚犯。没有人曾经离开他的或她自己的监狱。这个洞穴、太阳、影子，以及影子所在的物体，它们都仅仅是来自同一个牢房的囚犯。"②

赫勒强调，历史意识是我们的经验的条件，但历史意识是经验的而不是康德学派意义上的先验形式，因为从根本上讲，我们是通过历史意识而获得经验的。个体是没有必要意识到这种全面的历史意识的；但这种历史意识是无所不在的，普遍的，不管这种意识是否意识到日常工作或专业工作或政治工作。

团体精神的核心就像生命树的树干，赫勒用生命树的明喻来说明。生命树有无数个树枝，并且这些树枝被分成好多小树枝，这些小树枝长出树叶，然后开出花朵。这些树叶是男人们和女人们的意识。这些意识是根本不同的。生命树的树枝就是历史意识，历史意识本身是一个永恒的自我回归的过程。在这个过程中，过去和未来被现在吸收，并且差异性在历史意识本身的范围内变得不一样了。

---

① 〔德〕哈贝马斯：《现代性的哲学话语》，曹卫东等译，译林出版社2004版，第4页。

② Agnes Heller, *A Philosophy of History in Fragments*, Blackwell Publishers, 1993, p. 194.

因此，历史意识的顺序或发展阶段出现的时候，伴随着许多被吸收的过去的历史意识的顺序或发展阶段。然而，其他的历史意识正在成为历史意识本身的表现。它们就是在不同时代成长起来的历史意识这棵树的树枝。

这样，赫勒以黑格尔的"意识"和"精神"这两个术语提出了自己的历史意识理论，"历史意识的意识是团体精神的核心；但不是团体精神的全部。没有全部团体精神的'真理'，但我们能够把握团体精神的许多方面。我们首先看到团体精神处于永恒的流转之中，它在不断变化，是一个动态的精神。"① 在这里，赫勒看到了团体精神的永恒变动。但是，由此却并不能得出团体精神不可把握的观点。正是历史之永恒流转，才促使我们不断超越时代的限制，去探索与把握历史精神。

在一定意义上，赫勒指出了人对历史意识的有限性，这本来可以发展为一种适度的理性，然而，赫勒却走向了悲观。历史意识"不是一种无意识的存在，而且会阻碍我们发展我们时代的准确'意识'。但是，它是一种有深度的内省，重叠的复杂性以及仅仅部分适合意识的碎片，这种意识以不完全性为特点，而这种不完全性是时代的自我意识。意识的存在而不是无意识的存在缺乏透明度。我们知道，我们是一种偶然的存在，正因为这种偶然性，使得我们通往绝对精神受到阻碍。我们是历史的'产物'，所以无论如何我们创造的事物也都是短暂的，是一种历史性的存在"。② 这样，赫勒对人的历史性的解读是与偶然性相联系的，从而得出悲观的结论。

赫勒认为，绝对精神的明晰信念一去不返了。赫勒揭示了当代世界主流价值观念和主导精神的缺失。事实上，这种没有主导精神和主导价值的生活的历史境域，似乎正是赫勒提倡多元价值观的现实基础。

在赫勒那里，黑格尔对绝对精神的论证似乎成为一种对哲学思想和哲学思维虔敬的象征。唯有怀着对绝对精神所象征的哲学追求

---

① Agnes Heller, *A Philosophy of History in Fragments*, Blackwell Publishers, 1993, p. 197.

② Ibid., p. 198.

的虔敬，现代、后现代的哲学家们才不至于止步不前。从以"历史之终结"结局的黑格尔哲学那里，我们分明读到了未来定向的美好理想，然而，毕竟黑格尔时代过去了，还有海德格尔及其他，赫勒也是这个其他中的一员。在这里，我们觉得酷爱黑格尔哲学的赫勒更像是海德格尔的传人："我们将自己看成是被扔进历史性牢狱而不是其他牢狱中的团体中的一员。这是一个监狱，因为这些居民开始认识到，所有时代的所有人都被限制在其崇拜的时代里，他们的思想被时代所禁锢，他们唯一不知道的就是我们所知道的。正像过去时代被俘虏的人们一样，未来时代的人们也一样。现代牢房的犯人能够了解关于过去文化的牢房的情况，甚至了解过去牢房的犯人所不知道的历史性。但关于未来的时代，他们一无所知，甚至未来时代的居民是否了解其本身的历史性，现代人也不清楚，更不用说知道是否存在未来的时代了。"①

　　既然我们都是历史性牢狱中的一员，时代遮蔽了我们的双眼，我们就不要再渴望永恒理性。赫勒确定无疑地告诉我们，任何人都不要宣称发现了所谓的历史真理或历史规律。历史真理与其他真理一样，完全取决于个人理解和接受的程度问题。如同真理理念是对持续瞬间中存在着的个体的启发一样，历史真理只不过也就是能否为我们服务的问题。这样，赫勒以完全的相对主义从根本上消解了历史意识的可能性，也就消解了真理问题。

---

① 　Agnes Heller, *A Philosophy of History in Fragments*, Blackwell Publishers, 1993, p. 212.

第 四 编

现代性的历史反思：
后现代历史何为？

　　除非是在提到艺术特别是建筑中的某些风格与趋势时，我将不会使用"后现代主义"这个词，因为我所限定的后现代视角不同于一切"主义"。我不会把后现代等同于后历史，因为这种等同假定了后现代与现代的并列。①

——赫勒

---

　　①　〔匈〕阿格尼斯·赫勒：《现代性理论》，李瑞华译，商务印书馆 2005 年版，第8 页。

第十四章

作为一种历史意识存在的后现代

后现代、后现代性、后现代主义，这些词汇在当代哲学话语中随时都会跳入我们的眼帘。然而，不同作者、不同语境中这几个词汇使用过程中所发生的歧义，也同样令人惊异，或者只能见怪不怪，视而不见。在我们研究赫勒的后现代思想时，必须简要地予以梳理。

所有后现代主义理论都试图提出自己与众不同的概念与理论。可以说，后现代话语搅起的混乱要比它所阐明的更多，这样一来，后现代概念常常是一个空洞的符号，一个避免作更具体的理论说明之标志。但是，它也标志着某种新的、需要作理论说明的东西，某种使我们困惑和需要作进一步思考、分析的事情。① 这大概是多数后现代研究学者的态度。

马泰·卡林内斯库在对后现代主义概念进行思考时，引述了两段话，其一是尼采的一段话："那些在其中符号化地凝缩了一个完整历史过程的概念是无从定义的，只有没有历史的概念才是可以定义的"；其二是韦伯在概括资本主义精神时的一段话："一个历史性概念……不能按'属加种差'的公式来定义，而必须用取自历史实在的那些单个的部分逐渐将它拼合出来，……换句话说，我们必须在讨论的过程中求得一个最佳的概念形式，用以概括我们当作资本

---

① ［美］道格拉斯·凯尔纳、斯蒂文·贝斯特：《后现代转向》，陈刚译，南京大学出版社 2002 年版，第 28 页。

主义精神来理解的东西……"① 这就是说，无论是作为一种话语现象、作为一种历史现象、作为一种反思现象，在任何意义上，对待我们正处于其中的后现代、后现代性、后现代主义，任何固定化的概念都还为时过早。

甚至，"后现代主义"这个概念是否存在也是个问题。按照通常的理解，任何一种"主义"，应该有内容比较明确、体系比较系统的一套理论。而实际上，"向同一性开战"，拒斥"宏大叙事"的基本立场，使得"后现代主义"更像是一种态度、一种情绪、一种反应。"后现代主义并不是我们可以一劳永逸地解决，然后就心安理得地加以运用的东西。这个概念，如果确有这个概念的话，那它也应该出现在我们的讨论之后，而不是在讨论之前。"② 用美国后现代主义者格里芬的话来说，如果要指出后现代主义的共同之处，"那就是，它指的是一种广泛的情绪而不是任何共同的教条—— 一种认为人类可以而且必须超越现代的情绪。"③

当然，后现代主义文化思潮的另一个共同之处体现了其激进的批判和否定意识。"在思维方式上坚持一种流浪者的思维，一种专事摧毁的否定性思维，是所有后现代哲学思潮所共有的特征。至于否定、摧毁的对象，每个思潮则各有专攻。'非哲学'瞄准的是传统的'哲学观'；'非理性主义'的对手是'理性'；'后人道主义'发难的对象是'人'；'非中心化思潮'攻击的是'中心'；'反基础主义'摧毁的是'基础'；'解构主义'志在消解一切二元对立结构；'后现代解释学'对确定的、终极的'意义'发出了挑战；费耶阿本德的'多元主义方法论'则打破了人们关于唯一正确的'方法'的神话；'视角主义'否定了认识事物的单一'视角'的存在；'后现代哲学史编纂学'则将批判的矛头对准了传统的哲学

---

① ［美］马泰·卡林内斯库：《现代性的五副面孔》，顾爱彬、李瑞华译，商务印书馆2003年版，第333页。

② Fredric Jameson, *Postmodernism*, *or the Cultural Logic of Late Capitalism*, Duke University Press, 1991, p. xxii.

③ ［美］格里芬编：《后现代科学——科学魅力的再现》，中央编译出版社1995年版，第17页。

史观；'反美学'虽然反的是传统美学，但其思想方法却是原汁原味的后现代的。"①

　　赫勒关于对后现代的理解，在某种程度上反映了其表达后现代思想的方式。在《现代性理论》中，赫勒像其他后现代主义一样，在使用后现代一词时，表现得既矛盾又无奈，而且好像一定要表现出她对后现代的理解与众不同。"除非是在提到艺术特别是建筑中的某些风格与趋势时，我将不会使用'后现代主义'这个词，因为我所限定的后现代视角不同于一切'主义'。我不会把后现代等同于后历史，因为这种等同假定了后现代与现代的并列。"② 其实，仅评赫勒的这一声明，我们就可以将其视为典型的后现代主义者。后现代主义研究者认为，"并不存在什么统一的后现代理论，甚至各种立场之间连基本的一致性也没有。相反，通常被归并到一起的各种'后现代'理论与后现代立场——它们彼此之间经常是冲突的——之间的差异，足以使人震惊。在那些接受了'后现代'或被归属为'后现代'的理论中，对后现代概念的纷乱使用以及理论上的薄弱，也同样使人震惊"。③

　　对于后现代，赫勒不是要得出一个概念。但是，无论如何，不可能不加以界定而使用。赫勒是在后现代与现代关系的语境中使用后现代概念的，强调的是后现代的反思意义。

　　首先，对两种后现代概念进行区分，一种是未经反思的后现代性概念（unreflected concept of postmodernity），另一种是经过反思的后现代性概念（reflected concept of postmodernity）。未经反思的后现代性概念是幼稚的，无意识地继续着宏大叙事的思维模式和表达方式；经过反思的后现代性概念是自我反思的，不仅反思现代性，也质疑自身。赫勒强调这是一种态度的区分而不是内容的区分。在未

---

① 王志河：《扑朔迷离的游戏——后现代哲学思潮研究》，社会科学文献出版社1993年版，第 iv 页。

② ［匈］阿格尼斯·赫勒：《现代性理论》，李瑞华译，商务印书馆2005年版，第8页。

③ ［美］道格拉斯·凯尔纳、斯蒂文·贝斯特：《后现代理论》，张志斌译，中央编译出版社1999年版，第2页。

经反思的后现代性论述中，后现代主义者无意识地继续着宏大叙事和真理对应理论①，而这种态度是后现代本应拒绝的。这个时期，后现代的诸多言论带着确定性和优越感表达出来，包括赫勒本人也是如此。在经过反思的后现代时期，非确定性则是后现代的本质特征，它反讽性地对待反讽。

其次，后现代可以理解为后现代历史意识。实际上，许多后现代的讨论假定了后现代的某种历史分期含义。但是，大多数后现代哲学家似乎并不认同后现代与后历史并置的提法。赫勒明确提出后现代不能等同于后历史。如果承认这种等同，也就假定了后现代作为一种历史分期而存在。事实上，按照赫勒的理解，后现代与其说是一种时间概念，不如说是一种表达或态度，也可以表述为语言范式或交流范式。

在杰姆逊看来，任何一种文化理论总是包含着一种被掩盖或被压抑的历史分期理论。他将后现代主义归结为"晚期资本主义"，"晚期资本主义"就是"后工业社会"。他认为在这个时期，"现代性已大功告成，成为一个完全人文化了的世界，'文化'成为一个实实在在的'第二自然'"。② 晚期资本主义必然产生后现代主义文化。

在后现代与后历史的关系问题上，虽然赫勒与沃尔夫冈·韦尔施都不同意把后现代与后历史等同，但是，具体的理解不尽相同。韦尔施对后现代主义则充满了信念与希望，"后历史的诊断是消极的、悲观的、玩世不恭的和灰色的，而后现代的诊断是积极的、乐观的、亢奋的和彩色的。——后现代向人们宣告一种未来"。③ 而赫勒的后现代主义则充满了相对主义色彩。

再次，后现代性并不是现代性之后的一个阶段，它不是对现代性的补救，它自身是现代的。可以这样理解，赫勒的后现代性就是

---

① ［匈］赫勒：《现代性理论》，李瑞华译，商务印书馆 2005 年版，第 9 页。

② Fredric Jameson, *Postmodernism, or the Cultural Logic of Late Capitalism*, Duke University Press, 1991, p. 9.

③ ［德］沃尔夫冈·韦尔施：《我们的后现代的现代》，洪天富译，商务印书馆 2004 年版，第 56 页。

现代性，只不过是经过反思的现代性。赫勒强调后现代的反思功能，利奥塔则号召后现代向统一性开战。利奥塔对后现代和现代的关系进行的总结是，"后现代既不是按照现代，也不是反对现代，它已经包含在现代里，只是以隐蔽的形式"，后现代就其本质而言是属于现代的一个组成部分，"后现代主义并不是现代主义的末期，而是现代主义的初始状态，而这种状态是川流不息的"。① 而韦尔施分析了利奥塔的观点，"后现代意味着扬弃统一的强迫观念，承认语言形式、思维方式和生活方式的不可通约的多样性，并善于和它们打交道。"② 可见，利奥塔的后现代是一种状态，一种拒斥统一性，提倡多元性的追求，所以他说："我们的研究主要对象是高科技社会中的知识状况。我们决定用'后现代'来描述这一状况，源于它正在美洲大陆的社会学家和批评家中间流行。19 世纪后，我们的文化经历了一系列的嬗变：科学、文学、艺术的话言游戏规则全变了，'后现代'一词，恰好标示出当今文化的方位和状况。这项研究以'叙事危机'为焦点，来探讨上述一系列的文化变迁。"③ 实际上，利奥塔把后现代的发展看成是一个巨大的历史事件的同时，也把后现代看成是一种文体和一种政治④。

　　在赫勒看来，所谓的后现代主义，从主要方面来讲，不是艺术的新趋势，也不是艺术的新形式，更不是与现代主义相对立的。如果一个人将很多艺术作品分开来看的话，就会发现：现代主义的趋势依然存在。但是，总的来说，现代主义的趋势有一个显著的变化。艺术上正在发生的这种后现代主义的趋势与哲学上的后现代主义趋势类似。个别的艺术家不再加入学院或团体——不再有"主义者"。他们不再被迫去注意美的责难或外部的标准，好像他们仍然

---

　　① ［法］利奥塔：《后现代状况：关于知识的报告》，岛子译，湖南美术出版社1996 年版，第 207 页。
　　② ［德］沃尔夫冈·韦尔施：《我们的后现代的现代》，商务印书馆 2004 年版，第56 页。
　　③ ［法］利奥塔：《后现代状况：关于知识的报告》，岛子译，湖南美术出版社1996 年版，第 28 页。
　　④ ［美］克莱因：《叙述权利考察：后现代主义和没有历史的人》，载于陈新主编《当代西方历史哲学的若干问题》，复旦大学出版社 2004 年版。

处在盛期现代主义的时代一样。他们可以做任何适合自己能力的事，他们所有的人都幻想这样一个领域的到来，这个领域是根据他们的独特个性而创造出来的。他们同时也是一个翻译者，在诠释着文化。仅仅有一个他们必须倾听的声音：团体精神的声音。团体精神促进了理解能力，引用能力，再思考的能力，再想象的能力以及再祈求的能力。① 可见，除了不能超越的历史意识之限制，后现代完全成为个性化的世界。

赫勒强调，作为一种思考和生活的态度，后现代也是一种选择的结果。决心是一种选择，生活在现在的决心同样是一种选择。当一个人缺乏历史意识时，他能够无选择地生活于现在。但是，如此这样，一个人就不是历史地生活着，或者说，一个人的历史存在保持着（或变成）一种无意识状态。从历史性存在成为反思的客体到现在，哲学家的轻蔑变得与仅仅生活于现在的人敌对起来，并且应该如此。无意识地生活在现在是一种前反思的态度。然而，出于选择地生活在现在则是后反思的。这样一种选择只有当人们已经形成一种复杂精美的历史意识时才能做出。②

可见，在赫勒看来，后现代就如同巨大的无意识的背景域，它是一种我们生活、思考于其中的后现代状况，人人有份，就连哈贝马斯这样一个某种意义上可被看作盛期现代主义的哲学家，当他谈论世界的不可理解性和不透明性时，也在进行着后现代性的对话，无论他反对还是赞成。③ 的确，后现代浪潮就像一个巨大的磁场，对各种立场、各种理论都产生着潜在的或多或少的影响。

在研究中我们发现，赫勒对后现代的理解也有一个过程。各种版本的后现代理论都将后现代的出现追溯到 20 世纪 60 年代，实际上，20 世纪 80 年代以前后现代还远远称不上是世界文化。20 世纪 80 年代以后，后现代逐渐成为世界性思潮。

这种情况在赫勒历史哲学中还要晚一些。在 20 世纪 80 年代写

---

① Agnes Heller, *A Philosophy of History in Fragments*, Blackwell Publishers, 1993, p. 209.

② Ibid. , p. 223.

③ ［匈］赫勒：《现代性理论》，李瑞华译，商务印书馆 2005 年版，第 327 页。

作《历史理论》的时期，赫勒还没有走出新马克思的主义的视野，还是典型的乌托邦主义者。那个时期，赫勒对马克思主义的历史哲学进行了适度的批判，在社会历史发展道路和发展选择上，虽然认为社会主义道路是一种选择，但不是必然选择，主张多元历史选择。在赫勒这个时期的乌托邦历史理论中，在关于历史意识发展的论述中，第六个阶段只是提到了历史意识的混乱，但还没有提出后现代历史意识。可以说，赫勒看到了统一性的宏大历史叙事即将崩溃瓦解，但是，并没有看到新的历史意识及历史叙事的可能。但是，就赫勒历史理论中对普遍性、统一性的拒绝和批判而言，已经有后现代历史意识的萌芽，可以说是无意识的后现代意识。

80 年代末 90 年代初，赫勒目睹了国际共产主义运动的风云变幻，在阵阵"历史终结""意识形态终结"的喧嚣中，赫勒试图拨开社会历史表层的泡沫，寻找人之存在的规定性。她把人类概括为"偶然的存在"（being contingent），偶然性是人类的条件或状态。偶然性理论是赫勒回答历史问题的本体论概括。这个时期的赫勒，接受了后现代主义。尽管坚持历史哲学对意义、对形而上学需求的满足，但是，建基于偶然性理论之上的历史意识已失去了历史穿透力，只能是单子式的、碎片化的历史意识，人则成为历史牢狱的囚犯。这个时期的赫勒，在《碎片中的历史哲学》中对自己以前的历史哲学进行了清理，认为自己的历史理论仅仅是以往宏大历史叙事的延续。

在世纪之交，赫勒成为一个典型的后现代主义者。现代性问题成为她思考历史、思考人类存在状况的主要视角。在《现代性理论》中，赫勒又对自己前期的思想进行了清理，并在历史意识发展的第六阶段，直接提出一般性的历史意识即为后现代意识。她把自己前期的后现代理解称为"未经反思的后现代"理解，将自己现在的理解称为"经过反思"的后现代理解。

按照马泰·卡林内斯库的解释，"翻案"，即包括任何形式的公开收回言论，可能已成为后现代主义的一个表现手法，"我们是否可以说后现代主义中有一个分支，它的典型特征是坚持运用一种翻案或悔言的修辞，而这种修辞在那些较早的写作模式中仅仅被少量运用呢?"① 即使不能把赫勒这种对待自己言论的方式说成"翻案",也可以看作典型的后现代的悔言方式。当然,完全以后现代视角表述思想的赫勒,更多地采用后现代主义的主要表现手法,反讽地对待反讽、哀婉、幽默、轻微的怀疑主义。从完全的后现代视角出发,赫勒不仅把韦伯看成后现代视角的一只早期雨燕,而且认为她的老师卢卡奇在《心灵与形式》的前言里也充满了后现代的气氛。

显然,后现代视角中的现代性理论是赫勒历史哲学的一个延伸和组成部分。在《现代性理论》序言中,她强调了其与《历史理论》、《碎片中的历史哲学》作为三部曲的连续性,这种连续性不仅是历史主题的连续性,"历史理论呈现出社会与政治科学的形式";也是后现代视角的连续性,"这是一种出自后现代视角的现代性理论,而后现代视角在两本论述历史的书中,特别是《碎片中的历史哲学》中,已经得到了详细阐述。我的现代性理论的哲学预设是直接从两本论历史/历史性的书中接过来的"。② 这样,我们有充分的理由,沿着赫勒逐步强化的后现代视角,继续考察赫勒现代性理论中呈现出来的历史哲学思想。

---

① [美] 马泰·卡林内斯库:《现代性的五副面孔》,顾爱彬、李瑞华译,商务印书馆 2003 年版,第 331 页。

② [匈] 赫勒:《现代性理论》,李瑞华译,商务印书馆 2005 年版,序言第 2—5 页。

第十五章

历史想象
——现代性的动力机制

　　历史地思考，历史地批判和建构，这是赫勒现代性理论的基本特点，或者说，对现代性进行历史反思与建构是赫勒后现代历史哲学思想的重要组成部分。

　　伴随着启蒙运动、启蒙思想一起成长的现代性浪潮表现在政治、经济、文化、社会等各个方面。正如同后现代、后现代性等词汇在当代哲学话语中所引发的歧义一样，人们对现代性内涵的理解也从来没有达成一致，可谓仁者见仁、智者见智。

　　其中一种观点认为，与其说现代性具有时间属性，不如说现代性具有精神属性，它代表了某种承诺，"现代性是作为一种许诺把人类从愚昧和非理性状态中解放出来的进步力量而进入历史的"。① 按照这种观点，现代性尽管具有时间属性，却不是一种时间概念，也不是一个历史时期，而是一种精神或态度。态度是什么呢？福柯指出："所谓态度，我指的是与当代现实相联系的模式，一种有独特人民所做的志愿的选择，最后，一种思想和感觉的方式，也就是一种行为和举止的方式，这种方式标志着一种归属的关系并把它表述为一种任务。无疑，它有点像希腊人所称的精神气质。"② 当然，这种态度也是批判的，现代性"可以被描述为对我们的历史时代的

---

　　① ［美］波林·罗斯诺：《后现代主义与社会科学》，上海译文出版社1998年版，第4页。
　　② ［法］福柯：《何谓启蒙》，引自《文化与公共性》，生活·读书·新知三联书店1988年版。

永恒的批判。"① 这样看来，现代性是一种精神追求，其核心追求是人的自由和解放，是高扬人的主体性和理性。这种观点关注现代性的精神层面。

另一位哲学家马歇尔·伯曼则把现代性描述为一种经验。他说："今天，全世界的男女们都共享着一种重要的经验——一种关于时间和空间、自我和他人、生活的各种可能和危险的经验。我将把这种经验称作'现代性'。所谓现代性，就是发现我们自己身处一种环境之中，这种环境允许我们去历险，去获得权力、快乐和成长，去改变我们自己和世界，但与此同时它又威胁要摧毁我们拥有的一切，摧毁我们所知的一切，摧毁我们表现出来的一切。"② 可见，这里的现代性被理解为一种成长，一种经验，一种危险，一种可能性。这种对现代性的理解依然是从精神层面上进行的。

同时，现代性的这种精神属性被马克思主义的经典作家表述为批判性和革命性。马克思在《共产党宣言》中曾对这种革命性作了非常深刻的揭示："生产的不断变革，一切社会状况不停地动荡，永远地不安定和变动，这就是资产阶级时代不同于过去一切时代的地方。一切固定的僵化的关系以及与之相适应的素被尊崇的观念和见解都被消除了，一切新形成的关系等不到固定下来就陈旧了。一切等级的和固定的东西都烟消云散了，一切神圣的东西都被亵渎了。人们终于不得不用冷静的眼光来看他们的生活地位、他们的相互关系。"所以，在马克思看来，现代性首先是一种新的生产关系对过去旧的生产关系的批判与革命，正是现代性的这种革命性变革促使着现代化走向全球化。

另一种观点正好与此相对，在《现代性与自我认同》中，吉登斯指出："我们必须从制度层面上来理解现代性。"③ 现代性作为一

---

① ［法］福柯：《何谓启蒙》，引自《文化与公共性》，生活·读书·新知三联书店1998年版，第434页。

② ［美］马歇尔·伯曼：《现代性的昨天、今天和明天》，载汪民安主编《现代性基本读本》，河南大学出版社2005年版，第660页。

③ ［英］安东尼·吉登斯：《现代性与自我认同》，生活·读书·新知三联书店1998年版，第1页。

种制度理念，一方面通过人们的自我认同而转化为一种公众意识和共同意识，另一方面也通过现代性的社会制度而建立起现代化与自我认同之间的一种新机制，"这种新机制，一方面由现代性制度所塑造，另一方面也塑造着现代性的制度本身"。① 这样看来，现代性应该是一种组织模式或社会生活，具有显著的时间性质。"现代性首先意指在后封建的欧洲所建立而在 20 世纪日益成为具有世界历史性影响的行为制度与模式。""现代性指社会生活或组织模式，大约 17 世纪出现在欧洲，并且在后来的岁月里，程度不同地在世界范围内产生着影响。这将现代性与一个时间段和一个最初的地理位置联系起来，但到目前为止，它的那些主要特性却还仍然在黑箱之中藏而不露。"② 在这里，吉登斯表现了对现代性实存物质层面的关注，当然，也承认现实存在物层面之后有隐藏的特性。

当然，说现代性是一个时间概念，指的是现代性是一个历史性的概念，是动态的、流动的，而不是凝固的时间意识。卡林内斯库指出："只有在一种特定的时间意识，即线性不可逆的、无法阻止的流逝的历史性时间意识的框架中，现代性这个概念才能被构想出来。"③ 因此，只有在历史性中才能把握和理解现代性。波德莱尔说得更直接："他寻找什么？……这个富有活跃的想象力的孤独者，有一个比纯粹的漫游者的目的更高些的目的，有一个与一时的短暂的愉快不同的更普遍的目的。他寻找我们可以称为现代性的那种东西，因为再没有更好的词来表达我们现在谈的这种观念了。……问题在于从流行的东西中提取出它可能包含着的在历史中富有诗意的东西，从过渡中抽出永恒。……现代性就是短暂，流变，偶然事件；它是艺术的一半，另一半则是永恒与不变。"④

---

① ［英］安东尼·吉登斯：《现代性与自我认同》，生活·读书·新知三联书店1998 年版，第 2 页。
② ［英］吉登斯：《现代性的后果》，译林出版社 2000 年版，第 1 页。
③ ［美］马泰·卡林内斯库：《现代性的五副面孔》，顾爱琳等译，商务印书馆 2002年版，第 18 页。
④ ［法］夏尔·波德莱尔：《现代生活的画家》，载汪民安主编《现代性基本读本》，河南大学出版社 2005 年版，第 628 页。

我国的现代性研究学者则从几个不同的层面对现代性的内涵进行了梳理，首先，现代性具有时间属性，"作为一个历史分期的概念，现代性标志了一种断裂或一个时期的当前性或现在性。它既是一个量的时间范畴，一个可以界划的时段，又是一个质的概念，亦即根据某种变化的特质来标识这一时段。"其次，现代性与现代化过程密不可分，表现为工业化、城市化、科层化、市民社会、殖民主义、民族主义、民族国家等历史过程。再次，作为一个文化或美学概念的现代性，似乎总是与作为社会范畴的现代性处于对立之中。最后，作为一个心理学范畴，现代性是一种特定的体验。①

可见，现代性打破了原有秩序，带来了现代社会整体结构和秩序的变化，正如伊曼纽尔·沃勒斯坦所指出的，"现代性是特定社会现实和特定世界观的结合，它取代甚至埋葬了另一种特定社会现实和特定世界观的组合，我们把它称之为旧秩序，它的确极为陈旧。"② 这种变化既表现在外在的社会制度结构方面，也表现在内在的文化心理结构方面，强调任何一个方面而忽视另一个方面都不足以描述现代性概念的内涵。

现代性作为工业化、理性化、现代化的全球性浪潮，"宗教、自然观、社会、国家制度，一切都受到了最无情的批判；一切都必须在理性的法庭面前为自己的存在作辩护或者放弃存在的权利。思维着的知性成了衡量一切的唯一尺度。"③ 现代性推动了全世界城市化、科层化、世俗化的历史进程，科技、价值、伦理观念不断拓展，理性主义精神、自由主义观念深入人心，科学技术的发展产生出巨大的物质生产力，给人们带来了健康、富足和繁荣，但是，现代性的问题也随之而来。启蒙理性在其发展过程中逐渐呈现出片面的工具化和形式化的性质。在现当代，现代性所获得的赞扬与遭受的诟病几乎同样多。尤其是后现代哲学思潮兴起以来，如果说后现代思潮在很多问题上众说纷纭，从来达不成一致意见，而在批评现

---

① 〔匈〕赫勒：《现代性理论》，李瑞华译，商务印书馆 2005 年版，总序。
② 〔美〕伊曼纽尔·沃勒斯坦：《三种还是一种意识形态？——关于现代性的虚假争论》，载汪民安等主编《现代性基本读本》，河南大学出版社 2005 年版，第 239 页。
③ 《马克思恩格斯选集》第 3 卷，人民出版社 1995 年版，第 355 页。

代性这个问题上，却几乎成为一致的话题。

在鲍曼看来，赫勒现代性理论的基点是人的生存状况。当然，赫勒关于现代性的视角是历史的。鲍曼分析指出，在赫勒的现代性理论中，现代性充满了悖论，一方面人们的生存环境产生了统一性，另一方面现代性也产生了差异性。制造差异和给差异以生存空间本身是现代性的自我创建的典型特征，然而让这些差异消失又是现代性所没有预料到的结果。赫勒暗指的是，在现代性的世纪里，无论人类的生存环境遇到什么统一性，这并非是人类设计的；相反，它是没有意图的，可能这种统一性只来源于人类的错误的判断。从另一条路径上来说，繁荣差异性是现代性的主要工作。鲍曼和赫勒关于现代性的看法比较一致，在他们看来，现代性从其产生那天起，就孕育了其自身的衰落。现代化过程中出现的问题不会伴随着进一步的现代化而得以解决。这些问题就是现代性自身的结果。因此，现代性不是一项未完成（unfinished）的计划，而是一项无法完成（unfin-ishable）的计划。①

关于现代性两种想象机制的理论，是赫勒后现代历史重构的重要内容，历史想象理论是后现代关于现代性理论的有益贡献。对赫勒来说，现代性远不是一个同质化、总体化的世界，更应该视为"一个有着某些开放但并非无限制的可能性的片断化世界"。② 因此，为现代世界提供一种支配性世界解释是不可能的。当然，赫勒既不赞成韦伯的解释，即认为在现代性一个领域内（比如说政治领域），可以用一种伦理、一套标准与规则引导进入该领域者的行为；也不能同意海德格尔认为现代世界的所有行为受同样的形而上学思想、主体/客体关系和技术想象所框范的观点。在韦伯那里，现代性就意味着现代理性主义，强调要把传统意义上的理性主义与他所发展的理性主义区别开来。韦伯指出，现代理性主义的含义是："通过对适当手段的一再慎思和不断精确，有顺序地去达到明确给定的实际

---

① 郑莉：《后现代语境下的现代性问题》，《光明日报》2006 年 9 月 25 日。
② ［匈］赫勒：《现代性理论》，李瑞华译，商务印书馆 2005 年版，第 100 页。

目标"。① 只有这样的理性化才意味着现代性。

韦伯的同质化理性观点正是赫勒所反对的,她试图为非同质化的现代世界提出一个解释模式。赫勒的灵感来自海德格尔的技术"框架"(enframing)和卡斯托里亚迪斯的"想象制度"(imaginary institution)的启发。"卡斯托里亚迪斯提出的社会想象制度,是一个有积极解释权利的范式,该制度对社会想象的激进变化作了解释。这些变化来自于心灵。……永恒的心灵就像一个永恒的火山,喷射出创造性的想象。"② 按照这种想象制度,一个社会的想象制度根植于社会的岩浆中,这种想象"不是有关图像的。它是不断的、本质上不被决定的形象形式/图像的创造,只有在这种创造的基础上,才可能有'某物',我们称为'现实'与'合理性'的东西正是它的作品"。③ 一方面,卡斯托里亚迪斯关于历史是"自动诗性"(autopoiesis)是持续的创造的说法,激发了赫勒对历史与想象、历史与创造性的结合,另一方面,赫勒又不能同意卡斯托里亚迪斯将现代性的决定性因素归为民主的观点。

海德格尔曾提出技术的本质不是技术性的论断。"甚至当人们在可以说不重要的地区还试图凭借过去的价值观念来掌握技术,在进行这种努力时已经运用了技术手段已非仅存外貌而已,在这种时候,技术之本质的威力还是表现出来了。因为利用机器和机器生产根本上并不就是技术本身,而只是技术的本质在技术原料对象中设置起来的过程中适合技术的一种手段。甚至,人变成主体和世界变成客体也是自行设置着的技术之本质的结果,而不是倒过来的情形。"④ 赫勒对这一论断的解读是:现代人根据主体/客体来思考,世界是客体,人是主体,主体把世界当作供人类使用的事物的仓

---

① H. 高斯、C. 未尔斯、马克斯·韦伯:《社会学文选》(英文版),纽约,1946,第293页。

② Agnes Heller, *A Philosophy of History in Fragments*, Blackwell Publishers, 1993, p. 195.

③ Cornelius Castoriadis, *The Imaginary Institution of Society*, Cambridge: Polity Press, 1987, p. 3.

④ [德] 马丁·海德格尔:《林中路》,孙周兴译,上海译文出版社1997年版,第295—296页。

库，整个宇宙被工具化了。赫勒完全认同海德格尔关于技术本质的分析，但却不能赞同他以技术这一"框架"来"框范"整个现代性的本质。

技术的逻辑、社会地位的功能性分配的逻辑及政治权利的逻辑（统治与支配的制度）共同构成了现代性。赫勒指出，在这三种逻辑中，技术的逻辑已如同海德格尔所揭示的那样，已普遍经验化了，现今为止，技术中发展趋势的多元化还远没有到来。社会和政治领域的发展趋势也不是线性发展或齐一发展的。赫勒认为，自由民主主义也许会为这两个领域沿着保持最佳平衡的方向发展。基于对现代性发展逻辑的分析，赫勒断言，历史想象是必需的。

技术想象和历史想象共同构成了现代性的想象机制，赫勒指出，"现代人以双重的方式受到框范，他们的两种主要想象机制并不契合。正因为如此，支配性的技术想象机制不可能完全支配政治或社会——功能的领域"。赫勒相信，至少到目前为止，"政治的逻辑和社会地位功能划分的逻辑并没有完全被科学或一般性的技术想象所支配。'诗'没有死去。如果我们仍然诗意地栖居在大地上，这同技术没有任何关系，而更多地是同（现代）历史意识本身有关"，① 而且，技术想象和历史想象之间也是相互作用的。一方面，"技术想象能够也确实侵入了历史性的领域"，例如，"阐释学实践所应阐释之物的领域的扩张在某种程度上遵循的是技术的逻辑"；另一方面，"历史性和历史思想已经侵入了科学，而且继续在侵入科学"。② 我们认为，赫勒的现代性历史反思与历史重构，正确指出了历史想象对现代性发展的推动作用。历史想象是现代性的主要想象机制之一，成为现代性的主要动力之一。没有历史想象，世界蜕变为一个纯粹技术的世界；没有历史想象，必将缺乏对自身存在的意义追问。

一 历史想象是意义的呈现，使过去不断地成为现在

历史想象能够使人们从单纯的事物性、技术性层面提升出来。

① ［匈］赫勒：《现代性理论》，李瑞华译，商务印书馆 2005 年版，第 105 页。
② 同上书，第 107—108 页。

"人们从做的行为往后退——退回到沉思的态度，这正好是技术想象所要求的态度的对立面——因为沉思的行为并不是在行动之前的一个暂缓。旁观的态度并不需要被转变成做某事；它不是实现一个目的的手段。它是意义呈现（meaning-rendering）的行动，一个目的本身，在同样的意义上它也是'诗'。"① 在这里，回忆的作用和本质得到了强化。回忆根植于现代人的自我理解中——对历史是存在的自我理解。事实上，历史想象本应是建立在对过去深刻理解基础之上的超越意识。但是，赫勒却仅仅把回忆及历史想象理解为"对限制、脆弱性和有限性的意识，是对'不可能跳过罗得岛'的意识"。② 历史回忆是历史想象的表现形式之一，它加深着人类对自身存在意义的自我理解。

二　历史想象是审美意识

人们不只是功利地活在世界上，人们需要生活世界以外的意义的满足。"现代的男人们和女人们是掘墓人。他们挖掘过去是为了追忆往昔。我们挖掘的是过去，但是这个过去是已逝的过去，它不是历史。历史是活生生的。只要他们能通过他们共有的经验，共同回忆过去的话，那么就存在着活生生的历史。哲学、宗教和艺术在现代人的生活中创造了一个较小的奇迹：它们创造了一个鲜活的历史的完美想象。通过从事哲学的工作，艺术的工作，以及对作为思想崇拜的过去的宗教想象，并通过思想改造它，一个人历史地存在着：尽管不在这儿，也不在此时；也不在那儿，不在那时，而是在既无空间又无时间的意义的王国里。"③ 作为对意义的追寻，历史想象是非功利的，是审美意识的构成部分。

三　历史意识是反思，它提出并创造距离

历史意识的反思作用，推动着人类文化的传承。赫勒提出，

---

① [匈] 赫勒：《现代性理论》，李瑞华译，商务印书馆 2005 年版，第 107 页。
② 同上书，第 106 页。
③ Agnes Heller, *A Philosophy of History in Fragments*, Blackwell Publishers, 1993, p. 188.

"生活的主题（一种宽泛意义上的再生产）是历史性（一个人处在其自身的历史特性之中，作为'自性'）"，历史意识却并不是生活和历史性的前提。赫勒对现代生活和现代世界进行了区分，技术只能满足人们生活的需求，满足自身再生产，但是，这还只是获得一种生活而不是一个世界。"一个人可以生活在现代性中；他可以借助于技能而不是文化成功地再生产自身。但是，给现代人提供一个世界的是文化，负载并传递指向技术之外的历史意识的也是文化。"① 正是由于历史意识的反思作用，印证了现代人受双重约束，既为技术想象所约束，又为历史想象所约束，在双重约束中，人才成为"人"（personalities）。"历史意识正是通过这样的个人而侵入到按功能划分的制度性等级体系中。受着双重约束的男人和女人可能是无政府主义者、造反派、怀疑派或冷嘲热讽者；但通常他们是正直的男人和女人，绝对精神——亦即艺术、宗教和哲学——对于他们至为重要。他们能够成为'人'（personalities）。"② 历史现象中最核心的部分就是历史意识的反思性。

四　历史想象是现代性政治逻辑的特征，在政治文明中扮演重要角色

在现代性中，如果没有历史意识就不会有政治逻辑。赫勒以宪法的制定为例，任何国家在制定法律时，必须考虑历史根基，历史想象必须体现在宪法中以唤起权威性，因为法律负载着传统的一个方面。在赫勒看来，一个国家的政治制度是与文化相连的，文化与历史、与传统紧密相连。"历史记忆扮演重要角色，历史记忆保存在故事、传说和符号中，在这里，英勇的事件、伟大的竞赛和特别的磨难都扮演着重要的角色。历史记忆讲述行动的故事，讲述各种制度的起源和它们的消亡。过去制度的内在结构不是保存在历史意识的深处，而是通过男人和女人的行为保存下来，就是这样，历史想象保存着世界，或至少是世界的片段——为了新的行动和新的开

---

① ［匈］赫勒：《现代性理论》，李瑞华译，商务印书馆 2005 年版，第 132 页。
② 同上书，第 136 页。

端而由记忆和想象聚拢来的片段。过去世界的片段呈现在想象中。"① 赫勒强调，历史想象对政治领域的影响是不能以所谓普遍性、合理性来解释的，政治制度的选择必须与国家的特定历史传统、文化传统一起考虑。

在研究中，我们发现，赫勒的历史想象的理论是卡斯托里亚迪斯和海德格尔相关思想的结合。不仅是海德格尔关于技术的规定和理解，而且海德格尔的"历史"概念的界定，以及海德格尔深入此在之本质的深刻的历史感，直接启发了赫勒。赫勒借鉴了海德格尔对"历史"所做的界定，"历史"一词意味着德语的 geschichte，而不是 historie。② "没有历史，就没有人类生活，而被我们称为 historisch 的则是现代的事物。"③ 在海德格尔那里，historie 代表实证主义的累积性的、技术性的历史写作；geschichte 指实际发生着的历史。赫勒认为自己关于现代性的历史想象是在海德格尔 geschichte 意义上的。而且，赫勒认为自己的历史想象与海德格尔的历史（geschichte）本质上一样的④，并且把海德格尔的"诗"和阐释同现代历史性意识联系起来。

但是，我们在这里发现赫勒和海德格尔所理解的历史还是不同的。因为，海德格尔的 geschichte 指实际发生着的历史，是客观存在的持续性的时间性概念，当然，没有人的存在和觉知也就根本无所谓历史，历史总是因为人的存在而存在；而赫勒的历史想象本质上是一种历史意识，是对客观发生着的人类历史的主观上的历史把握和历史反思，因为历史本身不会自动反思，是在历史中活动着的人才具有这种意识。赫勒的分析试图表明，从本质上讲，现代性的三种逻辑需要真正的历史想象（真正的历史），而不是作为众多其他技能中的一种技能的历史想象（历史教科书等），从而使现代性处于历史想象和技术想象的双重约束之中。

---

① ［匈］赫勒：《现代性理论》，李瑞华译，商务印书馆 2005 年版，第 145 页。
② ［德］马丁·海德格尔：《存在与时间》，陈嘉映、王庆节合译，生活·读书·新知三联书店 1987 年版，第 524 页。
③ ［匈］赫勒：《现代性理论》，李瑞华译，商务印书馆 2005 年版，第 9 页。
④ 同上书，第 351 页。

　　赫勒关于现代性想象机制的讨论，关于历史意识的反思作用的论证，有力地说明了历史想象对于现代性的自我完善、对人类自身理解及存在意义探寻的积极作用，这是赫勒历史哲学的积极贡献。

第十六章

极权主义的历史反思

对很多人来说，极权主义不仅仅是一段历史，更是无法磨灭的经历与创伤。也许，正是大屠杀和极权主义的特殊经历和体验，加深了赫勒对宏观历史叙事崩塌的理解，激发了赫勒对自由民主真实含义的理解，并对赫勒一生的生活与思想产生了巨大的影响。

按照赫勒本人在《现代性理论》序言中的自述，现代性理论的来源以及自己对现代性本质的理解，都是建立在自己的生活经验之上，这些经验中有些是个人独有的，有些是我与所有那些经历过大屠杀和极权主义独裁的人所共有的，还有一些我想是我与所有那些如今在反思他们的现代性经验、试图理解一般的现代生活的男男女女（不仅是理论家）所共有的。

事实上，对大屠杀和极权主义的历史反思是 20 世纪 80 年代以后历史哲学的一个主题之一。汉斯·凯尔纳说道："希尔伯格强调，有关大屠杀的最重要的事实就是它的不可预料。这是历史的本质的部分，我在其他地方描述为它的'恐怖'。与法国大革命的恐怖相反，对屠杀来说，特别之处不在于它不可预见（几乎所有事情都是如此），而是它不可能通过叙事化叙述成看起来是不可避免的。我们很难构成什么故事来说明这个事件，或许尝试这么做都是误导。大屠杀对'大因—大果'的说法，甚至对因果逻辑本身进行了挑战，它是合理性解释的一种耻辱。"① 大屠杀不仅仅是理性解释的盲点，而且，"它否定一切，毁灭一切，甚至于历史解释的原则，只

---

① ［美］汉斯·凯尔纳：《此刻"不再"》，转引自陈新主编《当代西方历史哲学的若干问题》，复旦大学出版社 2004 年版，第 252 页。

要它们是这种文明的一部分。大屠杀时常被描述成感知与意义的'黑洞'，它使历史解释的每一个观念都消失了。……大屠杀成了一个难题，甚至阻碍了其发生的时间前后的任何尚未中断的（叙事的）相互联系获得意义。这是历史的一种'边缘体验'，它不允许自身整合进一种连贯并且产生意义的叙述之中。在此，运用历史发展的综合性观念的各种努力都失败了。"① 赫勒在大屠杀和极权主义中也看到了一种终结，"奥斯维辛摧毁了作为历史形象词的列车的支配图像"。赫勒将现代人们生活于现在的状况称为一种火车站。"过去，曾有许多火车站，即文化，并且以后还将会有许多。但是，历史的列车也可能被恶魔般的机械师所操纵，并且历史的机车能够在一个被称作奥斯维辛和古拉格的终点站停下来这些事实得以明了之后，十九世纪的自我满足便消失了。现时代的关于颓废和衰退的宏大叙事，因此看来被确证了。"②

　　尽管大屠杀和极权主义几乎摧毁了任何历史解释的可能，但是，历史哲学家的使命就是为历史过程中发生的一切都给予解释。大屠杀和极权主义带给人们的不仅仅是经验上创伤，也标志着理性历史解释出现黑洞，文明发生断裂，似乎也宣告了文明的终结。

　　与同时代的其他人一样，赫勒亲身经历了大屠杀和极权主义，不仅是二战希特勒的法西斯极权主义，而且亲历了战后东欧斯大林化进程中的极权主义。作为布达佩斯学派的主要代表人物，她和导师卢卡奇及布达佩斯学派的其他成员一起，一方面以他们自己的理解捍卫、发展他们所选择的马克思主义，另一方面，猛烈抨击现存社会主义内部与马克思主义精神相背离的做法和现实。可以说，极权主义的经历深深地影响了赫勒的学术生涯与思考关切。

　　在20世纪80年代关于极权主义的思考中，赫勒受到了阿伦特的相关理论影响。如果说，阿伦特哲学研究的目标是如何政治地思

---

　　① Jorn Rusen，"Crisis, Trauma, and Identity"，发表于《中国学术》，第 3 卷（2002），第 1 辑。转引自陈新主编《当代西方历史哲学的若干问题》，复旦大学出版社，2004 年，第 295 页。

　　② Agnes Heller, *A Philosophy of History in Fragments*, Blackwell Publishers, 1993, p. 224.

考，而赫勒则向我们展示了如何历史地思考，尽管她本人并没有这样表述。赫勒对当代极权主义分析的语境显然与阿伦特是相同的，但是，在赫勒看来，阿伦特认为极权主义在斯大林之后的苏联已经消亡的看法过于草率，而认为"极权主义永无休止。一旦根据功能主义形态沉积和再生产之后，极权主义社会就能够平稳地进行自身的再生产……当代苏联极权主义已经远离其革命的阵痛，它是彻底保守的社会，是一个合法化了的、至少目前是运转良好的保守社会。希望这个社会结构很快崩溃的想法如同希望它万一会进行彻底的社会改革一样都不幸是错误的"。① 历史的发展往往是出人意料的，赫勒没有想到的是苏联的局势迅速发生了变化。

　　既然是真实发生的历史事件，就必须予以解释，尽管在任何理性理解的框架内找不到合理的解释。赫勒在 1993 年的《现代性理论》中关于现代性的三种逻辑的论述中，从政治权力（统治）和文明这两个角度对极权主义进行了分析。

　　按照赫勒的分析，极权主义在现代国家表现得极为明显。极权主义就像民主制度一样是一种现代发明。极权主义国家往往是一种专政，但与军事专政不同，军事专政是传统的，而极权主义专政则是反传统的，它并不假装要恢复法律和秩序，而是宣称要追求永恒革命，从而把自己定义为革命的。现代极权主义国家的秘密是极权主义政党，"党"这个词意味着代表部分而不是全体。极权主义政党最初在多党环境中组建，并逐渐将"自身极权化"。极权主义政党根据自身的极权化来塑造国家，这种极权化不仅是政治的极权化，而且把整个社会连同所有制度极权化。赫勒指出，极权主义主义国家一旦建立起来，就不允许多元主义的存在。甚至"什么是合法的有时完全取决于大独裁者的冲动和情绪（例如在斯大林和希特勒的年代）"。② 这种极权主义国家通过不断的战争得以维持，要么

---

　　① ［匈］赫勒：《阿伦特〈极权主义的起源〉1984 年版的想象性序言》，第 250 页，转引自［加］菲利普·汉森《历史、政治与公民权：阿伦特传》，刘佳林译，江苏人民出版社 2004 年版，第 218 页。
　　② ［匈］赫勒：《现代性理论》，李瑞华译，商务印书馆 2005 年版，第 149—150 页。

同自己的人民作战，同一个被选中的群体（犹太人）作战，要么为世界霸权而战。

极权主义是现代性双重约束的最极端形式。"它的出现、它的运转以及它的意识形态最充分地表现出技术逻辑。不过，以一种高度反思的方式对历史进行的神话化、对启蒙的'现实'和合理性的抛弃、对历史想象和幻想的绝对化，在极权主义中也是最为过分的。"① 在赫勒那里，以世界化（worlding）的方式呈现过去的记忆有时被颇为轻蔑地称为意识形态或虚假意识。意识形态概念及对它的批判表现出三种不同的启蒙观念：合理性的观念、现实的观念以及普遍性的观念。意识形态既不是一种宗教，也不是一种哲学，也不是对民间故事或艺术作品的解释。但它能够从所有这些——以及其他——源泉吸取养料。意识形态是以一种伦理力量为中心的集体信念，它强化并保护这种伦理力量。现代国家需要意识形态作为集体意象来激发对事业的热情，复活过去。赫勒分析指出，在有关极权主义的各种理论中，存在两种倾向，也就是技术想象的解释和历史想象的解释交替出现；还有一种新的趋势避免所有的解释图式，强调极权主义国家的出现和存在完全是偶然的。但是，赫勒指出，一旦审查一个极权主义体系的运作与功能，我们就不能简单地归之为偶然性。"政治—历史地偶然的东西在其运作上并不偶然。因为如果某种事物发挥功效，如果它被繁殖，那里面就必定有某种内在逻辑在起作用。"②

极权主义的出现被赫勒归结为现代性的两种想象制度，即历史想象和技术想象的"一种不神圣的婚姻"。极权主义是非理性的，但并非偶然；进而言之，非理性是对偶然性的否定。一种非理性的语言不容许偶然性；相反，它所说的是必然性和宿命的语言。极权主义关于集体宿命的语言就像历史必然性的语言一样是非理性的，不是因为宿命和"必然性"本身是非理性的概念，而是因为"宿命"语言使用的是技术想象的词汇，却用它们来服务于历史想象的

① ［匈］赫勒：《现代性理论》，李瑞华译，商务印书馆 2005 年版，第 151 页。
② 同上书，第 224 页。

目标。现代性的两种想象制度本来都可以提供理性的引导，但它们在一起协调行动却只能非理性地发挥作用。

赫勒还把极权主义归结为一种伦理力量的缺失。面对极权主义这种社会政治现实，赫勒主张"大共和"，认为这是理想的政权形式，一方面，法律制度保证了公正的程序，所有社会政治冲突都可以通过谈话或协商来提出，即使这种方式并不能解决冲突。但是，这种形式"旨在保证对称交流关系的再生产，防止社会统治的再次出现"①；另一方面，一个健全的衡量公民美德的手段是必要的。赫勒把极权主义看作现代原始主义，现代原始主义是历史想象和技术想象的不神圣婚姻，在其中主要伦理力量的负载者是非理性成分（两种想象机制的融合）本身。② 在两个极端，身体和心智都受到某种东西的威胁，同在彻底被监禁和从灵魂的监牢中彻底被解放出来的这两个不可到达的极端之间持续进行的钟摆运动比起来，这种东西更加终极、更加不可逆转。也就是说，身体和心智有失去能力和机会的危险，使它们不能站在一种想象机制一方去反对另一种想象机制，或者去应付两种想象机制的矛盾与共存，并从而去接受选择与偶然性。

显然，赫勒以现代性的两种想象制度对极权主义所作的历史解释是不充分的。赫勒过于强调历史想象的作用，这里的历史想象似乎与意识形态相连。赫勒反对极权主义的论述中过于强调技术因素的做法，在大屠杀中，"本质上重要的并不是对技术手段的实际应用"。问题在于，"历史想象调动过去的记忆并把它们置于一种意识形态的整体框架中，它直接地是毁灭性的，因为它在利用技术想象来为一个历史想象的封闭世界服务时，强化了技术想象"。因为，一切都被意识形态化，"意识形态所强加的解决问题的各种模式也许在所有实用的方面都是非理性的"。所以，赫勒强调双重约束对现代人生活的重要作用。"双重约束必须是'双重'的；它必须把现代男人和现代女人限制在不同的历史地点和空间，限制在不同的

---

①　[匈]赫勒：《大共和》。转引自［加］菲利普·汉森《历史、政治与公民权：阿伦特传》，刘佳林译，江苏人民出版社2004年版，第225页。

②　[匈]赫勒：《现代性理论》，李瑞华译，商务印书馆2005年版，第225页。

活动、不同的评价上。每当双重约束协同一致并朝向一个方向时，极权主义的危险就大大增加。"① 最后，赫勒把希望寄托于自由主义和民主制度，自由主义和民主制度的发展和加强，将使现代性远离极权主义危险。

　　通过对极权主义的分析，赫勒从另一个方面表达了宏大历史叙事已经瓦解的现实，对极权主义这种非理性的理性分析的困难，迫使赫勒从现代性的想象机制入手，从后现代历史意识、历史想象的角度思考这一问题。

---

① ［匈］赫勒：《现代性理论》，李瑞华译，商务印书馆 2005 年版，第 153 页。

第十七章

时间的历史性质

　　关于时间的历史性问题的理解，赫勒深受海德格尔的影响。赫勒认为，时间仅仅为人而存在，这一方面揭示了时间的历史性质，另一方面揭示了时间的属人性质。她把世界时间与生活时间、客观时间与主观时间、度量化时间与作为历史性的事件之间的区别作为时间问题的出发点。

　　现代性的想象机制，主要是历史想象，把时间置于哲学反思之焦点。在赫勒看来，时间本质上是一个历史概念，并随着历史改变着其自身的限定。按照赫勒的理解，在传统形而上学中，没有"有意义的时间"概念。在亚里士多德那里，时间是系列或与行动相关的概念；在康德那里，时间和空间被理解为直观的先验形式；在希腊化时期的哲学中，时间是一个循环运动的概念。犹太/基督教传统引入了一种不同的时间概念。在《历史理论》中，赫勒谈到基督教时期的历史意识，是"未经反思的普遍性"的历史意识，是"普遍神话"。赫勒讨论了海德格尔的时间概念。1924 年，海德格尔在关于时间的著名演讲中，对时间作了区分。一种是客观时间即物理时间，另一种是生活时间即此在的时间。在赫勒看来，海德格尔所作的这种区分旨在说明"时间是有条件的人类（此在）的时间。"①

　　海德格尔在《存在与时间》中是这样描述历史性、时间性与此在的关系的，由时间性概念发源了历史性范畴，"时间性绽露为此

----

① ［匈］赫勒：《现代性理论》，李瑞华译，商务印书馆 2005 年版，第 240 页。

在的历史性。"① "历史性只会由时间性照明而且源始地只会由本真的时间性照明"②。可见，此在在时间中存在就成了此在的历史。在海德格尔那里，时间或历史并不是传统历史观所描述的由过去、现在、未来所组成的线性流逝，线性或线型历史根本是不存在的，时间或历史与此在紧密联系，是不分过去、现在、未来的浑然一体。"此在历史性的分析想要显示的是，这一存在者并非因为'处在历史中'而是时间性的，相反，只因为它在其存在的根据处是时间性的，所以它才历史性地生存着并能够历史性地生存。"③ 海德格尔认为，"历史性植根于烦，与此相应，此在向来作为本真地或非本真地是历史性的此在而生存"。"正是时间性使此在的存在成为可能。"④ 可见，时间性或历史性是此在的展开方式和存在方式。

赫勒认为，客观的和计量化的时间，彻底地定量和同质化的时间，是通过抽取先/后经验的本质灵活性、具体性和不确定性而被加工出来的。一方面，赫勒借鉴海德格尔关于时间与历史的讨论，另一方面，赫勒以"先/后"基本范畴的论述对海德格尔的事件性解释提出了质疑，认为趋赴死亡和向死而生也是本真性的一个方面，这样，海德格尔所谓的趋赴死亡只是趋赴一个交叉点，在这个交叉点上，一切都属于先，没有什么属于后。因此，此在的本真性也就是"向前"（to run ahead）。在赫勒看来，历史叙事的可能性建立在先和后的时间范畴之上。她把先和后作为基本的历史范畴，而且认为先和后是有关时间性的仅有的基本历史范畴。通过先/后联系起来的叙事既可以是因果性的，也可以是论证性的。先/后作为历史叙事的历史范畴，不具有形而上学意义。人的生命本身可以被描述成无数个先后交错的链条。人作为存在者，是许多异质的先和后的交叉点。因此，赫勒不能同意海德格尔关于此在的真实时间性与非真实事件性所作的区分，认为此在的向死而生也是本真性

---

① ［德］马丁·海德格尔：《存在与时间》，陈嘉映、王庆节合译，生活·读书·新知三联书店 1987 年版，第 379 页。
② 同上书，第 426 页。
③ 同上书，第 443 页。
④ 同上书，第 438 页。

的一个方面，并直接更正了海德格尔关于"向死存在"（being-to-ward-death）的论断，提出"向先存在"（being-toward-earlier）的观点。

在我们看来，赫勒与海德格尔关于存在者与时间的论述有不同的视角，强调的侧重点不同。赫勒强调存在者关于时间的经验性质，是对时间的一种经验描述。而且认为正是这种经验构成了历史回忆的可能。"在持续的辛劳和快乐中把先和后放进美妙的链条中，把它们用松散的线联系起来，用带有因果性或目的论的叙事联结起来，联结得越紧密越好——把它们联结在一起，成为对于过往时间的回忆，成为神话的踪迹，成为各种各样的尘世故事、星球故事，无论它们是遗传密码、友谊与仇恨、战争、神秘经验，还是虚构、故事和童话。"①

赫勒以"向先存在"（being-toward-earlier）质疑海德格尔"向死存在"（being- toward-death）似乎并不具有实质深刻的意义。"先"作为赫勒历史哲学理解时间的基本范畴，尽管是历史叙事得以可能的基础，是历史记忆得以连贯的链条，但是，并不是一个存在论/生存论意义的范畴。与此相反，海德格尔的"死亡"概念则是一个完全意义上的存在论/生存论意义的范畴，在海德格尔整个哲学中是一个基础性的概念。

那么，赫勒强调先/后作为历史叙事的基本范畴，意义何在？事实上，赫勒对先的理解是"不再的现在"（no-longer-present），对后的理解是"未至的现在"（not-yet-present）。这里的核心是"现在"（present）。在赫勒整个历史哲学中，对时间历史性的全部考察的出发点和落脚点都是为了强调时间的"现在"性质。在赫勒那里，"现在"是一个临界点，作用在已发生和未发生之间进行了划分；在事实和目的之间；在已知和未知之间。现在既不是一个过去实体，也不是一个行为目标。在限定的范围内，"现在"是独立存在的。我把我的"现在"变成"过去"，变成逝去的时光，变成回忆。我还把我的未来变成了现在（以现在作为依据，我把我的未来

---

① ［匈］赫勒：《现代性理论》，李瑞华译，商务印书馆 2005 年版，第 255 页。

变成了现在）。我通过决定、计划和方案把我的现在变成了未来（前面命题的反换命题），我通过将意愿变为回忆使我的过去转化为现在。我将我的过去平等地变为我的未来，通过将我的经验变为了对未来的深思熟虑和有关决定，我还把我的未来转化为过去，① 所有这一切都是以现在为基点。在黑格尔那里，"现在"也具有不可替代的意义，"一个灰色的回忆不能抗衡'现在'的生动和自由"。②

　　无论是海德格尔对时间性或历史性的揭示，还是赫勒关于时间历史性的考察，尽管强调的重点和角度不同，但是，这两种历史观都是后现代范畴的，强调的都是历史的现时性，历史不再是确有定论、确已死去的过去。历史只有与人的当下境遇产生关系才是有意义的，是活的历史。用海德格尔的话说："在存在论的严格意义上，不再生存的此在不是过去了，而是曾在此。仍还现成的古董有过去性质和历史性质，其根据在于它们以用具方式属于并出自一个曾在此的此在的一个曾在世界。曾在此的此在是那原本具有历史性的东西。"③

　　在分析"现在"的基础上，赫勒提出了"同在性"的概念。所谓"刚才""现在"和"将来"都是"在一起"，即同在性。"我们与生者同在因为我们也活着，我们为他们思想和行动，却也反对他们；我们与逝者同在因为我们讲述着与他们有关的故事；我们与未生者同在因为他们是我们生命的传承与希望"。赫勒认为，在某种程度上，我们或多或少地与别人同在。同在性没有过去和将来：它是绝对的现在（absolute present）④。现在同在的人不会在过去同在，也不会在未来同在。过去是其他人的同在，未来也是如此。历史的现在不是绝对的现在，而是一个结构，更确切地说，是一种文化结

---

① Agnes Heller, *A Theory of History*, Routledge & Kegan Paul, London Boston and Henley, 1982, p. 36.

② ［德］黑格尔：《历史哲学》，上海书店出版社 2001 年版，第 6 页。

③ ［德］马丁·海德格尔：《存在与时间》，陈嘉映、王庆节合译，生活·读书·新知三联书店 1987 年版，第 431 页。

④ Agnes Heller, *A Theory of History*, Routledge & Kegan Paul, London Boston and Henley, 1982, p. 41；［德］黑格尔：《历史哲学》，上海书店出版社 2001 年版，第 6 页。

构。当然，所有文化的结构都是有自我意识的，同在性是可感知的，在赫勒看来，我们不能虚构一个没有同在意识的人类社会。

赫勒提出"历史的现在"这一时间概念，意在强调"流动"和"改变"。"我把历史的现在描述成推翻文化结构的新结构。""历史的现在是可以从文化结构中抽离出来的一个组成部分。"就社会体制而言，每天都有很多体制瓦解，又有很多新的体制诞生，每一个历史事件的发生都是一次真实的改变。"流动"和"改变"成为唯一的现实。在这个意义上，同在性替代了历史的现在，如果没有历史的现在、历史的过去或历史的未来，那就只有时间的空虚，时间就曾经是，现在是而且未来也是历史性的钢铁牢笼。①

把同在性看作绝对现在意味着什么？首先，它认为过去和现在不能证明任何事。我们现在的所有行为、目的、努力和态度只能通过理性来论证。而对于理性的论证，过去只能作为一个教训，而未来只能作为指导思想。其次，把同在性看作绝对现在意识到了我们只对存在于现在（和未来的现在）的主体负责。我们对过去没有任何责任。我们只有对现在负责才能对未来负责。最后，我们应该接受我们的同在性和同一性。把过去的伟大和现在的渺小或未来的圣洁和现在的邪恶比较是毫无意义的。② 把同在性看作绝对现在，是假定我们现在的世界并不比任何其他世界好或者坏，这是一种必须接受的现实，一种必须接受的历史文化状况。我们必须接受现在，但不是甘愿的。我们注定要生活在这个世界：我们必须使它有意义。

同在性是绝对现在，但绝对现在是绝对的连续性，同时绝对现在包含着未来。赫勒强调现在，但并不排斥未来。当然，这种未来是现在的未来。如果同在性等同于绝对现在，过去等同于过去的现在时代（从现在的现在时代的视角），那我们就把未来等同于未来的现在时代。因此，未来的现在时代就成为了一个概念（星球责任

---

① Agnes Heller, *A Theory of History*, Routledge & Kegan Paul, London Boston and Henley, 1982, pp. 42-43.

② Agnes Heller, *A Theory of History*, Routledge & Kegan Paul, London Boston and Henley, 1982, p. 47.

的价值观）——一个乌托邦。如果我们从普遍人性考虑，我们需要把我们的人性的概念（我们赋予其的含义和价值取向）普遍化。只要未来的现在时代的概念在现在的现在时代成立，那它就可以一直存在。这就是阿佩尔说的星球责任意识在现在必须具有对话性的原因。赞同星球责任的人不必陷入"未来"。他们不会许不能实现的愿望——未来就是"此时此地"。[1] 我们确实是统一在同在性里，未来永远不会是今天。如果我们认同星球责任，那我们就打造了一个我们热爱的未来——现在时代，而且我们仍然因为一个可爱的未来——现在时代，以可感知的爱理解我们，并为此而活着、行动和思考。由此可见，对绝对现在负责，也就是把握了未来，而不是淡化现在，把希望一味寄托于未来。

后现代的人们决定生活在绝对现在时，这意味着对绝对现在负责。绝对现在也叫作共在（togetheness）。赫勒强调，"由于整个世界变成了现代的和同时的，整个世界共同享有'现时代'（present age）。这是历史民众所背负过的最沉重的'现时代'。其任务是弥合现代性理想与现代性现实经验状态之间的沟壑。这意味着人们为现在负责"。[2] 在关于历史的宏大叙事中，历史哲学家从过去的叙事中推导出未来，推导出无限的进步主义故事。所有关于历史的宏大叙事都建立在未来的视角上，现在本身不重要，它只不过是到达未来的过渡阶段，并且通过未来对现在及其冲突与苦难加以合法化。

赫勒反对任何以未来或明天为由而将现在或今天边缘化的做法，而且，后现代人并不声称在历史中有一个特殊的、特权的地位，视野之外的未来是未知的，他们并不声称科学给了他们开启未来的钥匙，因为他们意识到科学的有限性，他们根据偶然性[3]思考——不仅仅是单个个体的偶然性，而且是历史时代与时期的偶然性——他们现在的偶然性。

---

① Agnes Heller, *A Theory of History*, Routledge & Kegan Paul, London Boston and Henley, 1982, pp. 48-50.

② ［匈］赫勒：《现代性理论》，李瑞华译，商务印书馆 2005 年版，第 254 页。

③ 同上书，第 20 页。

第十八章

历史诠释
——诠释者的狩猎场

在赫勒的历史诠释中，研究过去不再是为了证明现在，然后推断出一个未来，研究历史也不再是构造一个线型的历史发展图式。研究历史与过去是以现在为基点的，立足星球责任的考虑。历史、过去之所以有意义，只是因为它们与我们的历史重建相关。

尼采"上帝死了"的宣告，在后现代哲学家那里有新的含义，意味着哲学家的上帝不再存在了。哲学家的上帝是真理，真理不再是哲学家的上帝。哲学家的真理和艺术家的美是短暂的，没有永恒真理。但是，哲学不再寻求永恒真理不意味着哲学终结。在后现代，哲学作为"一种崇拜的实践"存在着。既然哲学不再崇拜真理，艺术不再崇拜美，"现在，崇拜的不再是真理也不是美，古老的哲学的上帝——真理——不再是崇拜的客体，美也如此，美通过艺术作品表现出来，而艺术在其作品中被创造出来；然而，艺术作品和哲学作品已成为崇拜的客体。"[1] 可见，在赫勒那里，崇拜的客体的变化成为后现代解释学的前提。正如同哲学不再寻求永恒的绝对真理，历史哲学也不再寻求统一的历史解释，在后现代，哲学变成解释学（Hermeneutics），历史哲学变成历史诠释（解释）学。[2] 统一历史解释的消解，必然导致历史解释的多元化、个性化。

---

[1] Agnes Heller, *A Philosophy of History in Fragments*, Blackwell Publishers, 1993, p. 201.

[2] Hermeneutics，德文 Hermeneutik，有各种不同汉语译法，阐释学、解释学、诠释学，但笔者认为意义基本相同。本书中，涉及历史理解问题时，采用诠释学，韩震教授在《历史·理解·意义：历史诠释学》中，使用的是诠释学。参见韩震、孟鸣岐《历史·理解·意义：历史诠释学》，上海译文出版社 2002 年版。

在哲学不再寻求终极真理的时代，解释学成为"团体精神"最恰当的自我表现。存在主义者是消极的（unhappy）文化哲学家，因为他们关注自我的存在状况，赫勒本人也正是这种意义上的哲学家。"如果我们以崇拜的方式去对待，每一个文本都是神圣的。每一个单词都会有它的意义，一个句子的每种变化都会得到虔诚地解释"。① 解释说无处不在，反解释学者们也是解释学者。解释学者们将过去融会（midiate）到现在，他们重思其所思，他们重释曾经被解释的东西或推翻它们。他们用借来的意义提供意义，他们通过异质的血液使现在拥有生命。无论以何种形式出现，解释学的实践是可信的"思想的虔诚"（Andacht）。人们将通过思考、保存或复兴，重新解释思想。

关于历史诠释的理解，赫勒首先从对哲学的理解开始。在她看来，哲学就如同是一种解决问题的尝试，或一种解释训练。似乎并不存在自泰勒斯以降的每代西方哲学家都试图用不同方式来解决的"永恒"问题。哲学家从世界中提出的追问创造了需要他们致力其间的哲学问题。② 这样，赫勒消解了哲学的"永恒"问题，认为哲学就本质而言是一种解释，从泰勒斯到海德格尔的所有哲学家实际上都在不断地解释和重释存在的意义。既然向来就没有一个需要解决的永恒问题，哲学本质上就是对存在本身的追问，这种追问与解释也成为人的存在方式，正如伽达默尔所言："海德格尔对人类此在的时间性分析，在我看来令人信服地指出了：理解并不是主体诸多行为方式中的一种，而是此在自身的存在方式。"③ 在不断的解释和重释过程中，哲学应当是开放的，哲学是一，也是多，正如差异填充了同一，多也填充了一。这样的一种解释活动，实际上已成为哲学的本体问题。

文本的意义并不是唯一的。赫勒认为，在进行哲学解释的过程

---

① Agnes Heller, *A Philosophy of History in Fragments*, Blackwell Publishers, 1993, p. 202.

② Ibid., p. 81.

③ ［德］伽达默尔：《真理与方法》，王才勇译，辽宁人民出版社1987年版，第36—37页。

中，没有固定意义的文本（text）。每个解释实际上都改变着被解释者，被解释者自身就不再是一成不变的。"在所有类型的解释中出现的只是类似的而非完全相同的东西。每一个对哈姆雷特的解释都改变着哈姆雷特，每一个对存在的解释也都改变着存在，但是，尽管哈姆雷特的解释者正在趋近已经被解释改变了的原初文本，然而除了对于存在本身的某个他人或我们自己的解释之外，并没有存在的原初文本。"① 这种理解的方式也是后现代大多数解释家的态度。关于文本内涵的理解，后现代哲学家从根本上否定作者意图和文本之间的固有的、固定的联系。

利科认为，作者意图和文本的同一性是不存在的，文本形成以后，作者的当下性就不存在了，文本成了独立的东西，文本所表明的东西不再与作者意谓的东西一致。按照海德格尔的理解，所有想精确重建过去意义的企图都是注定要失败的，不仅我的文本是历史的，而且我对文本的理解也是历史的。伽达默尔则明确指出，作者的原意从解释学的原理上是根本不能被发现的，那种解释的绝对确定性也是不存在的。② 因此，赫勒指出，在后现代，阐释变得越来越个人化，已经不再存在所谓的"阐释者群体"，取代阐释者群体的，是零星化的小群体——随机的、流动的、短暂的群体。通过学术的、职业的，或政治的游说而得以显露。③ 斯科特·拉什等指出，"处于讽喻传统中的分析家们，从尼采到本雅明和阿多诺，直至德里达、罗蒂和鲍曼，他们都以激进的个人主义为前提——这种个人主义当然不是功利性的个人主义而是一种美学上的个人主义：它不是支配性自我的个人主义而是一种混杂的偶然欲望的个人主义，这种欲望几乎不可能导致社群的形成。"④ 但是，如果阐释完全趋向个人化，每个单个的个人真地就成为单子，没有相互理解与意义共享

---

① Agnes Heller, *A Philosophy of History in Fragments*, Blackwell Publishers, 1993, pp. 81–82.

② 王治河：《后现代哲学思潮研究》，北京大学，2006 年，第 197 页。

③ Agnes Heller, *A Philosophy of History in Fragments*, Blackwell Publishers, 1993, p. 207.

④ ［德］贝克、［英］吉登斯、［英］斯科特·拉什：《自反性现代化》，赵文书译，商务印书馆 2001 年版，第 180 页。

的可能，这必将导致极端的个人主义。

　　"激进诠释"（radical hermeneutics）是赫勒的历史研究方法。[①]
赫勒对哲学解释的理解决定了在历史研究中所采取的理解方式，这
种"激进诠释"指可以普及的日常历史意识的方法，诠释与过去存
在对话性的关系。激进诠释也是对话型的：它调和了星球责任意识
与过去。它研究过去并不仅仅是为了找出历史事件、客体和主体的
含义、意义和价值，而且要揭示我们与他们的共同之处。我们把过
去存在过的人当成是如今的人类一样而与之交流。研究历史就是与
人类交流。因此，每一个历史阶段都要与人类接近，并不代表它们
每一个都对我们有价值。卢卡奇曾经把艺术看作记忆的器官，人类
的自我感知。艺术使我们能够把所有过去的现在时代融合到现在的
现在时代，或者通过可感知的爱，或者通过可感知的恨，但并不是
通过它们来证明现在。[②] 激进诠释可以避免我们研究历史的时候对
历史的现在存有偏见，我们的可认知的爱或恨，不能通过这样的历
史的现在产生，而是通过现在的现在时代产生；换言之，是通过与
星球责任有关的概念和价值观而产生的。需要强调的是，这些价值
观和概念也是历史的现在（和现在的过去）的"产物"，但它们绝
对可以与历史的现在（和现在的过去）相联系。[③]

　　在赫勒那里，"星球责任"是普遍意识归于同时性的一个概念、
一个价值观，是与绝对现在的观念紧密相关的概念。"星球责任"
假定同时性就是同一性。它作为现在的现在时代等同于现在。后者
依赖于历史的现在，但不等同于历史的现在。我们可以再造社会的
自己，我们可以在历史的现在工作和行动而不失败，并不必遵守繁
杂的星球责任。但是，无论我们是单纯从历史的现在，还是现在的
历史的角度来重建自身，都得重构过去的历史和历史的过去，而不
是过去的现在时代。"星球责任"需要我们把过去重建为过去的现
在时代。

---

　　①　Agnes Heller, *A Theory of History*, Routledge & Kegan Paul, London Boston and Hen-
ley, 1982, p. 47.

　　②　Ibid..

　　③　Ibid., p. 48.

　　在现代性的进程中，技术的逻辑并不是现代性的支配性解释。相反，"技术的时代也是阐释学的时代"。这种阐释与回忆相关。赫勒强调，研究过去就是与过去对话，在对话中，过去不断地成为现在。"怀旧是这个游戏的一部分"①。在这里，历史想象表现为回忆，正是由于历史想象，现代人的自我理解和自我解释往往存在很多种可供选择的方式。伽达默尔给予想象很高的评价，"正是想象才是学者的决定性功能。想象自然地具有一种解释学的功能并使人能敏感地发现什么是有问题的，使人能提出真正的、有创造性的问题，一般地说，只有掌握其学科的所有方法的人才能成功地解决问题。"可见，"解释学意识的真正力量是我们看出何者该问的能力"，② 正是在不断发问、不断重释中，过去向我们开放着。由于过去不是由支配性的世界观给定的，支配性的世界观本身就给予过去以自由，让过去被单个的个体所解释，被那些共同拥有生活经验而不是知识的男人和女人们所解释。对过去的不同解释沿着对现在的各种解释的方向运动。③

　　在赫勒看来，历史、过去不再有着一致的解释和一致的含义，一切都在于诠释者的理解。诠释意味着历史重建，"每个对已发生事情的回忆都是一种解释：我们对已发生的过去进行了重新的构想。我们所重新构想的，我们如何重新构想，以及我们以何种态度重新对过去进行构想，所有的这些改变了我们的经历，我们的利益，我们真诚与不真诚的尺度。总的来讲，我们通过有选择性的进行注解，改变了我们的过去。这也正是心理分析的步骤，以这种方式进行重新构造改变了我们，通过假定的无意识的经历变为有意识的回忆，使我们重新演绎出一个新的过去（哲学上称之为形容语的矛盾）。即使那些没有听说过心理分析的人，或是那些有意识不接受其理论框架的人，他们都会将他们的过去用各种方式进行重建，

---

　　① ［匈］赫勒：《现代性理论》，李瑞华译，商务印书馆 2005 年版，第 106 页。
　　② ［德］伽达默尔：《哲学解释学》，夏镇平、宋建平译，上海译文出版社 1994 年版，第 12 页。
　　③ ［匈］赫勒：《现代性理论》，李瑞华译，商务印书馆 2005 年版，第 106 页。

其目的就在于将现在和过去有机地联系起来"。① "历史想象使过去成为诠释者的狩猎场,迄今为止,过去(或各种各样的过去)向我们敞开着。不再像在十九世纪前半期那样,存在着一般地、规范地居于特权地位的过去。"② 赫勒通过个性化的历史想象,消解了对过去的统一解释。

在对艺术品的阐释中,艺术品的古老性、"古韵",尽管是重要的,但已不再是简单寻找时代和作品之间的对应关系。"应被阐释之物"不再是美,而是越来越多地变成了意义或含义。阐释深化文本,使它们变得更有意义。阐释会强化作品的气韵——无论是艺术作品还是哲学或神学作品——而气韵有一种吸引力,因为它激发怀旧或认知的情感。对意义、怀旧或亲近的诉求,"使某些艺术作品跨时间地处在等级体系的顶端"。"某些艺术作品拥有被无限阐释的潜力。"③ "精确地确定时代归属在技术上越是变得可能,它也就越是失去了其绝对的重要性。"④ 可见,在阐释者意义的追寻中,技术想象和历史想象是相互排斥的。

在这里,我们可以看到赫勒的观点与尼采关于历史阐释的观点的相似性。尼采坚持认为,历史修撰中阐释是必要的,这是历史学家所努力达到的那种"客观性"所决定的。这种客观性并不是科学家或法院法官的那种客观性,而是艺术家的,更确切说是戏剧家的那种客观性。历史学家的任务就是要戏剧性地思维,"以一事物思考另一事物,把诸要素编织成一个整体,如果客体中还没有统一的计划,那就必须将其置入其中"。尼采甚至想象了"一种历史写作,它没有一丁点儿普通事实,然而却又可以说具有高度的客观性"。所以,在尼采看来,历史的真正价值在于"把一个普通话题改造成许多天才的变体,把通俗的乐调升华为普遍的象征,表明在一个由

---

① Agnes Heller, *A Theory of History*, Routledge & Kegan Paul, London Boston and Henley, 1982, pp. 37-38.

② [匈]赫勒:《现代性理论》,李瑞华译,商务印书馆 2005 年版,第 201 页。

③ 同上书,第 176 页。

④ 同上书,第 202 页。

深度、权力和美构成的世界上都存在着什么。"①

由于赫勒拒斥绝对真理、绝对精神的后现代态度，一方面，她认为后现代诠释学从绝对精神的意义上来说，绝对的意义不能被绝对地探究，因为绝对精神是不明确的，并且在哲学解释中，任何人都不能说自己的解释是真理，"没有哪个范式有特权指望'唯一'，'真实'或真理的地位，更不用说拥有这种特权了。每一种理论仅仅是自我阐释和自我描述的译本，几乎不可能成为唯一的'真实'或真理"。②

罗蒂则公然宣称，解释学的目的是"维持话语继续进行，而不是发挥客观真理"，解释学的"目的永远只有一个，即去履行杜威所谓的'击破惯习外客'这一社会功能，防止人自欺地认为他了解自己或其他什么东西，除了通过某些可供选替的描述之外"。③ 另一方面，赫勒不放弃绝对精神的求索，消极的解释学派的学者是那些在他们热切地希望赢得自由方面是消极的，但他们不想放弃自由。他们想要的不是形式上的自由，而是实质上的自由。他们想挑战，他们要挑战绝对精神本身。他们不是沉迷于文化哲学的实践中，而是向往那种古老的哲学：前苏格拉底哲学、苏格拉底哲学、柏拉图哲学和亚里士多德哲学。他们怀念"是什么"的问题，直接地，勇敢地，没有脚注地追问存在的问题，他们想要"真实"的事物而非虚假的事物，他们想要读神圣文本的象形文字，而不是由一个研究康德的评论家所写的关于神圣文本的文本。他们向往形而上学，谦虚的解释学派的学者想要以概念推理的形式与现代人交流他们自己的生活经验，而不是披上古代哲学家的外衣，作为一个连接古今的"桥梁"而与现代人交流。④ 他们不想只是做古代哲学家的翻译，当然，他们也知道他们不应该说谎，他们听到绝对精神的这些低语。这

---

① ［美］海登·怀特：《后现代历史叙事学》，中国社会科学出版社 2003 年版，第67 页。

② Agnes Heller, *A Philosophy of History in Fragments*, Blackwell Publishers, 1993, p. 190.

③ ［美］罗蒂：《哲学和自然之镜》，李幼蒸译，生活·读书·新知三联书店 1987年版，第 330 页。

④ Agnes Heller, *A Philosophy of History in Fragments*, Blackwell Publishers, 1993, p. 190.

个精神是不能背叛的，更确切地说，背叛绝对精神先于自拆台脚。

在这种历史诠释的图式中，"理解"本身、"诠释"本身获得了本体性的意义，"甚至在《存在与时间》中，真正的问题也并不是存在以什么方式才能被理解，而是在什么意义上理解就是存在，因为对存在的理解展示了此在的存在特性"。① 可见，在理解中，此在存在着；同样，在诠释中，历史哲学发展着，而且是多元地发展着。赫勒赞成解构，"解构，作为一般意义上的激进阐释学，也是一种最高程度上的忠诚阐释。通过嘲弄、讽刺、去除伪装和否定——一句话，通过挑衅——使文本保持活力"。② 过去的统一的历史解释已经瓦解，同时，所有的过去向后现代敞开着，开放着，这不再是一个事件的链条，而是意义诠释的生成过程。所有的过去必须融合到现在的视野中来才有意义，只有重构过去我们才能"在历史上首次必须去承担整个星球的责任"。③ 这种责任是决心生活在现在的选择，是绝对现在时的生活态度，是承担共在（togetherness）④的历史责任。

然而，我们不能赞成赫勒关于历史诠释与解构的观点。诚然，由于历史的不可再现性和不在场的特点，客观的历史只能通过主观的方式才能得以认识和理解，所以詹明信说："历史本身在任何意义上不是一个文本，也不是主导文本或主导叙事，但我们只能了解以文本形式或叙事模式体现出来的历史，换句话说，我们只能通过预先的文本或叙事建构才能接触历史。"⑤ 斯科·特拉什在《自反性及其化身：结构、美学、社群》一文中，提出"挽救阐释学"来防止阐释学走得太远。他说："挽救阐释学不会永无休止地扫除一切根基而会试图揭示共同在世（being-in-the-world）的本体性基础。

---

① ［德］伽达默尔：《哲学解释学》，夏镇平、宋建平译，上海译文出版社1994年版，第49页。
② ［匈］赫勒：《现代性理论》，李瑞华译，商务印书馆2005年版，第205页。
③ Agnes Heller, *A Theory of History*, Routledge & Kegan Paul, London Boston and Henley, 1982, p. 34.
④ ［匈］赫勒：《现代性理论》，李瑞华译，商务印书馆2005年版，第21页。
⑤ 韩震、孟鸣岐：《历史·理解·意义：历史诠释学》，上海译文出版社2002年版，第162页。

挽救阐释学不会满腹狐疑地先去指责实在好处的虚假，接着再去指责程序性好处的虚假，而是会设法指出有根有据的一套实在好处是所有共同道德的基础。挽救阐释学不会以浮士德式的怀疑不断地寻找'超验的所指'，也不会长期延迟和否认意义。它不会在能指的自由嬉戏中惊奇不已，而是会适度地在这个能指下寻找，以获得通向共享意义的门径；共享意义是存在的条件，实际上也正是'我们'的存在"①。

　　因此，历史理解过程绝不是任意的、个性化的诠释，更不能把历史解释的最高境界定义为解构，沿着赫勒的激进诠释走下去，必然导致历史理解的分崩离析和历史理解的个人主义，也必然导致共享意义的崩溃。

---

　　① ［德］贝克、［英］吉登斯、［英］斯科特·拉什：《自反性现代化》，赵文书译，商务印书馆 2001 年版，第 183 页。

第 五 编

赫勒历史哲学的总体评价

偶然性是一种存在经验，偶然性的问题是一个存在的问题。一种沉思的态度，一种激情的追问并不从认识论价值出发，这个问题的关键在于我们追问我们自身的存在：我们的生活、历史、世界——我们的幸福与自由——的含义（sense）或意义（meaning）①

——赫勒

---

① Agnes Heller, *A Philosophy of History in Fragments*, Blackwell Publishers, 1993, p. 21.

第十九章

回归日常生活的历史建构

不仅仅是赫勒历史哲学显著的日常生活特征，而是赫勒日常生活理论在其所有哲学思想中的本体性影响，使得我们必须考察赫勒日常生活哲学思想与其历史哲学思想的内在关联。在《资本主义的文化矛盾》一书中，社会学家丹尼尔·贝尔指出，"后现代时期乃是把现代主义的反叛引向日常生活的领域的产物，是反叛的、超个人主义的、享乐主义的生活方式的扩展结果"。[①] "那些相互分离的政治群体和碎片化的身份，每一个都追求自己的利益和执着于日常事务"[②]。

伊格尔斯在《二十世纪的历史学》里倡导历史研究应放弃宏观叙事而转向日常生活史，"它从精英们的身上转移到日常生活的各种现实的方面，从宏观历史转移到微观历史、从社会史转移到文化史。从依赖于传统的经济学、社会学和政治科学而更多地依赖于人类学、语言学和符号学"[③]。尽管关注或转向日常生活成为后现代的一个方面，然而，赫勒的日常生活转向则是将哲学关怀、历史关切引向日常生活中的个人的巨大尝试，是日常生活人道化的理论探索。同时，赫勒在《日常生活》中建立起来的哲学框架，深刻地影响了赫勒的其他哲学思考。

---

① ［美］道格拉斯·凯尔纳、斯蒂文·贝斯特：《后现代理论》，张志斌译，中央编译出版社1999年版，第17页。

② ［美］道格拉斯·凯尔纳、斯蒂文·贝斯特：《后现代转向》，陈刚译，南京大学出版社2002年版，第10页。

③ ［美］伊格尔斯：《二十世纪的历史学》，何兆武译，辽宁教育出版社2003年版，第3页。

　　赫勒日常生活理论是 20 世纪日常生活批判哲学转向的一个组成部分。

　　海德格尔（Martin Heidgger，1889—1976）认为，现代日常生活世界是一种"日常共在"，是一种"现成的"、"优先的"、无差别的"平均状态"或"共在"，从而揭示了日常生活的全面异化状态。他说："可以把此在的平均日常生活规定为沉沦着开展的、被抛地筹划着的在世，这种在世为最本己的能在本身而'寓世'存在和共他人存在。"① 因此，日常生活首先是一个没有个性的、无名的、平均状态的世界，"我们把此在的这种日常的无差别相称作平均状态"。"这种存在者层次上最近的最熟悉的东西，在存在论上却是最远的和最不为人知的东西。""即使在平均日常状态中，此在仍以某种方式为它的存在而存在，只不过这里此在处于平均日常状态的样式中而已，甚或处于逃避它的存在和遗忘它的存在这类方式中。"② 在这种日常生活中的每个人就是一个"常人"，海德格尔进而批判了这种"常人"生活方式，"常人怎样享受，我们就怎样享受；……就是这个常人指定着日常生活的存在方式"。③ 日常的共处同在，就是庸庸碌碌、平均状态、平整作用、公共意见、卸除存在之责与迎合等等④。他把每个人都逃避责任的日常生存状态称作"沉沦"。这种"沉沦"本身就是一种日常生存状态，"本真的生存并不是任何飘浮在沉沦着的日常生活上空的东西，……沉沦现象也不表示此在的'黑暗一面'。……沉沦揭露着此在本身的一种本质性的存在论结构，它殊不是规定黑夜里面的，它组建着此在的一切白天的日常生活"。⑤ 从而提出了摆脱"沉沦"的解放之路，"日常沉沦着向死存在是在死面前持续逃遁"。而"本真的向死存在"则是"先行到死，看清楚了丧失在常人之中的日常存在，不再沉陷于

---

　　① ［德］海德格尔：《存在与时间》，生活·读书·新知三联书店 1999 年第 2 版，第210 页。
　　② 同上书，第 51、52 页。
　　③ 同上书，第 147、148 页。
　　④ 同上书，第 148、149 页。
　　⑤ 同上书，第 208 页。

操劳和操持，而是立足于自己的生存筹划种种生存的可能性，面对由畏敞开的威胁而确知他自己，因负重而激起热情，解脱了常人的幻想而更加实际，在向死亡存在中获得本真的自由"。① 只有这样，才能从日常生活的异化沉沦状态中走向澄明自由之境。

赫勒的导师卢卡奇非常重视日常生活的重要性，在《审美特性》中，把日常生活比作一条长河，认为科学、艺术等更高的对象化形式都是从这条生活长河中分化出来的。甚至，卢卡奇赋予日常生活本体论的地位。"如果把日常生活看作是一条长河，那么由这条长河中分流出了科学和艺术这样两种对现实更高的感受形式和再现形式。它们互相区别并相应地构成了它们特定的目标，取得了具有纯粹形式的——源于社会生活需要的——特性，通过它们对人们生活的作用和影响而重新注入日常生活的长河。"② 诸如政治、法律、宗教、哲学、艺术、科学等都来源于日常生活的发展。

昂利·列斐伏尔（Henri Lefebvre, 1901—1991）则是 20 世纪日常生活批判哲学转向的奠基人。列斐伏尔以其著名的《日常生活批判》三部曲确立了可以与阿道诺、布洛赫、卢卡奇或马尔库塞等相提并论的社会批判理论家的地位，成为著名的西方马克思主义批判哲学家之一。列斐伏尔在《日常生活批判》第一卷中，将经典马克思主义基于经济领域与政治领域的人类的总体性解放（也就是劳动与政治解放方案）改造成为一种个体人的日常生活解放方案。也就是说，那时他已经深刻地认识到，人归根到底不是经济人、理性人、技术人、劳动人、政治人，而是日常生活中的凡夫俗子。③ 任何革命的胜利代替不了人们的日常生活需要。与马克思致力于类的本质解放与政治解放的宏观历史哲学设计不同，他更加重视个人日常生活的解放之路。在列斐伏尔看来，日常生活具有着"多面性、

---

① 陈嘉映编著：《〈存在与时间〉读本》，生活·读书·新知三联书店 1999 年版，第 172 页。

② ［匈］卢卡契：《审美特性》第一卷，徐恒醇译，中国社会科学出版社 1986 年版，第 1—2 页。

③ 刘怀玉：《列斐伏尔与 20 世纪西方的几种日常生活批判倾向》，《求是学刊》2003 年第 5 期。

流动性、含糊性、易变性",他不是从日常生活之外的某种人本主义理想尺度来批判与俯瞰日常生活,而是从日常生活内部的矛盾与生命力中研究日常生活。日常生活既不是本真的原始状态,也不全是单调与琐碎、异化与沉沦的无意识黑夜,而是永远保留着生命与希望的矛盾—异质性世界。人类的幸福与希望不能诉诸日常生活之外而是日常生活之中。①

赫勒的日常生活批判理论得益于导师卢卡奇、列斐伏尔等人的日常生活批判思想的启发,尽管存在明显的差异性。

自从科学、哲学、艺术等自觉的精神活动从原始的神话世界中分化出来很长的历史时期以来,科学只关注与人无涉的纯粹客观之物;艺术也常常远离生活,塑造着远离生活的戏剧人物;哲学关切也集中于生活世界背后的本体,追寻人的形而上学本质,日常生活处于人的理性生活的视野之外,似乎科学、哲学、艺术等理性形式越远离日常生活就越深刻、越纯粹。因此,以往的历史哲学也往往是关于历史规律、历史反思、历史性等主题的远离日常生活的宏大叙事、宏大建构。历史发展中普通个人的体验、情感、得失、生活则完全不在历史理性考察范围。如果将赫勒历史哲学和柯林伍德做一个比较,"赫勒与柯林伍德的更深层次的区别在于,赫勒的历史理论追求一种日常生活理论,而柯林伍德没有这种超感觉的日常生活,他的作品形成一种强烈的历史主义"。② 赫勒认为,哲学、历史哲学对真理、对绝对精神的追寻不应是一个自足的独立领域,这种意义的寻求必须回归日常生活,为日常生活提供共享的意义与理解。显而易见,赫勒的意思是说,如果哲学囿于远离日常生活的领域,只能是形而上学的独断。

在赫勒的思想体系中,日常生活理论带有浓厚的本体论意义,她强调日常生活对于人的生活或体验本质意义。日常生活作为一种"自在的对象化"而具有着任何个人都无法超越的"先验的"社会

---

① 刘怀玉:《列斐伏尔与 20 世纪西方的几种日常生活批判倾向》,《求是学刊》2003 年第 5 期。

② Peter Beilharz, *Theories of History——Agnes Heller and R. G. Coollingwood*, *The social philosophy of Agnes Heller*, Edited by John Burnheim, Amsterdam-Atlanta, G. A., 1994, p. 134.

本体论意义。"自在的对象化"是社会本体论的首要的范畴。自在的对象化或客观化是日常生活的主体，这主要是因为它体现与解释了我们的知识、行动与沟通的主体间性①。在赫勒看来，日常生活是人之所以成为人的先验条件，对于日常生活中的人来说，语言，对象（或工具）以及风俗（或规范）外在于我们而存在，先于我们的存在而存在，是每一个个体不管愿意还是不愿意，也不管是有意识还是无意识都必须面对并选择的存在，"在日常生活中人们……形成他的世界（他的直接的环境）并在此意义上他形成了他自己"。② 因此，日常生活成为每一个个体的自发的选择，具有本能性、习惯性、使用性与重复性特征。

尽管日常生活具有重复性思维和重复性实践的特征，日常生活结构与图式具有保守性与惰性，但是，赫勒还是满怀希望地表达了自己对日常生活的一种乌托邦主义的理解与期求，提出了日常生活人道化的设想和可能。尽管赫勒放弃了马克思主义关于人类解放的历史目标的终极性关怀，但是，她还是积极探索人们如何能够在不道德的社会中过上一种道德共同体的生活的可能，也依然坚持着一定程度上的解放的信念。

"我们只能拥有一种生活，而如果这种生活确实没有按照我们所渴望的方式而出现，我们还仍然能够欣赏它所提供给我们的一切。如果'历史'在我们的希望中扮演了一个肮脏的骗子角色，我们仍然能够做得更好一些而不是陷于绝望：即使是在那黑暗的年代，我们也能够保持着对人性的希望"。③

在《日常生活》中讨论关于日常生活批判的宗旨时，赫勒指出："日常生活如何能在人道的、民主的和社会主义的方向上得以改变是本书的实际争端。本书提供的答案表达了这样的信念，社会变革无法仅仅在宏观尺度上得以实现，进而，人的态度上的改变无

---

① ［匈］赫勒：《耻辱的权力，一个理性的视角》，1985 年英文版，第 81 页；Michael E. Gardiner, *Critique of Everyday Life*, *Routledge*, London and New York, 2000, 第 134 页。

② ［匈］赫勒：《日常生活》，重庆出版社 1990 年版，第 6 页。

③ 《访谈阿格尼丝·赫勒》，载《新社会主义》1985 年第 10 期，转引自 2，第 156 页。

论好坏都是所有变革的内在组成部分。"① 换句话说，任何社会变革不能是一个忽视了个人因素的宏大伟业，它必须考虑日常生活中的个人。

从研究个体与社会关系入手，赫勒揭示了日常生活的内涵。一个社会存在与发展的前提是再生产，而任何社会的再生产都离不开个人的再生产。没有个人的再生产就不可能有社会的再生产。赫勒对日常生活的界定是："日常生活存在于每一社会之中，的确，每个人无论在社会劳动分工中占据的地位如何，都有自己的日常生活。""我们可以把日常生活界定为那些同时使社会再生产成为可能的个体再生产要素的集合。"②

值得指出的是，赫勒正是在《日常生活》中建立了自己的哲学框架，她在"前言"中指出，这本书写于"马克思主义复兴"的时代，一方面，构建一种新的哲学框架；另一方面又保持对马克思精神的忠诚，同时与"历史唯物主义"的某些主要传统决裂。赫勒自称，在这本书中所建立的哲学框架除了进一步精心制作和偶尔的改动外，从未改变这一框架。在此，赫勒确立了日常生活理论的中心地位，是反历史循环论的。但是，赫勒强调"反历史循环论"绝不等同于"反历史"的，而且一直寻求强调社会结构的历史变异性。在写作《日常生活》时，赫勒还完全赞同马克思主义的进化主义，赞同历史哲学。赫勒认为，"自在的"对象化领域以及日常生活的模式包含有历史常量，必须联系历史变量来考虑这些历史常量。尽管日常生活模式有某些不变因素，日常生活仍然可以改变，可以人道化和民主化。

历史常量即"人类条件"："包含了所有活着的人所必须共享、所有死去的人所曾经共享以及所有未出生的人所必将共享的一切东西。"③ 在赫勒看来，这些"人类条件"是相对不变的，包括语言、言谈、交往、交互作用、工作、想象、意识、理解、解释等。"语

---

① Agnes Heller, *Everyday Life*, London and New York: Routledge & Kegan Paul, 1984, p. X.

② Ibid., p. 3.

③ ［匈］赫勒：《日常生活是否受到危害》，《国外社会科学》1990 年第 2 期。

言""对象世界""习惯世界"是"人类条件"中最主要的规则系
统。相对于自在自然领域中的自在的和给定的存在物而言，人类条
件具有"自为性"；如果只在社会领域考察，这些由基本规则和规
范构成的人类条件则具有"自在性"，"新生儿所面临的这一领域，
是作为纯粹的外在性，作为异己物、他物、客体而出现的。"① 这样
的人类条件即日常生活就是"自在的类本质对象化"，这里可以看
到马克思和卢卡奇"类本质"和"对象化"两个基本范畴对赫勒的
直接影响。

　　赫勒对马克思和卢卡奇"类本质"和"对象化"两个基本范畴
的理解与拓展，表现在历史中的个体能够不断超越日常生活的限
制，逐渐实现日常生活人道化的目标。一方面，日常生活是个体再
生产和全部历史活动的不可缺少的基础；另一方面，日常生活也具
有保守性、惰性以及束缚个体发展的消极特征。日常生活作为个体
最直接的生存境况，每个人都必须掌握其中的具体事物和习惯模
式，是一个对象化的过程，直接体现为三个部分，"第一，是人造
物、工具和产品的世界；第二，是习惯的世界；第三，是语言"。②
日常生活"重复性实践和重复性思维形式是人的活动和思维的必要
的和积累性的基础。然而，由于这是一个略去了一般化过程（由于
它是自发的和直接的）的一般化，因此它能够而且的确常常导致人
的行为和思维中某种僵化。重复性实践（或思维）不断地发动进
攻，而且在取得最佳结果的情况下，它甚至能蚕食本是创造性实践
和思维的领域。它可能而且的确常常延缓我们去承认新事物，去辨
别其中所内含的问题。在存在问题的情形中——在需要创造性思维
的情形中——我们常常试图以重复性思维侥幸过关或勉强应付。
我们将会看到，这能导致日常生活的灾难；不仅如此，它会阻碍
个体的发展"。③

　　按照赫勒的理解，日常生活的功能体现在日常思维上，而日常

　　①　［匈］赫勒：《日常生活是否受到危害》，《国外社会科学》1990 年第 2 期。
　　②　［匈］赫勒：《日常生活》，重庆出版社 1990 年版，第 132 页。
　　③　Agnes Heller, *Everyday Life*, London and New York: Routledge & Kegan Paul, 1984, p. 129.

思维体现为日常生活的特征，正是这种日常思维具有明显的惰性。日常生活往往以同质化模式来统辖每个个体的异质行为，尽管不同的个体行为表现各异，"但是，这并不排除或多或少同质行为和对象化领域的可能性，相反，这种同质是它们的前提条件。我们可以断言，一个对象越是一般化地建构起来，它就越加同质"。① 这样的个人、个体尚处于"自在的"状态，表现为日常生活对象化的一系列特征：重复、规范性、经济化、情境性等，并进而转化为个体日常行为的同质图景：模仿、类比、过分一般化等。在赫勒那里："日常生活的主要特征在于，一个相对严格的'自在的'类本质对象领域支配和表达着最异质行为的极宽泛的范围。因此，如果我们要调节和管理这些异质的活动，就必须占有这些对象化。相应地，日常行为和日常思维的明显图式，不过是或者以重复性思维或者以创造性思维为辅助的归类模式。借助这些图式，个人管理和安排他所从事或决定要从事的一切，便能部分地或全部地使这些经验同他'业已习惯'的东西相吻合。"②

这种日常生活的图式揭示了日常生活的局限和惰性。但是，赫勒坚信人的理性力量，人的理性能力将使每个人超越日常生活的局限。当个体以自我为中心建立起自己的世界，日常交往成为一种不平等的"异化的"交往，他人和其他事物仅仅作为自己的手段而不是目的。正"因为人类仅'以他们自己方式'存在，而不是'为他们'而存在。作为整个星球责任的责任丧失了"。③ 但是，赫勒所做的努力，就在于改变日常生活对人的个性发展造成的阻碍。日常生活与历史进程相比，变化相对缓慢，但是，赫勒还是坚持日常生活变化的可能性，"就日常生活一直被组织在特性之上，就我们与我们的世界之间的一般关系具有恒定性而言，不能把进步概念用于日常生活。但就日常生活和日常活动的内涵总是在某种程度上表达了社会集合的发展而言，日常生活一直在进步。假如不是如此，那么

---

① ［匈］赫勒：《日常生活》，重庆出版社 1990 年版，第 62 页。
② 同上书，第 172—173 页。
③ Agnes Heller, *A Theory of History*, Routledge & Kegan Paul, London Boston and Henley, 1982, pp. 34–35.

价值的一般社会发展将是不可能的，因为人的历史本身建构于无数人的日常生活之上"。① 正是不断超越日常生活对人的个性发展的阻碍，人类历史的进程不断走向进步。

日常生活的历史变化的可能中，内含着日常生活的人道化的可能性。赫勒指出，日常生活革命或批判的任务，不在于一般地抛弃迄今为止的日常生活结构和一般图式，而在于使之人道化，即扬弃日常生活的异化特征。这个人道化的过程就是，人不断地从自在自发的生存状态向自为自觉的生存状态的发展，这也就是把日常生活变成"为我们存在"的生活。"为我们存在"的生活有两种类型：一种，是幸福，这只是"有限的成就"意义上的"为我们存在"；另一种，是有意义的生活，这是日常生活所追求的最高境界。曾经有着神话学意义的不朽叙事如今成了日常事件。

赫勒指出，有两个领域对社会生活的真正存在是必不可少的。其一是日常生活领域。它包括所有对社会简单再生产很有必要的异质活动，也包括各种各样的知识和能力，这些能力是异质活动所必需的。活动的内容是不断变化的，知识和能力的种类也是如此。但是，所有活动需要三种能力：使用日常用语的能力，使用人造物的能力以及遵守区分好与坏、对与错的习惯的能力。其二是意义追寻的领域。"我称之为意义提供的领域，在这个领域里，建构了社会的同一体，并形成了社会同一性的自我意识，就该领域自身而言，它是一个客观化的领域。"绝对精神的追求就是提供意义的领域，绝对精神可以有三种形式：艺术、宗教和哲学。它们是意义提供本身的客观化，"绝对精神是神居住的领域；它是一种较高的领域，更确切地说，是最高领域"。② 对过去历史实践的回忆也构成较高的生活，"男人们和女人们为了能够回忆对他们很有影响的实践活动而努力奋斗，因为这就是所谓的生活，是更高的生活"。"如果一个领域变得更加遥远，成了'较高的领域'，如果一个人能真正地居

① Agnes Heller, *Everyday Life*, London and New York: Routledge & Kegan Paul, 1984, p. 54.

② Agnes Heller, *A Philosophy of History in Fragments*, Blackwell Publishers, 1993, pp. 199-200.

住在那里面的话，也就是说，如果它提供了一个'世界'的话，那么日常生活将抛弃这个领域。一个人不能永远地生活在那个世界里，但它能够并且确实是能够通过采用一系列与常人不同的方式而生活在那里。这个'世界'给日常生活提供意义并不是给自身提供意义。意义的，共享的和远离日常形式的这三个方面属于'绝对精神'的最高领域"。① 可见，绝对精神来源于日常生活，又高于日常生活。同时，作为一个意义产生的领域，绝对精神又为日常生活提供意义。

历史哲学作为我们的历史知觉的表达，尽管不会满足我们的好奇心，但是它满足了我们其他方面的需求，而这些需求也深深地根植于我们的生活之中，这种需求就是为日常生活提供意义。历史哲学提出简单的问题，即使这些问题的答案远不是那么简单。由历史哲学提出的简单的问题也是由普通人，实际上是由我们世界中每一个表达他/她的生活经历的人来阐述的。我们经历价值观和习俗制度上的改变，我们经历我们和其他人命运的改变。新的事情和经历在我们身上发生。我们参与到新的任务当中，也因为已经建立的习俗制度受到动摇而承受痛苦。"我们是世界上毁灭性灾难的受害者，转脸迎着黎明的第一道曙光。我们怀着对未来的希望，当未来背弃我们的期望时，我们会感到绝望无助。我们要问：所有这些的意义是什么？我们要问，我们的生活和抗争是否是徒劳的和无效的。我们要问，我们的孩子们是否将会生活在一个不同的世界，一个比我们的更好的或是更糟的世界。我们要问，美好的未来是否可能出现；如果答案是肯定的，我们要做什么来实现它，如果答案是否定的。那么我们什么时候将会怎样'错过这班车'。每个人、每天都会问这些问题。"② 我们需要得到一个答案，我们需要得到所有的答案。这就是为什么急需历史哲学，因为它是这些问题的答案。赫勒始终坚信，历史哲学为现实日常生活提供必要的思考与强有力

---

① Agnes Heller, *A Philosophy of History in Fragments*, Blackwell Publishers, 1993, pp. 199–200.

② Agnes Heller, *A Theory of History*, Routledge & Kegan Paul, London Boston and Henley, 1982, p. 218.

的承诺。

每个人与生俱来具有历史意识，历史意识源于日常生活，我们在给定的日常生活环境中成长，历史是作为故事出现的。"我们并不总是检查我们所听到的故事是正确的、真实的还是相反。但是，在我们检查的愿望有一些典型的情形压倒性。在日常生活中，我们想检查的愿望并不出于理论的兴趣或考虑。关于生命故事真实内容理论性的考察是由相关科学（心理学或社会学）所驱动。"① 赫勒认为，把现实分为"实际的现实"和"幻想的现实"极为容易误导。尽管日常生活滋养着其他现实的内容和实际意义，但是这种（基础的）现实与其说是真理的提供者，不如说是真理的接受者。赫勒区分了两个范围，一个是包括风俗的日常范围、语言运用和技术命名的"为自身客观化"的范围，另一个范围是黑格尔所说的"客观精神"。赫勒认为，通过自己提出的"为自身和自身内的客观化"角度，不需要分开这两个内容，因为把一种现实看作与日常生活同等地位是很正常的，正因如此，才把日常生活和"纯粹幻象"并置也很正常。赫勒一方面认为，日常生活可以与意义领域并置，但同时认为日常生活比其他现实更真实，因为这是一个可以经验的世界。康德的"现象界"是现实日常体验的延展。在日常生活中，如果每个人都能经验并对其做出反应和操纵（尽管事实上不是所有的人都能全部做到这些）的事物就是真实的，当然，还要看结果是否由真正的人类实践而来。日常用语中一件事是真实的，只要它相同的实际中可以重现出来。任何真实的东西在此即为正确的，因为在这样的语境中，正确与过去、现在和未来经验的可能联系在一起。② 这样看来，任何真实的东西，就等于真；任何正确的东西，就等于正确。

另外，换一个角度讲，赫勒认为，"非日常现实世界中的东西可以比现实世界中的更真实，因为它们在一个更高和更深的层面上

---

① Agnes Heller, *A Theory of History*, Routledge & Kegan Paul, London Boston and Henley, 1982, p. 62.

② Agnes Heller, *A Philosophy of History in Fragments*, Blackwell Publishers, 1993, p. 118.

有意义。尽管某种非日常现实可以为每个人所经验（举例说，每人都能观赏画作），但是，从那个更深更高的层面来看，这种现实中不是每个东西都具有同等意义。是意义的密度、高度和复杂程度使非日常现实成为真的，而不只是经验的可能。更进一步，经验本身在所有的情况下都不能达到同等程度的真实，因为一种个别体验的真实价值依赖于它‘经验’理解的广度和深度”。这样，“日常现实和非日常现实共同构成一个世界（任何世界）。尽管两种现实不同，但非日常（形而上学的、超感觉的、超强度的）现实随着日常现实而变更”。① 可见，日常现实是非日常现实，即意义提供领域的基础。

历史哲学的存在源于日常生活对意义的需要。同时，历史哲学关于过去、现在、未来的思考，必须扎根于日常生活的目标，否则，历史哲学就成为脱离现实生活的纯粹幻想，“同在性是绝对现在，但绝对现在是绝对的连续性。它的现在包含着未来。怀特海指出，‘割断未来，现在将失去其应有的意义而崩溃’。每一个行动都是有目的的。目的就是为实现的；是未来，没有未来就没有现在。如果我们为自己设想一个未来，我们至少要基于我们的日常目标”。② 任何关于未来的历史构想，必须来源于日常生活的现实和日常生活的目标。

根植于日常生活的历史哲学必将实现人道化目标，赫勒坚定地认为，“那些今天过着有意义生活的个体自觉地选择和接受的任务，是创造一个异化在其中成为过去的社会：一个人人都有机会获得使他能够过上有意义生活的‘天赋’的社会。并非是‘幸福的’生活——因为不会出现向有限成就的世界的复归。真正的历史充满着冲突和对自己给定状态的不断超越。正是历史——人们自觉地选择的和按人们的设计铸造的历史——可以使所有人都把自己的日常生

---

① Agnes Heller, *A Philosophy of History in Fragments*, Blackwell Publishers, 1993, p. 118.

② Agnes Heller, *A Theory of History*, Routledge & Kegan Paul, London Boston and Henley, 1982, p. 50.

活变成'为他们自己的存在'。把地球变成所有人的真正家园"。①

　　这种基于日常生活的历史哲学，事实上也是从一个马克思主义者的角度对日常生活问题进行的反思："政治上的革命不是我们需要的，相反我们所需要的是日常生活上的变革，生活本身需要被超越才是最重要的。我们不需要去抓住'权力'或无产阶级革命。我们需要去改变我们的生活。"② 赫勒主张日常生活的变革，就是人们不断超越"自在的"状态，走向"自为的"存在的过程，这正是日常生活人道化的目标所在。

---

　　① Agnes Heller, *Everyday Life*, London and New York: Routledge & Kegan Paul, 1984, p. 269.

　　② Simon Tormey agnes heller. Simon Tormey Interviews with Agnes Heller (1998) 1 February 2004. 2 December 2005.

第二十章

存在主义的历史关切

赫勒历史哲学具有鲜明的存在主义特点，表现为一种存在论的而不是认识论的历史哲学。可以说，赫勒认为，历史哲学对存在本身的意义追寻胜过了历史认知的任务。

一　对人的存在状态和选择责任的高度关注，表现出赫勒历史哲学深刻的存在主义影响

以现代主义为典型代表的历史认知的历史哲学，努力寻求历史背后的历史动因，寻求历史过程中内在的历史法则。"现代主义把'生活在现在'体验为生活在一个受到过去和现在两个方面挤压的过渡状态、阶段或世界里。过去通常被视为'必然的'（因为它不可改变），它被认为是现在的前导——现在本身作为一种限制，作为一种'此时此刻'，作为一个总是向无限未来超越的重要阶段，被想象成自由的领域。"① 赫勒反对现代主义的做法，在现代主义的历史想象中，未来可以通过我们的过去来设计，自由主义和马克思主义是现代主义的典型选择，自由主义的历史设计是人类世界可以向着最好的可能世界无限进步；马克思主义和社会主义的历史设计则把未来想象成存在着一个转折点，在这个转折点上，美好的世界一举现身。这两种历史设计都隐含了一种目的论。赫勒从根本上排斥历史法则或历史目的，历史法则只是理解的图式和理解的抽象，这种理解根本不从历史现象的根源进行考察，而是简化到失去本质和意义的地步。就历史现象或历史事件的整体来说，是"不可比较

---

① ［匈］赫勒：《现代性理论》，李瑞华译，商务印书馆 2005 年版，第 17 页。

而又不可通约的一种在此（tode ti）、一种如此（suchness）和一种自性（ipseity）"。① 正是基于对建立在历史规律、历史法则之上的历史哲学的排斥，赫勒把目光转向了历史中活生生的存在——作为历史主体的人本身。

赫勒的历史观念是存在主义的"历史主义"观念。这种观念来源于存在主义大师们的启发。海德格尔所谓的"绽出"或"突然发生"这些提法，成为后来所有后现代哲学的基本理路，历史、世界、人，只不过是个'突然发生'的偶在而已。沿着这种思路，在存在主义的"历史主义"观念里，"认为历史根本没有方向，更没有目标，甚至根本不存在所谓的'历史'。所谓'历史'至多是某个'特别时刻'的突然来临或'绽出'，这种'绽出'既无法预料，更没有任何因果必然性，一切都是任意的，一切都只能归结为某个体或某群体的'命运'"。② 海德格尔所谓的"突然发生"，启发了赫勒的偶然性思想。

存在主义就像一种文化或艺术宗教，形成一种声势浩大的思想文化运动，文化神学家蒂利希认为："人们通常有这样的感觉，只有那些在自身之中表达了空虚感的文化创造才具有伟大性。"③ 身处当代文化思潮中的赫勒，也一样被存在主义所感染。

赫勒指出，无论是历史事件、历史事实还是历史中的行动者，都是偶然的，"没有目的、没有目标、没有一般方向。在我们通常用'历史'一词来加以概括的那些事件中也没有必然性"。既然未来是未知的，后现代人就不再声称在历史中有一个特权地位，后现代人并不比自己的祖先更了解未来，也并不声称自己掌握了开启未来的钥匙。后现代人能做的只是根据偶然性来思考。"我的直觉表明，对现代人来说只有空虚才是完满，此外再没有'希望之外的希

---

① ［匈］赫勒：《现代性理论》，李瑞华译，商务印书馆2005年版，第15页。

② ［美］列奥·施特劳斯：《自然权利与历史》，彭刚译，生活·读书·新知三联书店2006年7月第二版，第13页。

③ Edward Cell, Religion and Contemporary Western Culture, New York, Abingdon Press, 1967, p, 97.

望',至少是对那些采取反思的后现代性立场的人来说是这样"①。也就是在这种空虚、偶然、茫然的情绪表达中,我们看到了赫勒历史哲学深刻的存在主义的影子。

在海德格尔那里,此在的存在处于敞开状态,这种敞开状态从根本上讲就是烦,"只要此在是'在世的存在',它就彻头彻尾地被烦所支配,'在世'打上了烦的印章,这烦与此在是一而二二而一的"②。在雅斯贝尔斯那里,人的存在的历史性被描述为某种"临界处境","临界处境——死亡、偶然性、罪责或世界的不确定性——使我们面对着失败的现实。"③临界处境是对人的生存及其历史性的直接显示。

我们知道,如果仅仅是一种悲观、畏惧、迷惘、虚无的人生状态的描述与表达,存在主义就不会形成一个影响深远的流派。正是对人的存在状态不断超越和对自我创造的高度肯定,始终直面现代工业社会"神的衰落"和"人之困境",使存在主义哲学才成为催人奋进的行动哲学、生活哲学、自由哲学。但是,就存在主义的本质而言,极易导致虚无主义和个人主义。

赫勒历史哲学在几个方面都与存在主义吻合。她关于历史、关于人的思考完全是存在主义的。对赫勒来说,存在主义关注人的存在本身,本质上是一种存在论的关系而不是认识论的关系,换言之,存在主义不关注主客体认识关系。赫勒将存在的经验置于中心性地位。偶然性的开放性状况就是人所处的历史境域。偶然性是一种存在经验,偶然性的问题是一个存在的问题。一种沉思的态度,一种激情的追问并不从认识论价值出发,这个问题的关键在于我们追问我们自身的存在:我们的生活、历史、世界——我们的幸福与自由——的含义(sense)或意义(meaning)④。赫勒重点考察了社

---

①　[匈]赫勒:《现代性理论》,李瑞华译,商务印书馆2005年版,第23页。

②　[德]马丁·海德格尔:《存在与时间》,陈嘉映、王庆节合译,生活·读书·新知三联书店1987年版,第243页。

③　[德]雅斯贝尔斯:《智慧之路》,杨锦华译,转引自刘放桐《新编现代西方哲学》,人民出版社2000年版,第366页。

④　Agnes Heller, *A Philosophy of History in Fragments*, Blackwell Publishers, 1993, p. 21.

会历史偶然性，社会历史偶然性完全是一个实践问题。正是我们原初偶然性的无限性，以及作为虚无的自由，使现代人有了无根的战栗，这里并没有"物自体"①。我们是被抛入自由的，我们的生活并没有前定的宿命，是我们自己命运的主人。我们所不知道的正是我们的命运。

茫茫宇宙，就一个人的出生这个事实而言，前现代和现代没有什么区别，都是偶然的；然而，就一个人出生以后的命运而言，前现代和现代的区别是本质上的。赫勒把一个人的出生描述为一封待发的书信。在前现代，一个人出生时是带着某种身份而来的，奴隶生来就是奴隶，贵族生来就是贵族。因此，赫勒将前现代的人的出生描述为一封写有确定地址的信。在现代社会格局中，一个人出生就是"被抛"，同样是一封信，这是一封没有地址的信，一个空白信封。然而正是作为一封空白的信被发出，我们却拥有了无限的自由与可能。"被抛进一个不能获得定命的世界中都意味着被抛进自由之中。被抛进自由之中首先是一种否定性，它意味着不是生而要成为这样或那样的人，不是被'生而为'，而仅仅是被生。被抛进自由之中也可以说成是被抛进'无'（nothing）之中。被抛进'无'之中——这就是'现代状况'。"② 既然完全是被抛，没有前定的目的、命运，那么我们就面对着自由的选择。

如同萨特存在先于本质的论断所揭示的，人不是一种既成的、确定的存在，人究竟要成为什么样的人取决于自我选择、自我设

---

① 18世纪德国古典哲学家康德哲学的基本概念。指存在于人们感觉和认识之外的客观实体。又译为"自在之物"、"物自身"。康德把它作为现象基础，认为人的感性认识是由于外物的影响作用才产生的。人们只能认识外物作用于感官时所产生的现象（表象）。人们承认了现象的存在，也就必然承认作为现象基础的物自体存在。在这个意义上，物自体是感觉的基础。但是，人不可能超越感官去认识物自体，物自体对人来说，永远不可知。所以，物自体又是人们认识的最后界限。在康德看来，由于外物对感官的作用，人们承认外界物自体的存在；同样理由，由于内部情况，人们也必然承认主体自身（灵魂）的存在，由此类推，人们也必然承认作为一切现象总和之根据的最高存在体（上帝）的存在。因此，康德把物自体又看作是自由意志、灵魂和上帝这些本体性的东西。它们虽然不是认识对象，但却是道德实践的依据。康德把现象和物自体割裂，使认识停留在现象的此岸，把彼岸的本体界留给信仰，突出地表现出调和科学与宗教的性质。物自体概念和康德哲学本身一样，历来受到左、右两个方面来的批判。

② ［匈］赫勒：《现代性理论》，李瑞华译，商务印书馆2005年版，第85页。

计、自我创造，"人不外是人所设计的蓝图。人实现自己有多少，他就有多少存在，因此，他就只是他的行动的总体，他就只是他的生活"①。俄国作家陀思妥耶夫斯基在小说《卡拉马佐夫兄弟》中有一句名言："如果上帝不存在，什么事都将是容许的。"萨特把这句话作为存在主义的起点，他说："上帝不存在是一个极端尴尬的事情，因为随着上帝的消失，一切能在理性天堂内找到价值的可能性都消失了……因此人就变得孤苦伶仃了，因为他不论在自己的内心或者在自身以外，都找不到可以依靠的东西。他会随即发现他是找不到借口的。"② 所以，在萨特那里，绝对的自由不是什么幸福，而是"苦恼"（anguish），以及由此而来的无依无靠、惶恐和巨大的责任感。正因为这样，萨特才说："存在主义的核心思想是什么呢？是自由承担责任的绝对性质；通过自由承担责任……"③

　　与萨特的自我选择，自为存在一致，赫勒认为，为避免完全迷失在偶然性的混乱中，我们自己给自己的信封写上地址，我们想成为什么样的人就努力成为什么样的人，这样，我们就把自己的偶然性转变成好运。

　　存在主义的思想先驱克尔凯郭尔关于存在选择的思想对赫勒深有启发。赫勒强调后现代自我的存在是自我选择的、自我决定的，自我选择的同时选择了一连串开放偶然性和虚空的自由。通过选择自身，人们就是选择他们之所是。我们每个人是自我选择的，"个人对自己做出选择，并遵循他的选择，成为他通过自身选择已经是（或已经成为）的那个人……为一个人自己的命运所牵引意味着宿命，但这不是来自外部的宿命，相反，是来自内部的、一个人自己选择的宿命。……对自我（人格）的存在性选择是一次跳跃，它不是被规定的，尽管没有限定条件它就不可能发生。一个人可能也不可能意识到这种跳跃。本真性意味着忠实于这种跳跃，忠实于一个

----

① ［法］萨特：《存在主义是一种人道主义》，引自《存在主义哲学》，商务印书馆1963年版，第347页。

② ［法］萨特：《存在主义是一种人道主义》，周煦良、汤永宽译，上海译文出版社1988年版，第12页。

③ 同上书，第23页。

人对自己的选择。本真性是忠实于自己的。"① 一方面，在人的存在状态的思考方式上，赫勒基本上是存在主义的态度；另一方面，在对人的存在状态的超越以及行为主体的责任强调方面，赫勒也是存在主义的。

对行为主体自我选择责任的强调成为赫勒历史哲学的重要特征。赫勒指出，"所有发生在我身上的事情，都很好；如果不是这样，可能将是灾难性的。但是，它不可能发生意外——在给定的情境中，我是我自己生命的作者；我是命运的自由主宰"。② 赫勒强调自由选择的个人性质，"单个个人能够进入宇宙赌注游戏并且他们能够做出一个存在的选择，但是群体却不能。一个世界也不能如此。然而所有选择他们自己的人，并且因而他们的命运，也根据他们自己选择一个世界"。③ 这样，赫勒的自由选择不可避免地完全倒向个人主义，自由选择的过程也是多元化的过程，不存在任何共同的目标或共同的选择的可能。

但是，我们在自我创造和自我选择的存在主义激情中稍微冷静一下，就会发现问题。列奥·施特劳斯关于自由的思考对我们深有启发。当然，列奥·施特劳斯所批判的自由是整个现代性以来的自由主义的自由，但同样对我们分析赫勒的自由观念有借鉴意义。首先，这种存在主义的自由既是绝对的自由，也是绝对的虚无，"这个'自由'正是'虚无主义'（Nihilism）的问题，因为这个自主自足的自由实际先把人连根翻起，置于虚无之中，然后试图在虚无中重建家园。"④ 其次，这种存在主义的自由主体从人性的根基上讲，是虚空的、孤立的、原子式的个人，"人天生就是社会的存在。他乃是这样构成的，除了与他人生活在一起，他就无法活下去或活得好。既然使人区别于动物的是理性或语言，而语言就是交流，那么

---

① ［匈］赫勒：《现代性理论》，李瑞华译，商务印书馆 2005 年版，第 314 页。

② Agnes Heller, *A Theory of History*, Routledge & Kegan Paul, London Boston and Henley, 1982, p. 70.

③ Agnes Heller, *A Philosophy of History in Fragments*, Blackwell Publishers, 1993, p. 243.

④ ［美］列奥·施特劳斯：《自然权利与历史》，彭刚译，生活·读书·新知三联书店 2006 年 7 月第二版，第 56 页。

人比之任何其他社会性的动物，都在更加彻底的意义上是社会性的；人性本身就是社会性。在每一项社会行动中，人都或主动或被动地与其他人相关联，而不管那一行动是社会的还是反社会的。他的社会性不是从对快乐——那是他期望从合作中得到的——的盘算中得来的，反而他的快乐是从联合中得来的，因为他天生就是社会性的"。①

同样，阿伦特也强调作为自由主体——人的社会性，任何自由的行动也必然是社会性的，"唯有行动才是专属于人的特权，无论是动物还是神都不具备行动的能力；同时，也唯有行动才完完全全地依赖于其他人的恒久在场"。② 在任何一种意义上，个人都以他人的存在为条件，个人的自由选择必须建立在社会性的考虑之上才是可能的和必要的。

偶然性的人生体验是赫勒历史哲学思考的出发点，面对偶然性的存在状态，面对偶然性的赌博，哲学家无论选择沉默还是选择讨论，都不能逃避思考。在赫勒看来，既然历史并不是线性发展的历史，历史根本就是排斥目的论的，那么哲学家就必须抗拒构造历史或宇宙的大设想的诱惑。但抗拒这种大的设计的诱惑，并不意味着放弃存在的责任。这是因为人首先是一个自由的存在，"而存在的责任是不能被放弃的——因为关于存在的博弈是终极的。一个人只要忘记了这一点，哪怕只是一瞬间，他就已经放弃了存在的责任，从而不再是一个哲学家，一个当下的思考者，或仅仅就是一个思考者——随便叫什么都可以。相对主义不是一个认识论的立场，而是一种回避这种博弈的哲学姿态。相对主义者是思想的懦夫"。③ 无论多么强调个人的偶然性体验和偶然性人类存在状况，人之存在本质和存在的责任赫勒最终强调的关键之点。

---

① ［美］列奥·施特劳斯：《自然权利与历史》，彭刚译，生活·读书·新知三联书店 2006 年 7 月第二版，第 129 页。

② ［德］阿伦特：《公共领域和私人领域》，刘锋译，载汪晖、陈燕谷主编《文化与公共性》，生活·读书·新知三联书店 1998 年版，第 58 页。

③ Agnes Heller, *A Philosophy of History in Fragments*, Blackwell Publishers, 1993, p. 35.

在碎片化的当代历史认识中，一切历史认识都成为非中心的、偶然的、多元的、诠释的，也是流动的、多变的、短暂的、非确定性的。但是，任何一个对人类存在意义探求有使命感的思想者来说，拒斥真理霸权不意味着放弃真理的追求；拒绝形而上学不意味着我们内心没有形而上学的需求；反对理性专断并不意味着放弃理性思考的责任。在《历史理论》中，赫勒赞赏马克思为历史存在的意义以及对社会主义的需要所做出的回答。"马克思以自己的历史哲学很好地满足这种需求，因为这符合他所处时代。我们必须尽最大努力，来满足我们所处的这个特殊的时代对历史存在的意义的追寻：但是，没有人能做的比马克思更好。"① 在语义散乱、价值多元的后现代，赫勒的历史理论可以看作是一个构建存在论的责任哲学的努力尝试。赫勒坚持，历史哲学必须回答历史存在的意义。

因此，赫勒的存在主义的历史关切强调历史主体的责任，尽管赫勒哲学充满了相对论的意味，但是，反复得到强调的是在历史中做出选择的责任问题。在关于文化与文明的论述中，赫勒承认文化的选择性是相对的，没有绝对的好与坏，优与劣之分，但是，既然是一种选择行为，就意味着责任，"在任意一种情况下，这都不是一种逻辑的选择，而是一种伦理——政治的选择。而这意味着做出这一选择的那个男人或女人在为他或她的选择负责任"。② 赫勒强调个人主义是为了反对集体霸权、集体犯罪，是对责任的捍卫，她反对任何以集体之名侵犯个人权利的企图与做法。在当代历史认识中，关于集体与个人的责任问题往往界限模糊。很多学者认识到了这一问题，集体往往成为掩盖个人责任的托词，"'集体合作'，科特克斯大声地说，'正是这个词。是的。它妙就妙在可以借此逃避责任。而这正是整个社会怯懦的迹象'"。③ 赫勒反对以"历史必然性"之类的东西免除责任，"是否有一种像'历史必然性'之类

----

① Agnes Heller, *A Theory of History*, Routledge & Kegan Paul, London Boston and Henley, 1982, p. 268.

② ［匈］赫勒：《现代性理论》，李瑞华译，商务印书馆2005年版，第197页。

③ 保罗·鲍威编：《向权力说真话》，王丽亚、王逢振译，中国社会科学出版社2003年版，第139页。

的东西可以使我们免除责任？集体地犯下的罪行是否是集体之罪？因为德国人进行了大屠杀，所有德国人就都是罪犯吗？因为共产党把人们送到古拉格去受死，所以所有的共产党员都是罪犯吗？如果有一桩集体犯罪，就真的没有人对它负有责任？或者存在着不同层次的自由选择，因此也有不同层次的责任？或者自由是不可定量的？"在这一连串的反问中，蕴涵着赫勒对历史责任的关注。赫勒强调指出，后现代性中人的责任本质上是对信念投入所负的责任，而不是对理性运用所负的责任，当然，理性和信念并不决定最终的对错，"在善/恶、对/错这类问题上人之所以必须承担巨大责任，恰恰是因为在这里不存在确定性，因为在这里人跃入自身的确定性（真理）之中——他对这种确定性（真理）负有完全责任"。① 因此，真理就其本质而言，成为一种存在性的介入，成为一种历史责任的担当。

二　对终极思考的终极关怀表现了赫勒历史哲学的存在主义倾向

在赫勒那里，我们每个人都生为历史学家、理论家、历史哲学家，这就是为什么历史学、历史理论、历史哲学存在：它们表达、推演并满足了我们的需要。如果我们责备它们的错误与缺点，那反过来也是在责备我们自己。无论它们的意义是好还是坏，是带来幸福还是灾难——因为我们担负责任——我们就能够容忍它。② 哲学家不可能不关心终极问题，即使人们对终极问题保持沉默也只是在以消极的方式进行讨论。赫勒认为，哲学占据着现代性的核心地位，而其他的任何体裁都未能如此，原因即在于对终极问题的关注。

近几年来，哲学似乎越来越呈现出个人化的趋向。存在、语言游戏、延异（difference）、差别，这些个性化的哲学概念层出不穷，新的问题不断提出，海德格尔对"形而上学的终结"的描述，好像并没有终结形而上学的思考。赫勒认为，哲学表达的"个人化"特

---

① ［匈］赫勒：《现代性理论》，李瑞华译，商务印书馆 2005 年版，第 322 页。

② Agnes Heller, *A Theory of History*, Routledge & Kegan Paul, London Boston and Henley, 1982, p. 71.

征并不能排斥哲学对意义的追寻，就意义的追问而言，没有哲学是私人的。哲学家试图解决的是共同的对意义的需求，它仍然可以被称作形而上学的需求。[①]"哲学承担着使人清醒的使命，将哲学付诸实践是一个使人觉醒的过程。"[②] 揭示即觉醒。哲学家不会被背叛，因为他们已经学会如何看穿所有欺骗。没有邪恶的造物主能够比哲学还聪明，因为哲学知道不存在这样一个造物主。在哲学中，背叛最终常常都是自我背叛。

在哲学中，人们寻求真理性的认识。赫勒对真理的理解蕴涵着对存在本身的思考，真理理念与生命（存在）同在。"被某种事物所启发意味着通过人的总体存在与此物联系起来。人的总体存在可能被偶然事件所影响；可能卷入一场赌博，也可能直面这场赌博的无常与抗拒。在最原始的理解中'存在'代表生活（生命）；超越这种理解，'存在'代表善的和有意义的生活（生命）。但是不管我们是否以最本源或最崇高的方式中理解存在，真理抓住、摇晃、照亮、变化和评价着这种存在。在这样的描述中真理是总体的。"[③] "真理在人的整个一生中的存在选择中显现。"[④] 对真理的永恒追寻，构成了人的存在本身。人就其本质而言，不是简单的生物性存在，而是追寻存在意义的社会性存在。

在赫勒看来，尽管拒斥形而上学的"宏大叙事"式的历史设计，但是，历史也绝不能只是成为"摆弄万花筒的时候创作出各种各样的小叙事"，召唤来五颜六色的马赛克，而它们都不与从前和以后的模式发生关系。哲学能够如此自我设限吗？一种使所有的对含义、意义以及存在的目的的追问，在一开始就失去意义的语言游戏并非哲学。哲学是人们对不受限制的沉思之需求的满足。对这种需求的满足，需要这样一种面对含义、意义以及目的问题的沉思。[⑤]

[①]　Agnes Heller, *A Philosophy of History in Fragments*, Blackwell Publishers, 1993, p. 92.

[②]　Ibid., p. 93.

[③]　Ibid., p. 134.

[④]　Ibid., p. 257.

[⑤]　Ibid., p. 34.

但这些是基础主义的问题，而且是关于终极基础的问题。

所有哲学家都讨论终极问题。形而上学家是泄露终极真理的哲学家。这正是终极基础的含义。后形而上学家是被动卷入这种博弈的哲学家。人们应该对终极问题保持沉默——这是他们的选择。①赫勒所谓的沉默并不是哲学思考本身的沉默，而是对宏大历史设计的沉默。

作为后现代主义哲学家，赫勒反对形而上学的终极体系，但是，拒斥一种形而上学的同时，也在建构另一种形而上学。即使是后现代主义的急先锋、解构主义大师德里达，在谈到历史概念时的表现也足以说明这点。当斯卡培塔问德里达：你考虑过历史概念避开"直线图式"的可能性吗？是否存在索勒所说的"里程碑的历史"的可能性，也即历史不再被看作一种"直线图式"，而是一个分层次的、有区别的、矛盾的实践系列，它既不是一种一元的历史，也不是一种历史主义的历史呢？德里达的回答的大意是：我们必须小心形而上学的历史概念。历史概念的形而上学特征不仅与直线相连，而且与整个内涵系统相关。如果没有一种广义的组织置换，那么它就不是一个偶然的属性，通过局部的剥离就能使其消除掉。我从不相信存在着原本的形而上学概念。尽管我对"形而上学的"历史概念有许多保留意见，但是，笔者却经常地使用"历史"一词来重新指出它的范围，产生出另一个"历史"概念或概念链的原因。② 如果没有对历史概念的形而上学的探询，德里达又怎能提出一种"里程碑式的历史"、分层次的新的历史概念？对终极思考的形而上学探求，原本就是对存在本身意义的历史关切。

在赫勒存在主义倾向的历史关切中，也体现了对"历史共在（Togetherness）"意识的强调。"刚才、现在、正在和共在是历史性的多种现在的表达。现在的刚才、正在并不能引发历史学或历史哲学的需要。理解及询问历史的需要是由历史性的现在和共在

①　Agnes Heller, *A Philosophy of History in Fragments*, Blackwell Publishers, 1993, p. 35.

②　［法］雅克·德里达：《多重立场》，余碧平译，生活·读书·新知三联书店2004年版，第64页。

（Togetherness）引发的，这在某种程度上意味着（社会和个人）选择的意识，意味着个人和社会群体不得不在决定与行动中担负的责任。共在（Togetherness）作为共享的责任，预先假定了解释历史性的现在的迫切需要价值的可能性。这种与未来定向的共在相关联的、对历史哲学的需要是唯一的"。① 由此得出的结论是，历史是故事，我们都是历史学家，理论家，历史哲学家。无论什么情形下，我们都不把失败归咎于厄运，而是由于我们以往的决定、世俗制度或他人有意识或无意识的行为动机。② 无论什么情形下，我们都能够使我们的存在与共在相协调，把我们过去的时光理解为必要性之链的一环，理解为我们自我创造生命的组成部分。

由此可见，赫勒存在主义倾向的历史关切所表达的是这样一种思想，它对作为历史主体的人的存在状态的关注，胜过了对历史事件和历史认识的关注。它强调历史主体要对历史行为、历史选择负责。它把历史理解为自我生命的构成，在对真理的追求与捍卫中，人性不断走向完满。因此，历史哲学与其说是寻求解决历史之谜，不如说是指导我们实践。在这种意义上，历史哲学以强有力的承诺和警告，成为行动的哲学、生活的哲学、思考的哲学。

---

① Agnes Heller, *A Theory of History*, Routledge & Kegan Paul, London Boston and Henley, 1982, p. 52.

② Ibid., pp. 58–64.

第二十一章

后马克思主义视域的历史断想

　　赫勒所在的 20 世纪东欧新马克思主义是整个西方马克思主义①的一个重要组成部分。东欧新马克思主义由布达佩斯学派、南斯拉夫实践派、波兰的意识形态批判学派、捷克的人道主义学派共同构成。作为一个特征鲜明的哲学派别，东欧新马克思主义理论一方面对马克思思想进行了独特而深刻的阐述；另一方面，对社会主义理论、社会主义革命的实践及社会主义改革的理论设计等进行了深刻的历史反思。因此，从总体上看，东欧新马克思主义一方面延续了马克思主义对现存社会现实和文化进行批判的传统；另一方面，又在新的历史条件下创新或拓展了与经典马克思主义迥然不同的哲学和理论思想。

　　具体说来，东欧新马克思主义指的是第二次世界大战后在东欧国家兴起的一种马克思主义流派，其历史大体上分为两个时期：20 世纪 50—70 年代，东欧新马克思主义作为稳定的学术派别存在，具体地说，包括南斯拉夫实践派、布达佩斯学派以及波兰和捷克斯

---

　　① "西方马克思主义"有多种不同的理解。例如，《不列颠百科全书》在词条"马克思主义"的次项——"西方的马克思主义"中称，"西方的马克思主义主要有两种形式，一种是传统的共产党的马克思主义，另一种是组织上比较松散的'新左派'，它被称作'西方马克思主义'。'西方马克思主义'则可以被看作是对马克思列宁主义的一种否定"（不列颠全书 [Z]. 北京：中国大百科全书出版社，2007：98 -99）。《中国大百科全书》"西马"条目是这样描述的："现代西方国家中一种反对列宁主义但又自称是马克思主义的思潮。它出现于 20 世纪 20 年代，最初是共产国际内部一种'左'倾思潮，在受到共产国际批判后，在党外发展起来…… 1955 年，梅洛·庞蒂在《辩证法的历险》一书中，强调'西方'马克思主义同列宁的对立……在这以后，人们就广泛地用这个概念称呼这一思潮。"

洛伐克等国的新马克思主义；20 世纪 70 年代后，东欧新马克思主义者作为个体融入西方学术界，但其学术创作仍然有着东欧新马克思主义的深刻烙印。东欧新马克思主义与通常意义上的西方马克思主义以及 20 世纪 70 年代后欧美新马克思主义共同构成了 20 世纪新马克思主义的基本格局。

从历史背景来看，东欧新马克思主义是伴随着第二次世界大战后东欧社会的"非斯大林化"的历史进程逐渐形成的。这些理论流派大多从马克思的异化理论和实践哲学的立场出发，同时受现代西方哲学、特别是西方马克思主义的影响。它们一方面致力于剖析 20 世纪人类普遍的文化困境，另一方面集中于批判东欧的国家社会主义理论和实践模式的弊端，在实践哲学、需要理论、激进民主理论、日常生活批判、技术理性批判、意识形态批判、异化理论、社会主义理论、人道主义方面都做了比较独特的探讨，具有鲜明的人道主义批判色彩，同西方马克思主义共同组成了新马克思主义的基本阵营。

20 世纪六七十年代以来，在西方社会的剧烈变动和冷战后的全球化进程中，以否定、超越西方近现代主流文化的理论基础、思维方式、价值取向为基本特征的"后现代主义"文化思潮兴起。后现代主义哲学以其激进的姿态出现，从否定物质与精神、主体与客体的对立统一关系的前提出发，拒斥传统哲学"形而上学"（本体论），反对基础主义、本质主义、理性主义，宣扬所谓不可通约性、不确定性、易逝性、碎片性、零散化，从而总体上形成了推崇主观性、相对性、多元性为特征的哲学思潮。

与这个时代的大多数思想潮流、思想家一样，不管是情愿还是不情愿，也不管是有意识地加入还是无意识地被裹挟，新马克思主义最终还是汇入了全球以"后现代主义"为取向的文化浪潮中。正如后现代哲学家詹金斯所说："今天我们生活在后现代性的一般状况中。我们对此别无选择。因为后现代性不是一种'意识形态'，也不是一种我们可以赞成也可以反对的立场；后现代性就是我们的状况：它是我们的命运。"①

新马克思主义理论表现为一种政治保守主义和多元化激进民主的理想，同时选择了多元化的理论表现形式，从而构成了 70 年代以后崛起的"新社会运动"的多元理论基础，面对后现代主义思潮，赫勒本人曾经说过，"除非是在提到艺术特别是建筑中的某些风格与趋势时，我将不会使用'后现代主义'这个词，因为我所限定的后现代视角不同于一切'主义'"。② 如同对待后现代主义的态度一样，赫勒对"后马克思主义"这一称谓并不赞成。"后马克思主义是一个枯燥的、无任何意义的名词，它只有在自传体文献的场合才有意义。我们将自己定位于某种后现代状况之中，我们所说的后现代不是一般的'历史之后'，而是激进普遍主义和宏大叙事这个阶段之后。我们并不认为当前时代是一个短暂的过渡，也不认为通往未来的列车会把我们带向指定的地点。我们仅仅想到处看看，努力理解我们的世界，探寻某种可能性，使我们过得更好。"③其实，消解一切"主义"、标新立异、瓦解统一性等思维方式是现当代此起彼伏的后现代主义文化浪潮的共同特征，因为并不存在什么统一的后现代理论，每个后现代理论家都努力寻求与众不同。

应该说，在 20 世纪 80 年代以前，赫勒还是一个典型的批判的、激进的马克思主义者，但是，在东欧新马克思主义向后现代主义、确切地说是后马克思主义转向的过程中，赫勒本人的历史哲学思想也大致经历了一种从构建一种历史理论的体系的尝试（批判的马克思主义者即东欧新马克思主义），到碎片化的历史断想，再到现代性历史反思与重构——后现代历史诠释的发展过程，呈现出后马克思主义历史观的鲜明特征。

1991 年，赫勒在《激进普遍主义的盛大与黄昏》一书的导言中

---

① Jenkins, K., On *"What is History"*: *From Carr and Elton to Rorty and White*, London: Routledge, 1995, p. 35.

② ［匈］阿格尼斯·赫勒：《现代性理论》，李瑞华译，商务印书馆 2005 年版，第 8 页。

③ Agnes Heller and Ferenc Feher, *The Grandeur and Twilight of Radical Universalism*, New Brunswick, N. J.: Transaction Publishers, 1991, p. 4.

指出："这本书的作者曾经是批判的马克思主义者，后来变成了后马克思主义者。"① 1998 年，在接受西蒙·托梅（Simon Tormey）专访时她说："我不是一个传统意义上的马克思主义者，因为我没有关于马克思主义是什么的观念，但如果你问我是不是一个马克思主义者，我会回答是。有趣的是党内人士从不认为我是一个马克思主义者，他们经常说我既不是一个共产主义者，也不是一个马克思主义者，后来我意识到在某种意义上他们是对的，我是错的，因为我从来不是一个传统意义上的马克思主义者。"就此而言，赫勒和她的老师卢卡奇在对待社会主义、共产主义、马克思主义的态度上完全不同。无论身处何种历史境遇，卢卡奇坚持认为自己是一个社会主义者，自己终其一生就是为社会主义而奋斗。他曾对自己的一生进行过这样的评价："……可以肯定的是，俄国革命和继之而来的匈牙利革命运动，的确把我造就成为一个社会主义者，并且我从此为社会主义奋斗终生。我认为这是我一生中最积极的方面之一。"②

赫勒对马克思及其哲学思想的接受、理解、批评在很大程度上来源于自己的导师卢卡奇的态度。作为西方马克思主义的创始人，卢卡奇一再声明忠实于马克思的学说，"决不想偏离它、改进它或改正它"③。卢卡奇坚持认为，自己只是"按马克思所理解的意思来解释、阐明马克思的学说"。

在《历史与阶级意识》中，卢卡奇指出，"姑且假定新的研究完全驳倒了马克思的每一个个别的论点。即使这点得到证明，每个严肃的'正统'马克思主义者仍然可以毫无保留地接受所有这种新结论，放弃马克思的所有全部论点，而无须片刻放弃他的马克思主义正统。所以，正统马克思主义并不意味着无批判地接受马克思研究的结果。它不是对这个那个论点的'信仰'，也不是对某本'圣'

---

① Agnes Heller and Ferenc Feher, *The Grandeur and Twilight of Radical Universalism*, New Brunswick, N. J.: Transaction Publishers, 1991, p. 4.

② 杜章智等编译：《〈卢卡奇自传〉——答南斯拉夫〈七日〉周刊记者问》，社会科学文献出版社 1986 年版，第 273 页。

③ ［匈］卢卡奇：《历史与阶级意识》，杜章智、任立、燕宏远译，商务印书馆 1996 年版，第 41 页。

书的注解。恰恰相反，马克思主义问题中的正统仅仅是指方法"。①
即使如此，我们也不能据此认为卢卡奇对马克思主义正统的坚守就
只是马克思主义的方法。帕金森指出："卢卡奇把马克思主义辩证
法看作是一种方法，这是否意味着，如果必要的话，他真的准备去
抛弃马克思所提出的所有正确命题？现在看来，显然并非如此。卢
卡奇的马克思主义至少依据这样一个命题的真理——即在近代社
会，无产阶级就是革命阶级——并且他只要是马克思主义者，就肯
定会相信它的真理性。"②

　　由此可见，卢卡奇以自己独特的方式理解、继承、发展着经典
马克思主义关于阶级意识、无产阶级、辩证法、人的解放等这些核
心观念。卢卡奇试图以"总体性"的观点去取代经典马克思主义关
于经济因素首要性的观点，用无产阶级阶级意识创造历史的观点去
取代不以人的意志为转移的历史规律性的观点。他之所以批评自然
辩证法和反映论，并认为辩证法只存在于社会历史领域，是因为他
比经典马克思主义更加强调人的主观意志和意识的能动作用，更加
看重无产阶级的意识形态、主观条件、觉醒程度等在推动社会历史
发展中的重要性。由此，他提出一种对马克思主义的自由主义和人
道主义的解释。所以，卢卡奇指出，"马克思主义正统决不是守护
传统的卫士，它是指明当前任务与历史过程的总体的关系的永远警
觉的预言家"。③

　　可以说，赫勒正是沿着卢卡奇所开创的自由主义和人道主义的
马克思主义方向，对社会主义历史命运和发达工业社会进行了深入
的综合思考，始终围绕研究人的解放和自由这一马克思主义的核心
主题，尤其是在人的解放和自由的历史可能性和现实性上做出了不
懈的探索和努力，形成了独特的后马克思主义哲学视野。不过，赫
勒后期的学术研究的时代背景和她的老师卢卡奇所生活的时代迥然

---

　　①　［匈］卢卡奇：《历史与阶级意识》，杜章智、任立、燕宏远译，商务印书馆
1996 年版，第 47—48 页。
　　②　［英］帕金森：《卢卡奇》，翁绍军译，上海人民出版社 1999 年版，第 56 页。
　　③　［匈］卢卡奇：《历史与阶级意识》，杜章智、任立、燕宏远译，商务印书馆
1996 年版，第 76 页。

不同。

　　尽管卢卡奇批评马克思主义的经济决定论，其实他本人所坚持的也是决定论，只不过是阶级意识决定论。尽管赫勒始终没有离开对人的解放和自由的存在状态的核心关注，但是，赫勒在后现代语境中，逐渐扬弃了传统马克思主义的经济观点和阶级观点，致力于探讨人的自由、全面发展和社会的民主化进程，致力于从微观结构和个人日常生活角度分析人类需要的异化和人类的需要结构，探索社会的民主化和人道化途径的可能性，反对一切形式的决定论，从而逐渐走上了主张多元化、相对论的道路。

　　与卢卡奇一生哲学思考和学术研究的主题就是从马克思出发、以自己的方式发展马克思主义不同，赫勒也是从马克思出发，但是逐渐走上了非马克思主义的学术道路。在赫勒看来，从马克思出发并不意味着文献学意义上的忠于原文的文本解释或解读，而必须以实践的态度和经验的态度理解并重新解读马克思，这是一种非马克思主义态度，但是非马克思主义并不是反马克思主义，并不是对马克思充满敌意。"后马克思主义的立场并不一定意味着对马克思充满敌意。只要人们从实践的观点出发探讨马克思，即只要人们以马克思自己的理论自欺作为批判的起点，讨论问题时对马克思充满敌意就不足为奇。但是，如果人们抛弃马克思的激进普遍主义，决定以非马克思主义的方式探讨这位实践哲学家，把他视为 19 世纪解释世界的一位代表，那么一切敌视和怨恨就完全是错认。"①

　　所以，赫勒说："当我们今天去理解马克思时，可以在下面两种解释方法中任选其一：一方面，我们可以不加任何质疑地分析他提出的问题和提供的答案。如果为了某种实践目的，这将导致一种文献学的解释，致使全盘接受或全盘否定马克思的全部作品。另一方面，当我们把他提出的问题及提供的答案视为有问题时，一种不同的差异阅读就是必要的。在这里，文本被彻底解读，同时，它将

_____

① Agnes Heller and Ferenc Feher: The Grandeur and Twilight of Radical Universalism, New Brunswick, N. J.: Transaction Publishers, 1991, p. 5., 参见颜岩《走出历史哲学的幻象》，载于《马克思主义研究》2009 年第 11 期。

有意识地与我们当下经验域中的问题融合。"① 正是基于对激进普遍主义和宏大叙事的批判,赫勒以后马克思主义者的哲学思考,深入阐述了关于人的自由、激进需要、现代性等理论,这些论述集中体现在《马克思的需要理论》《对需要的专政》《激进哲学》《现代性理论》《后现代政治状况》《法国大革命与现代性》等著作中。

在人的自由和解放问题上,马克思立足生产力和生产关系前提,提出阶级解放是实现人的自由的唯一现实道路;赫勒则完全寄希望于道德权威的普遍化。赫勒重新解读了马克思的自由观。在马克思看来,人的本质特征在于自由自觉的活动。人的本质应该是自由的,"自由是对必然的认识和对世界的改造","自由就在于根据对自然界的必然性的认识来支配我们自己和外部自然界"。马克思所理解的必然性即是规律性,包括自然规律、社会历史规律以及人类自身发展的规律;因此,自由意味着从自然力的奴役、社会关系的压迫和自身的束缚下解放出来。赫勒提出了与马克思不同的自由观。首先,自由并不代表自发的活动(voluntary action);自由并不是唯一的,自由只能是复数形式的"自由",自由不代表政治自由;其次,自由不代表国家或其他人类共同体的"独立";自由并不是对必然的认识。② 最关键的是,赫勒认为,马克思所说的实现人的自由的前提在根本上是缺失的,不存在的,是一种本体性缺失。因为,马克思认为只有到共产主义社会,人之为人的自由才能完全实现。

马克思把人的自由的实现建立在阶级解放之上。马克思区分了两种阶级,即自在的阶级和自为的阶级。自在的阶级产生于资本主义生产方式的扩张,并没有自主的阶级意识,所以是自在的;自为的阶级对自身所处阶级关系有明确的阶级意识,是可能引发阶级行动的劳动者,所以是自为的。通过阶级意识的获得,无产阶级从自在阶级向自为阶级转化,进而通过阶级革命,实现人类解放。在赫

---

① Agnes Heller and Ferenc Feher, *The Grandeur and Twilight of Radical Universalism*, New Brunswick, N. J.: Transaction Publishers, 1991, p. 101.

② Agnes Heller, " Marx and the ' Liberation of Humankind' ", *Philosophy Social Criticism*, 1982 (9), pp. 359 -360.

勒看来，马克思并没有证明无产阶级如何能够从自在阶级向自为阶级转化，仅仅依据社会存在决定社会意识的基本原理，并不能得出生产力的发展必将导致工人阶级自动地获得革命的阶级意识。她认为："社会阶级是一个人类社会总体，通过目的性活动本质上能够自觉引发社会变革，满足自身利益和需要。"[①] 但是，赫勒所理解的社会变革已经不是阶级革命，不是无产阶级推翻资产阶级的统治，而是在现有社会制度框架下的激进民主运动。与马克思热情赞美无产阶级的革命性不同，赫勒认为工人阶级的革命主体地位并不是天然的、不容置疑的，工人阶级也并不是一个天然的"普遍阶级"，因此也不必然是人类解放的代理人。

马克思立足于资本主义社会的经济结构分析，得出资本主义社会将日益分裂为两大根本对立阶级的结论。与此相反，赫勒反对马克思主义经济决定政治的阶级理论，反对"输入意识"，她将阶级意识分为认同意识（identity consciousness）和渴望意识（aspiration consciousness）。认同意识是一个阶级归属问题，例如，一个破产的资产阶级尽管在经济上失去统治地位，尽管已经破产，但仍旧是资产阶级，他不会对无产阶级产生认同，因为他对资产阶级仍保持着认同。渴望意识是"输入意识"的对立概念：（1）近乎一种个体漠视的"无"；（2）包含一种对阶级既定现状的积极认同；（3）包含一种对灵活性的渴望，为抛弃现有生活方式和生存状况而不关心他人命运；（4）由集体来决定集体状况的改变，并将之作为激进行动的前提。[②] 赫勒强调渴望意识，旨在主张人的自我意识，强调人的主体能动性。

在历史发展观上，赫勒致力于解构"宏大叙事"式的历史观，反对任何大写的历史，否定以理性为核心的历史进步观、线性发展观，历史在根本上不过是偶然事件的堆积，从而否定历史发展的规

① Ferenc Feher and Agnes Heller, Eastern Left, Western Left: totalitarianism, freedom and democracy, Cambridge: Polity Press, 1986, p. 202, 参见颜岩《阶级解放真能导致人类解放吗?》，《山东社会科学》2010 年第 2 期，总第 174 期。

② Ferenc Feher and Agnes Heller, *Eastern Left, Western Left: totalitarianism, freedom and democracy*, Cambridge: Polity Press, 1986, p. 217.

律性和必然性。赫勒在否定历史的规律性的同时，强调历史的偶然性，"后现代的心智并不预设一种通过这些偶然事件来实现自身的必然性，因为历史没有'趋势'。这并非只是说这种趋势还不为人知，或者对人类心智来说仍然是没有发现或不可发现的。不妨这么说或这么想：由于我们不知道是否存在着'一种'历史，也不知道它是否按照某个计划或某种趋势向着某个事物前进，因此有没有这样一个计划存在压根就是无关紧要的。因为就人性生物和行动者而言，没有目的、没有目标、没有一般方向，在我们通常用'历史'一词来加以概括的那些事件中也没有必然性"。①

无独有偶，后现代主义者丹尼尔·贝尔也认为："没有单线顺序的社会变迁，也不存在'社会发展规律'。社会科学中最严重的错误是想通过一个凌驾一切的单一概念去观察一个社会的特点，使得人们对现代社会复杂的特征产生误解，或者设想某一社会制度必然不可避免地接替另一社会制度的所谓'社会发展规律'。"② 西蒙·托梅指出，后马克思主义表现了与马克思的历史唯物主义的直接对立，"如果后马克思主义有一种'自我形象'的话，那么它就是这样一种形象：建立在承认历史发展的完全偶然性和境遇性之上，明确地拒绝历史唯物主义的必然性图像"。③

否定历史发展的规律性，过度强调历史的偶然性，是后马克思主义哲学思潮大多数思想家的共同特征。甚至，以拉克劳、墨菲为代表的"后马克思主义"则提出了一个所谓的偶然性逻辑（logic of the contingent）来作为其运行逻辑。实际上，"偶然性逻辑"这一概念本身就充满了悖论性质，因为在传统的理解中，偶然性是作为必然性的对立面出现的，本身不具备任何规律性或逻辑性，而逻辑这一概念则内含着规律性。但是，拉克劳并不承认偶然性对必然性的否定，因为那样还是证明了必然性的存在，实际上，在拉克劳看

---

① ［匈］赫勒：《现代性理论》，李瑞华译，商务印书馆 2005 年版，第 15 页。
② ［美］丹尼尔·贝尔：《后工业社会的来临》，高铦等译，新华出版社 1997 年版，前言第 8 页。
③ ［德］西蒙·托米：《后马克思主义、民主与激进政治的未来》，周凡编：《后马克思主义：批判与辩护》，中央编译出版社 2007 年版，第 285 页。

来，必然性本身就是一个"空"，根本是不存在的。拉克劳说："实际是，如果认为所有客观性的偶然性本质仅仅意味着任何必然性的不在场，那我们也将会面临一个空洞的总体，因为偶然性的话语只是必然性话语的否定颠覆，并且不能超越必然性的界限。"① 问题是，如果完全排除或颠覆了必然性或客观性，那么，拉克劳提出的所谓"偶然性逻辑"也根本无从得到理解或认同，因此，拉克劳认为所谓客观性其实就是一种认同，是对"裂缝"或"社会创伤"的缝合，表现为某种程度的必然性。因此，没有认同就无法理解客观性和必然性。拉克劳说："对于表明认同的偶然性本质的对抗而言，首先那里必然存在着认同。与此同时，威胁的关系结构假定了对认同的定位和怀疑。从对抗力量的观点看，拥有完全认同则假定了认同的彻底的、弥合的客观性。这就是其必然性特征。但这正是对抗力量从认同那里所要剥夺的。"② 基于这种对抗理论分析，他认为马克思关于生产力和生产关系的矛盾关系论述、工人阶级和资产阶级之间的矛盾关系论述蕴含了某种偶然性的逻辑，而非如正统马克思主义者认为的必然性的逻辑；生产力和生产关系的矛盾、工人阶级和资产阶级之间的矛盾体现为偶然性逻辑，即一种对抗关系而非矛盾关系。因此，资产阶级的衰落与无产阶级的胜利就并非如马克思所预言的那样是一种"必然性"，而是某种"对抗"基础上的偶然性链接的结果。

　　拉克劳提出的所谓"偶然性逻辑"理论受到了各个方面的批评。齐泽克认为，拉克劳的"偶然性逻辑"完全是康德的先验认知模式在当今政治领域的翻版，他说："我再一次强调，拉克劳理论大厦最关键的部分是典型式的康德的相互依存，即霸权逻辑'永恒'存在的先天（a priori），与从'本质主义的'的传统马克思主义的阶级政治向全面主张争取霸权斗争的偶然性的逐渐转向的这一历史叙事之间的相互依存——就如康德的先验先天（transcendental a priori）与他的人类学—政治的进化叙事相互依存一样，那种叙事认

---

　　① ［阿根廷］拉克劳：《我们时代革命的新反思》，孔明安、刘振怡译，黑龙江人民出版社2007年版，第34页。

　　② 同上。

为人类学向启蒙成熟逐渐进步。这种进化叙事的作用正好解决了上述（霸权逻辑的）形式普遍性框架的含糊性。"①

马克思坚信，生产力与生产关系的矛盾运动将推动人类社会不断向前发展，只要生产力能够不断发展，人类社会（历史）就会不断发展。随着生产力的不断提高，人类社会能够从低级阶段到高级阶段不断发展。赫勒否认进步观，相信柯林伍德"只有没有损失的获得才是进步"②的论断。因此，赫勒认定历史没有进步，因为任何进步必定同时伴随着退步。但是，尽管赫勒否认了人类历史在事实层面进步的可能性，却始终怀有一种乌托邦式的进步观念，进步作为一种历史可能性应该存在，进步作为一种价值观念激励着人们的行动，"以一种历史理论观之，进步并非作为一种事实被接受，但也不能作为幻象被抛弃。它是一种观念，因此是客观存在的"。③"未来的进步不是一种必然，而是一种我们必须依赖的价值，正是通过实现这种承诺的行动它才成为可能。"④

在历史认识论和历史研究方法上，赫勒提出激进诠释的观点。在赫勒的激进诠释中，研究过去不再是为了证明现在，然后推断出一个未来，研究历史也不再是构造一个线型的历史发展图式。赫勒强调，研究过去其实就是与过去对话，在对话中，过去不断地成为现在。"怀旧是这个游戏的一部分。"⑤在这里，历史想象表现为回忆，正是由于历史想象，现代人的自我理解和自我解释往往存在很多种可供选择的方式。激进诠释意味着历史重建，"历史想象使过去成为诠释者的狩猎场，迄今为止，过去（或各种各样的过去）向我们敞开着。不再像在十九世纪前半期那样，存在着一般地、规范地居于特权地位的过去"。⑥赫勒通过个性化的历史想象，消解了对

---

① Butler, Laclau and Zizek, *Contingency*, *Hegemony*, Universality, London；Verso，2000，p. 107.
② Agnes Heller, *A Theory of History*, Routledge & Kegan Paul, London Boston and Henley，1982，p. 301.
③ Agnes Heller, *A Theory of History*, London：Routledge & Kegan Paul, 1982, p. 302.
④ Ibid., p. 307.
⑤ ［匈］赫勒：《现代性理论》，李瑞华译，商务印书馆2005年版，第106页。
⑥ 同上书，第201页。

过去的统一解释，从而消解了历史客观性和历史真理。

赫勒认为，马克思主义是建立在历史哲学基础之上的，马克思的所有努力就是寻找普遍历史规律。"一方面，马克思倾向于将发展视为一种与资本主义—资产阶级社会紧密相连的自觉意识，另一方面，他又倾向于将发展视为整体的大写历史的结果；马克思倾向于仅在现代社会中区分经济基础和上层建筑，但他也将后者对前者的依赖视为大写历史普遍作用的法则看待；尽管他坚信生产力范式无所不包，'生产力的发展'却常常没有被视为贯穿整个历史的独立变量"。①

对赫勒来说，研究历史更多的不是探寻多少历史真理或发现什么历史规律，更多的则是责任，是我们作为人类存在的一种道德要求，是一种为历史存在提供意义的思考与表达，也是人们选择一种诚实生活态度的努力，所以，她说"每个人都是道德的。只有人是道德的，因为人知道他将不在。我们被定义为共享我们生命的道德共在"。②

赫勒的后马克思主义历史哲学为当代马克思主义研究提供了一个新的视角。无论是赞成还是反对，各种形态的后马克思主义都离不开马克思主义，这说明了马克思主义的恒久魅力和张力，也正是在与各种形态历史哲学的对话中，历史唯物主义才能得到发展。马克思主义者詹姆森的态度值得借鉴，"他对那些非马克思主义或反马克思主义的批评家的著作特别感兴趣，因为他知道，衡量一种理论，依据的不是其推翻对立思想的能力，而是其吸纳最强劲的批评者中有根据的和富有洞见的思想的能力"。③

---

① Agnes Heller, *A Theory of History*, London: Routledge & Kegan Paul, 1982, p. 269.

② Agnes Heller, *A Theory of History*, Routledge & Kegan Paul, London Boston and Henley, 1982, p. 333.

③ White, H., 1987, *Content of the Form: Narrative Discourse and Historical Representation*, Baltimore: Johns Hopkins University Press, p. 144.

结　语

走向乌托邦主义的历史想象

　　作为东欧新马克思主义哲学的代表人物，作为一个后现代思潮背景中的后现代哲学家，赫勒的历史哲学思想一方面深受马克思的影响，表现出了与马克思和马克思主义特别一致的关注点与研究方法；另一方面赫勒哲学思想体现了显著的后现代思想色彩，因此赫勒的哲学思想也可以从后马克思主义的角度进行考察。

　　和马克思一样，一方面，赫勒重视社会现实研究，重视社会的主体——人的研究，对人的存在状态的高度关注表现了一个新马克思主义者的基本立场。另一方面，尽管在研究方法上，赫勒和马克思一样，运用了社会批判的方法，但是，由于赫勒的历史哲学思想的后现代性质，由于后现代哲学思潮一贯的热衷批判、拒斥建设的基本倾向，由于她始终囿于人性的道德和信念层面上谈论人的解放、发展和完善，所以，赫勒历史哲学缺乏最基本的理想社会制度设计，缺乏社会实践的维度，缺乏基本的社会历史实现途径设计，从而无法在根本上与马克思的历史哲学相提并论，也从而最终表现为一种有着美好乌托邦精神追求的乌托邦主义历史想象。

　　作为一个研究领域广泛的哲学家，赫勒对哲学、哲学家、哲学的意义有着独特的理解。作为一个后现代主义哲学家，尽管消解形而上学的哲学体系是其主要任务之一，但是在赫勒思想深处，始终怀着对哲学思考的执着追求与捍卫，始终对哲学怀着无限的虔诚，在使用哲学这一称谓时也非常谨慎，她不把自己关于历史的思考叫作历史哲学，而坚持叫历史理论；她坚持把自己关于现代性的思考叫作现代性理论，而不是叫作现代性哲学。在赫勒看来，尽管许多理论在外表上是哲学式的，但是，在现今形而上学解体之时，能够成为哲学的理论太少了。赫勒来自集权体制的匈牙利，既关心现代社会的一些共同问题，但又特别关注一些与经验社会有关的特殊问题。对历史性的哲学思考和现代性的历史反思与历史重构，具有浓厚的后现代价值多元论和文化相对论色彩，赫勒甚至宣称后现代本身就是相对论的整合。

综观赫勒历史哲学，一个亲身经历宏大历史叙事死亡的哲学家一步一步向我们走来。从《历史理论》（1982）、《碎片中的历史哲学》（1993）到《现代性理论》（1999）的过程，也就是从宏大叙事之延续到宏大叙事瓦解的过程，也就是从构建一种乌托邦历史理论的坚定信念，到被历史偶然性所困扰而沉迷于碎片化，到展开对现代性的历史反思的过程。在这个过程中，赫勒始终没有放弃乌托邦主义的信念，只不过情随境迁，在不同的历史时期和思想大背景中，乌托邦历史哲学的表达方式和论述方式发生了一些变化。赫勒逐渐从乌托邦主义者——也是无意识的后现代主义者，走向自觉的后现代主义者，最后在现代性的历史反思与重建中彻底成为后现代的多元论者和相对主义者。在赫勒后现代历史哲学发展的过程中，贯穿着一个主题，并且给予我们深刻而强烈的震撼，那就是始终的乌托邦主义追求。

何谓"乌托邦"？在各种各样的文献中，"乌托邦"不是一个陌生的词汇，但是，人们在使用这一词汇时，含义并非一致。"乌托邦"一词最早来源于英国人文主义者莫尔 1516 年发表的《关于最完美的国家制度和乌托邦新岛》一书，后来人们简称为《乌托邦》。莫尔将希腊文的没有（ou）和地方（topos）组合为一个词 utopia，汉译为"乌托邦"，意为"乌有之乡"。在莫尔那里，乌托邦代表了一个未来的理想社会，代表了与基督教制度对立的受理性支配的异教徒的共产主义制度。后来，在各种社会批判理论中，乌托邦广泛出现在对未来社会的设计中，同时，逐渐出现了"乌托邦的"（utopian）这样一个形容词。

但是，频繁出现的乌托邦也出现了种种不同的含义，也经历了不同内涵的演变。在马克思主义经典理论中，乌托邦的内涵和意义经常与空想相联系。恩格斯在《社会主义从乌托邦到科学的发展》这本书中，确立了乌托邦与科学二元对立的经典用法。恩格斯指出："不成熟的理论，是和不成熟的资本主义生产状况、不成熟的阶级状况相适应"；"（所以）这种新的社会制度是一开始就注定要成为乌托邦的，它愈是制定得详尽周密，就愈是要陷入纯粹的幻想。"① 从这里我们可以看到，恩格斯所谓"乌托邦的"意思就是纯粹的幻想，即空想。马克思在《黑格尔法哲学批判导言》中指出，"对德国来说，彻底的革命、全人类的解放并不是乌托邦式的空想，只有部分的纯政治的革命，毫不触及大厦支柱的革命，才是乌托邦式的空想"。② 可见，在马克思和恩格斯那里，"乌托邦的"就是"空想的"。

真正使乌托邦上升为一个哲学范畴的是德国哲学家布洛赫。他把乌托邦理解为一种精神，他努力从内在的意义上唤醒人们内心深处的乌托邦精神。在《乌托邦的精神》中，他指出："在这本书中，一个新的开端被指出了，尚未被丢失的传统又重新占有了自己；那光在遥远的内心深处闪耀着，它不是懦弱的'好像'，不是毫无意义的评论，在所有的伪装和死去的文明之上升起的是它，永恒的目标、预感、良知和救赎：它从我们的心中升起，我们的心虽然经历了所有的一切却仍然没有破碎，从内心的最深处，即我们的正在觉醒的梦的最真实的部分：即从那留给我们的最后的部分，也是唯一值得保留的部分中升起。"③ 可见，乌托邦象征着一种内在的精神。同时，乌托邦也常常代表一种理想的或完美的社会政治制度或理想社会，代表这一种对现存社会制度的超越。

在赫勒历史思想研究中，乌托邦一词使用的含义并不是唯一的，在赫勒关于历史理论的乌托邦设计的讨论中，乌托邦代表赫勒超越现存的理念，赫勒本人也是在这个意义上使用这个词的。在对赫勒历史哲学进行总结的时候，一方面，乌托邦是指一种赫勒历史哲学中始终可以感受到的超越现存向往美好的理念、理想和信念；

---

① 《马克思恩格斯选集》第 3 卷，人民出版社 1972 年版，第 409 页。
② 《马克思恩格斯选集》第 1 卷，人民出版社 1972 年版，第 13 页。
③ Ernst Bloch, *The Spirit of Utopia*, trans. Anthony Nassar, Meridian, 2000, p. 3.

另一方面，就赫勒历史哲学的整体建构而言，确实是一个乌托邦式的理论构架，在这个意义上，乌托邦是对赫勒历史哲学总体上的概括用语，指其可望而不可即的空想性质。

在赫勒的第一部历史哲学著作《历史理论》中，赫勒完全是一个乌托邦主义者，一方面提出了历史理论的乌托邦设计，另一方面，指出历史理论的乌托邦设计只是一个理念，只是提出一个目标，而不追求乌托邦的实现。

在《碎片中的历史哲学》中，赫勒的历史哲学思考建立在偶然性理论之上，这种自由把人们连根拔起，推向了虚无的境地，这决定了赫勒历史哲学的乌托邦色彩。在这个时期，我们没能发现赫勒像在《历史理论》中那样阐发的乌托邦理念，但是，我们明确感受到她仍然没有放弃形而上学的努力，而是努力建立一种应对碎片化时代的历史哲学，而且，我们在赫勒关于"理性的终结"的论述中，再次发现了乌托邦主义的理念。可以说，这个时期的赫勒，无论是偶然性理论的乌托邦式建构，还是最终的道德乌托邦理想，都使我们有理由认为赫勒历史哲学究其根本是乌托邦主义的，而且这种乌托邦主义历史哲学的视阈是狭隘的。

这种历史乌托邦也许算不上什么精致复杂的体系，但是却让我们感受到碎片化、多元化的后现代并不是没有信念，透过"理性的终结""艺术的终结""形而上学的终结"，赫勒告诉我们的正是对人类存在意义之形而上学的不懈追求，是不可抗拒的乌托邦主义需求。"对绝对的探求和思考绝对的方式并不是不可理解的，它也不能从人的心灵中根除。这就是康德所说的无法遏制的对形而上学的需求。"① 后现代拒斥绝对真理，却并不拒绝对存在意义的绝对思考。

在历史理论的乌托邦设计中，我们可以清晰地看到马克思对赫勒的影响。在《历史理论》中，赫勒高度评价了马克思，尽管"马克思近年来名声不太好，他的体系常常随着藐视和挖苦而被拒绝。那些当口口声声唯马克思主义是从的人转而充满仇恨地反对它，并

---

① ［匈］赫勒：《现代性理论》，李瑞华译，商务印书馆2005年版，第30页。

进而将那些曾经被看成圣经的著作撕碎。马克思的体系曾被一些次等的非理性的神话或历史哲学所取代"。① 但是，赫勒认为，任何企图以卢克霍姆、尼采、索列尔等人取代马克思的做法将一无所获，而只能失去，无论是理论上还是政治上。对马克思及其学说不能简单化，因为作为学者，更应当具有责任的意识。

赫勒赞同哈贝马斯的态度，"满怀着对所有伟大理论所应该获得的敬意，对马克思的及其著作进行历史地反思，而且选择所有那些与我们相关的理论上的建议，对其他的有所保留，既不憎恨也不愚忠，而是理解，——这种态度是我们的典范，同时必将充满生命力"。② 最令赫勒敬佩的是马克思对历史进行不断实验的决心和精神，马克思终其一生对自己的历史哲学进行一而再再而三的反复实验。赫勒认为这是马克思最伟大之处，马克思所做的一切理论上的努力都可以看作是一种乌托邦精神的伟大体现，当然，这里的乌托邦的内涵和意义是对现实的不断超越。

在《历史理论——赫勒和柯林伍德》一书中，彼得·贝尔赫兹认为，赫勒作为后来者站上了柯林伍德的肩膀，这种提升使她看到了柯林伍德所看不到的——乌托邦的需要。彼得·贝尔赫兹认为，赫勒的乌托邦是激进民主的乌托邦，这种乌托邦不是 19 世纪愚蠢的乐观主义，也不是她在书中讲的 20 世纪自我怜悯的悲观主义。在那个领域，事情还有待于去做。人类的激进主义可以归为政治的现实主义。赫勒宣称"乌托邦精神是所有真正哲学的精神，每一种哲学都是乌托邦式的"，③ "每一种（真正的）哲学都承担着'发现'的职责。哲学必须对人应如何思考、如何行动和如何生活这样的问题提供一元的答案"。赫勒告诉人们，"只有对哲学的完全接纳

---

① Agnes Heller, *A Theory of History*, Routledge & Kegan Paul, London Boston and Henley, 1982, p. 266.

② Ibid., p. 267.

③ Peter Beilharz, *Theories of History——Agnes Heller and R. G. Coollingwood*, *The social philosophy of Agnes Heller*, Edited by John Burnheim, Amsterdam–Atlanta, GA 1994, pp. 132–134.

才能满足对哲学的真正需求，对存在思想的需求"，① 赫勒的态度是经典而坚定的，对哲学的彻底接纳本身就是一种生活，个体选择的理性乌托邦改变着他或她的思考、行动、生活的方式。就赫勒把哲学本身看作乌托邦式思考而言，哲学意味着在反思中超越现存世界，这样的哲学不仅是思考，更是行动和生活。

　　坚定的乌托邦信念体现在赫勒历史哲学中："乌托邦迟早会变成实在的社会意识，它会涌入纷繁的运动的意识中，而且会成为运动的一种重要驱动力；到那时，乌托邦将会从理论、道德思想领域蔓延到实践领域，然后逐渐开始主宰人类活动。"然而，理查德·伯恩斯坦认为，"这仍是支持激进乌托邦的每位左派学者的基本信念，如果这个希望仍是有生命力的话，那么我们就不能只满足于激进哲学不得不变成实践的论断，我们必须具体理解，在目前状况下这意味着什么"。② 尽管赫勒强烈地支持激进哲学的理性乌托邦，但我们并不认为她已向我们展示出它如何能，并如何会变成一种"物质的"驱动力，且这驱动力开始主宰人类活动，这种乌托邦似乎缺乏现实的可操作空间。

　　理查德·伯恩斯坦对赫勒乌托邦思想的分析是恰当的。赫勒整个历史哲学并没有告诉我们必须做什么和具体如何做。在赫勒的激进乌托邦思想中，"存在着一个她并没有解决的难题，自马克思以来，有关激进乌托邦就一直存在着两个对立的极端：一种极端思想是，激进乌托邦必然会诞生于现存社会动态的孕育之中；另一种极端思想则是，乌托邦要求与这些社会动态彻底决裂或产生于它们的完全崩溃。在这个问题上，赫勒寻求一种中间态度——既不必联系也不完全决裂"。③ 但是，理查德·伯恩斯坦的批评指出，赫勒并没有用具体经验细节向我们展示，激进乌托邦实现的真正可能性现在如何存在着，又如何能动员起这些可能性。否则，我们的乌托邦观念只会变成一种可能，或只能变成无用的思想的危险。事实上，赫

---

　　① Richard J. Bernstein, *Agnes Heller*: *Philosophy*, *Rational Utopia*, *And Praxis*, *The social philosophy of Agnes Heller*, Edited by John Burnheim, Amsterdam-Atlanta, GA 1994, pp. 82-87.

　　② Ibid., pp. 94-95.

　　③ Ibid..

勒并没有向我们展示出，在当代世界，激进哲学如何变成践行自己学说所要求的那种实践。

乌托邦的信念和道德乌托邦的诉求，在赫勒历史哲学中处处可见。在理性和道德的乌托邦建构中，自由、作者、善与传统哲学的其他的角色相联系，坚信"好人是'完美的乌托邦'。离开了这个好人，生活简直就不值得一过了。就此而言，从创世纪的文本和苏格拉底的那个精灵的声音之后，至今还没有什么变化。"① 但是，赫勒却从来没有向我们揭示如何实现这个'完美的乌托邦'——好人。赫勒指出，所有接受乌托邦历史理论的人无权去在"真实"和"不真实"的需要之间，"真实"与"想象"的需要以及类似需要之间进行区分。所有那些能够被感觉到的"需求"都是真的需要。② 但是，在现实生活中，现时代如何能够满足所有人的所有需要？我们又怎么可能不对具体需求进行区分？

这种历史哲学的乌托邦（空想）性质不仅表现在其具体的乌托邦理论论述中，而且在赫勒整个后现代历史意识、历史想象的层面上，表现为一种虚幻的历史意识。

由于对"现在"的过分强调，历史成为短视的、狭隘的、束缚我们手脚的东西。赫勒在现代性的历史反思与历史重构中，走上了激进诠释的道路，这种历史诠释完全陷于主观性、随意性和短暂性中。这已经远离了伽达默尔等人所创立的哲学解释学的初衷，在伽达默尔那里，历史决不只是局限于现在，而是面向未来的，"我们的文化和当前生活由之产生的过去的巨大视域，无疑影响着我们对未来的一切向往、希望和畏惧。历史只是根据我们的未来才对我们存在。"③ 这是面向未来的无限开放的广阔历史视野。

强调现在的初衷是反对历史决定论，这种倾向在后现代历史思

---

① Agnes Heller, *A Philosophy of History in Fragments*, Blackwell Publishers, 1993, p. 113.

② Agnes Heller, *A Theory of History*, Routledge & Kegan Paul, London Boston and Henley, 1982, p. 322.

③ ［德］伽达默尔：《哲学解释学》，夏镇平、宋建平译，上海译文出版社 1994 年版，第 8 页。

想中也是普遍存在的，例如，针对新时代的历史叙事，马丁·阿尔布劳努力以全球化的新架构取代普遍性的观念，并认为全球化的新架构，"可以帮助我们避免历史决定论式的谬误推论，即避免把现在（present）看作过去的顶峰、认为现在总是从过去（past）生长起来的。与历史决定论的看法相反，我们需要以一种我们只能隐隐约约有所理解的共同经验为基础，把每一个前后相继的'现在'看作在与人类只能部分地对其加以创造的那个世界的一次邂逅中造成的一种前程未卜的后果"。①

从这里可以看出，赫勒和马丁·阿尔布劳对历史的理解都建立在经验基础上，而且历史的每一进程都成为一个"偶然"，一次"邂逅"。我们能够想象在"偶然"与"邂逅"中把握历史吗？乔伊斯·阿普尔比在评论后现代主义与现代性的危机时指出，"每隔一段时期就锻炼一下理论思辨，有其无可否认的功用，可以使人们从新的角度批评有关艺术、历史、科学的那些不自觉的假设。但是，后现代主义口口声声表示根本无意为未来提出什么可循的模式，也就不可能给未来帮什么忙了。从最终的结论看，根本不可能有后现代的历史学存在"。② 研究历史学却最终将历史学埋葬，这大概是后现代历史哲学的不可逆转的归宿。

这样，赫勒关于整个历史哲学的前景蒙上了一层乌托邦的影像，生活的意义不是在理解过去、把握现在、走向未来中生成，生活好像就是一场赌博。这是一幅走向空想和虚无的乌托邦景象：所有理解并把握历史的梦想"可能仍然是在未来，但是我们对于未来没有任何知识。此刻，我们仍在挖掘过去。我们挖掘深处，我们收集痕迹，我们存储过去的废墟以复兴过去的世界。我们的工作是维护和保存。这个工作为别人的好处而被做，因为他们是我们使之不朽的人们，而不是我们。然而，这个工作也是为我们的利益而被做，因为它就好像输血；我们，一个自由时代的自由人们，通

---

① ［英］马丁·阿尔布劳：《全球时代：超越现代性之外的国家和社会》，高湘泽、冯玲译，商务印书馆 2001 年版，第 168 页。

② ［美］乔伊斯·阿普尔比：《历史的真相》，刘北成译，中央编译出版社 1999 年版，第 214 页。

过输送逝者的血液到我们患贫血症的血管中去，以给予我们生活以意义。这里没有确信。没有什么东西能够被预知。游戏是开放的"。① 在赫勒的历史理解中，人生就是一场赌博，赌场的总管希望人们现在就开赌：所以，有人投下赌注，有人犹豫不决，然而无人能够逃脱。

在赫勒整个历史哲学中，由于强调历史就是激进诠释，历史想象使过去成为诠释者的狩猎场，人类历史的确定意义与界限消失；由于过分强调差异，"没有任何主要的挂毯是从差异的镶嵌那里被织成"，任何历史共识都成为不可能；由于强调人是偶然的存在，"人类的自由表现为无"，② 必然性和偶然性之间所有的区别不复存在；由于强调"只有那些启发你的才是真理"的准则，真理多元性的大门敞开；由于强调历史的绝对精神不可把握，我们成为历史性牢狱中的囚犯；由于强调团体精神不可逾越，我们所有的哲学思考成为西西弗斯的劳动……所有这些方面，向我们展示了赫勒后现代历史哲学在总体上的乌托邦性质。这种乌托邦性质所指的正是赫勒后现代历史哲学空想性的一面。

同时，赫勒后现代历史哲学也向我们展示了其乌托邦精神的超越性的一面。在赫勒嘲讽辛辣的后现代话语的字里行间，仍然能够时时感受到一个哲学学者对哲学的虔诚、对存在意义的追寻、对明知不可而为之的乌托邦主义精神与追求。其实，乌托邦思想的存在恰恰表明了人的特殊本性、本质属性——超越性。人作为一种理性的存在，从未放弃打破现存、超越现存、超越自身、超越历史的努力。在赫勒的视野中，乌托邦不仅是信念，也是理论、道德、思想和实践，尽管她缺乏乌托邦实践的设计，但是她说所有真正哲学的精神应当是乌托邦精神，她希望乌托邦变成实在的社会意识，成为我们行动的一种重要驱动力，进而主宰人类的活动。

其实，就乌托邦精神的实质而言，乌托邦是理想主义的，具有

---

① Agnes Heller, *A Philosophy of History in Fragments*, Blackwell Publishers, 1993, p. 243.

② Agnes Heller, *A Theory of History*, Routledge & Kegan Paul, London Boston and Henley, 1982, p. 246.

超验性质和超越性质，正因为如此，乌托邦思想曾在人类社会产生过深刻的影响，并以其鲜明的批判意识和对未来美好事物的坚定信念激发着人们的理想主义精神，也孕育了空想社会主义思想。尽管乌托邦思想有着明显的空想性，但是，它并没有像恩格斯100多年以前宣告的那样终结和消亡，却以各种新的形式和表述活跃在近现代以来的思想理论空间。

　　根据法兰克福学派代表人物哈贝马斯的分析，当代历史条件下出现了"乌托邦力量的穷竭"。哈贝马斯认为，正是乌托邦思想与历史思想的结合，推动着18世纪以来的新时代意识，"乌托邦力量向历史意识的这种渗透，就是造就法国革命时代以来近代各民族政治的那种时代精神的特征"。[①] 他分析指出，包括马克思在内，马克思的思想是以"把劳动从异己决定下解放出来为目标的劳动社会的乌托邦"，"它们把科学、技术和计划想象成合理控制自然与社会的无可失误的、广可造福的工具"。[②]

　　然而，乌托邦的期望并未实现，相反，"今天的情形是这样：似乎乌托邦的力量已经消耗殆尽，自己已不再与历史的思想相关联了。未来的视野已收缩，根本改变了时代精神和政治。未来将是否定的东西，在进入21世纪的前夕正显示出一种在全球范围内损害普遍生存意趣的恐怖景象。……知识界的答案和政治家们的答案一样，都反映出无计可施。当人们迅疾地、愈来愈多地承认无计可施而不是做指向未来的种种定向尝试，这绝非仅仅是现实主义。情况可能客观上就是非了然的"。[③]

　　哈贝马斯揭示了"乌托邦力量的穷竭"，但是，乌托邦维度作为人的活动和历史活动的内在超越性，又是当代历史条件下所需要的，他指出："同劳动社会乌托邦内蕴告别，绝不是历史意识和政治讨论的乌托邦维度整个的结束。如果乌托邦这块沙漠绿洲枯干，展现出的就是一片平庸不堪的绝望无际的荒漠。"[④]

---

①　转引自薛华《哈贝马斯的商谈伦理学》，辽宁教育出版社1988年版，第89页。
②　同上。
③　同上。
④　同上书，第105页。

赫勒宣称："每一种哲学都是乌托邦式的"，① "每一种（真正的）哲学都承担着'发现'的职责。哲学必须对人应如何思考、如何行动和如何生活这样的问题提供一元的答案。"赫勒告诉人们，"只有对哲学的完全接纳才能满足对哲学的真正需求，对存在思想的需求"，② 赫勒的态度是经典而坚定的，对哲学的彻底接纳本身就是一种生活，个体选择的理性乌托邦改变着他或她的思考、行动、生活的方式。就赫勒把哲学本身看作乌托邦式思考而言，哲学意味着在反思中超越现存世界，这样的哲学不仅是思考，更是行动和生活。

或许，对待赫勒的后现代历史哲学，我们的最好态度应是："我们必须理解，而不是推荐！"③

① Peter Beilharz, *Theories of History——Agnes Heller and R. G. Coollingwood*, *The social philosophy of Agnes Heller*, Edited by John Burnheim, Amsterdam-Atlanta, GA 1994, pp. 132-134.

② Richard J. Bernstein, *Agnes Heller: Philosophy, Rational Utopia, And Praxis*, *The social philosophy of Agnes Heller*, Edited by John Burnheim, Amsterdam-Atlanta, GA 1994, pp. 82-87.

③ ［荷］安克施密特：《历史与转义：隐喻的兴衰》，韩震译，北京出版社 2005 年版，第 306 页。

主要参考文献

一 英文书目及论文

［1］ *The Social Philosophy of Agnes Heller*, edited by John Burn-heim, Amsterdam–Atlanta, G A 1994：

（1） Mihaly Vajda, *A Lover of Philosophy——A lover of Europe*.

（2） Phillippe Despoix, *On the Possibility of Values. A Dialogue within the Budapest School*.

（3） Martin Jay, Women in Dark Times：*Agnes Heller and Hannah Arendt*.

（4） Johann P. Arnason, *The Human Condition and the modern predicament*.

（5） Richard J. Bernstein, *Agnes Heller：Philosophy, Rational Utopia and Praxis*.

（6） Zygmunt Bauman, *Narrating Modernity*.

（7） Peter Beilharz, *Theory of History–Agnes Heller and R. G. Collingwood*.

（8） Richard Wolin, *Heller's Theory of Everyday Life*.

（9） Paul Harrison, *Radical Philosophy and the Theory of Modernity*.

（10） Arthur J. Jacobson, *The Limits of Formal Justice*.

（11） Peter Murphy, *Civility and Radicalism*.

（12） Peter Murphy, *Pluralism and Politics*.

（13） Vitoria Camps, *The Good Life：A Moral Gesture*.

（14） Laura Boella, *Philosophy Beyond the Baseless and Tragic*

Character of Action.

（15）Gyorgy Markus，*The Politics of Morals.*

（16）Agnes Heller，*A Reply to My Critics.*

［2］Ferenc Feher and Agnes Heller，*Hungary 1956 Revisited*：*The Message of a Revolution - a Quarter of a Century After*，London：George Allen & Unwin，1983.

［3］*Political Legitimation in Communist States*，Edited by T. H. Rigby and Ferenc Feher，New York：St. Martin's Press. 1982.

［4］Simon Tormey，*Agnes Heller*：*socialism*，*autonomy and postmodern*，Manchester University Press，2001.

［5］Agnes Heller，*General Ethics.* New York：Basil Blackwell，1988.

［6］*Lukacs Revoluded*，edited by Agnes Heller，England，1983.

［7］Agnes Heller，"*The Discourse Ethics of Habermas*：*Critique and Appraisal*"，Thesis Eleven（1984-5）.

［8］Agnes Heller，*Everyday Life*，London：RKP，1984.

［9］Agnes Heller，*Radical Philosophy*，Oxford：Blackwell，1984.

［10］Agnes Heller，*Beyond Justice*，New York：Basil Blackwell，1989.

［11］Agnes Heller，*A Theory of History*，Routledge & Kegan Paul，1982.

［12］Agnes Heller，*The theory of need in Marx*，New York：St. Martin's Press，1976.

［13］Agnes Heller，*A Philosophy of History in Fragments*，Blackwell Publishers，1993.

［14］Agnes Heller，*A Theory of Modernity* ，Blackwell Publishers，1999.

［15］Agnes Heller，*The time is out of joint*：*Shakespeare as philosopher of history*，Lanham，Md.：Rowman & Littlefield，2002.

［16］Gardiner，Michael，1961 - *Critiques of everyday life*，Michael E. Gardiner. London ；New York：Routledge，2000.

［17］ Agnes Heller, *An ethics of personality*. Oxford：Blackwell, 1996.

［18］ Agnes Heller, *The politics of the body*, *race and nature*. Aldershot, Hants：Avebury, 1996.

［19］ Agnes Heller, *A philosophy of morals*, Oxford, UK ; Cambridge, Mass, USA：B. Blackwell, 1990.

［20］ Fehér Ferenc, Agnes Heller and György Márkus, *Dictatorship over needs* . Oxford：B. Blackwell, 1983.

［21］ G. W. F. Hegel, *Phenomenology of Spirit*, Xford University Press, 1977.

二　中文书目

［22］［匈］阿格尼斯·赫勒：《日常生活》，重庆出版社 1990 年版。

［23］［匈］阿格尼斯·赫勒：《人的本能》，邵晓光、孙文喜译，辽宁大学出版社 1988 年版。

［24］［匈］阿格尼斯·赫勒：《现代性理论》，李瑞华译，商务印书馆 2005 年版。

［25］［美］戴维·哈维：《后现代的状况》，商务印书馆 2003 年版。

［26］［德］黑格尔：《精神现象学》，商务印书馆 1987 年版。

［27］［德］哈贝马斯：《后形而上学思想》，译林出版社 2004 年版。

［28］［德］哈贝马斯：《现代性的哲学话语》，译林出版社 2004 年版。

［29］［英］齐格蒙特·鲍曼：《全球化——人类的后果》，商务印书馆 2004 年版。

［30］［英］齐格蒙特·鲍曼：《生活在碎片之中》，郁建兴等译，学林出版社 2002 年版。

［31］［英］齐格蒙特·鲍曼：《现代性与矛盾性》，商务印书馆 2003 年版。

［32］［加］菲利普·汉森：《历史、政治与公民权：阿伦特传》，刘佳林译，江苏人民出版社 2004 年版。

［33］［美］道格拉斯·凯尔纳、斯蒂文·贝斯特：《后现代理论：批判性的质疑》，中央编译出版社 2004 年版。

［34］［美］道格拉斯·凯尔纳、斯蒂文·贝斯特：《后现代转向》，陈刚译，南京大学出版社 2002 年版。

［35］［德］伽达默尔：《真理与方法》，王才勇译，辽宁人民出版社 1987 年版。

［36］［德］伽达默尔：《哲学解释学》，夏镇平、宋建平译，上海译文出版社 1997 年版。

［37］［美］理查德·罗蒂：《偶然、反讽与团结》，徐文瑞译，商务印书馆 2005 年版。

［38］［美］列奥·施特劳斯：《自然权利与历史》，彭刚译，生活·读书·新知三联书店 2006 年 7 月第二版。

［39］［法］福柯：《疯癫与文明》，生活·读书·新知三联书店 1999 年版。

［40］［加］泰勒：《现代性之隐忧》，中央编译出版社 2001 年版。

［41］［美］普特南：《理性、真理与历史》，上海译文出版社 1997 年版。

［42］［法］萨特：《存在与虚无》，生活·读书·新知三联书店 1987 年版。

［43］［法］帕斯卡尔：《思想录》，商务印书馆 1997 年版。

［44］［英］罗素：《西方哲学史》商务印书馆 1997 年版。

［45］［美］梯利：《西方哲学史》，商务印书馆 1999 年版。

［46］［荷］安克施密特：《历史与转义：隐喻的兴衰》，韩震译，北京出版社 2005 年版。

［47］［英］柯林伍德：《历史的观念》，商务印书馆 1997 年版。

［48］［德］海德格尔：《存在与时间》，生活·读书·新知三联书店 1987 年版。

［49］［法］安托瓦纳·贡巴尼翁：《现代性的五个悖论》，商

务印书馆 2005 年版。

［50］［法］雅克·德里达:《多重立场》,余碧平译,生活·读书·新知三联书店 2004 年版。

［51］［美］乔伊斯·阿普尔比、林恩·亨特、玛格丽特·雅各布:《历史的真相》,中央编译出版社 1999 年版。

［52］［英］马丁·阿尔布劳:《全球时代:超越现代性之外的国家和社会》,商务印书馆 2001 年版。

［53］［德］沃尔夫冈·韦尔施:《我们的后现代的现代》,商务印书馆 2004 年版。

［54］［以］塔尔蒙:《极权主义民主的起源》,吉林人民出版社 2004 年版。

［55］［英］史蒂文·康纳:《后现代主义文化》,商务印书馆 2004 年版。

［56］［美］大卫·格里芬编:《后现代精神》,中央编译出版社 2005 年版。

［57］［美］唐纳德·R. 凯利:《多面的历史》,陈恒、宋立宏译,生活·读书·新知三联书店 2006 年第二版。

［58］［美］海登·怀特:《后现代历史叙事学》,中国社会科学出版社 2003 年版。

［59］［美］海登·怀特:《形式的内容:叙事话语与历史再现》,北京出版社 2005 年版。

［60］［美］海登·怀特:《元史学:十九世纪欧洲的历史想象》,译林出版社 2004 年版。

［61］［美］理查德·罗蒂:《哲学和自然之镜》,商务印书馆 2003 年版。

［62］［美］理查德·罗蒂:《真理与进步》,华夏出版社 2003 年版。

［63］［德］康德:《纯粹理性批判》,商务印书馆 2004 年版。

［64］［匈］卢卡奇:《历史与阶级意识》,商务印书馆 1992 年版。

［65］［意］克罗齐:《历史学的理论和实际》,商务印书馆 2005 年版。

［66］［德］贝克、［英］吉登斯、［英］斯科特·拉什：《自反性现代化》，赵文书译，商务印书馆 2001 年版。

［67］［美］保罗·鲍威编：《向权力说真话》，王丽亚、王逢振译，中国社会科学出版社 2003 年版。

［68］［美］乔伊斯·阿普尔比：《历史的真相》，刘北成译，中央编译出版社 1999 年版。

［69］［法］保罗·利科：《历史与真理》，姜志辉译，上海译文出版社 2004 年版。

［70］韩震主编：《20 世纪西方历史哲学》，北京师范大学出版社 2003 年版。

［71］韩震、孟鸣岐：《历史·理解·意义：历史诠释学》，上海译文出版社 2002 年版。

［72］韩震、孟鸣岐：《历史哲学——关于历史性概念的哲学阐释》，2002 年版。

［73］汪民安等主编：《现代性基本读本》上卷，河南大学出版社 2005 年版。

［74］汪民安等主编：《现代性基本读本》下卷，河南大学出版社 2005 年版。

［75］刘方桐等编著：《新编现代西方哲学》，人民出版社 2000 年版。

［76］王治河主编：《全球化与后现代性》，广西师范大学出版社 2003 年版。

［77］王治河：《后现代哲学思潮研究》，北京大学 2006 年版。

［78］冯俊等：《后现代主义哲学讲演录》，商务印书馆 2003 年版。

［79］江怡主编：《理性与启蒙》（后现代经典文选），东方出版社 2004 年版。

［80］陈新主编：《当代西方历史哲学的若干问题》，复旦大学出版社 2004 年版。

［81］姚大志：《现代之后——20 世纪晚期西方哲学》，东方出版社 2000 年版。

［82］徐浩、侯建新：《当代西方史学流派》，中国人民大学出版社 1996 年版。

［83］汪晖、陈燕谷主编：《文化与公共性》，生活·读书·新知三联书店 1998 年版。

［84］韩震主编：《20 世纪西方历史哲学》，北京师范大学出版社 2003 年版。

后　记

　　这本书是在我的博士论文基础上完成的。当然，持续的思考不会因为书稿的暂时完稿而终止。这本书的写作源于多种机缘，从当时博士论文选题来说，写一篇关于赫勒历史哲学主题的博士论文，是导师韩震教授的建议。选题确立以后，我很荣幸地与匈牙利哲学家——本书的主人公赫勒教授取得了直接的联系，得到了她的建议与指导。

　　赫勒的哲学思想在国外有不少相关研究。在中国到目前为止，也有关于赫勒审美现代性的研究、日常生活理论的相关研究等。但是，赫勒的历史哲学思想尚没有系统研究。在尽可能搜集起赫勒历史哲学的研究资料后，随着阅读与理解的拓展，赫勒，这个原本陌生的名字，变成一个言辞犀利、个性鲜明、经历坎坷的哲学家，一步一步向我走来。在导言里我曾提过，赫勒是一个研究领域广泛的哲学家，在近半个世纪的学术研究中，力图构建一个包含本能、情感、需要、道德、人格、历史六个方面内容的"社会人类学"。根据导师建议，我选取了赫勒的历史哲学思想作为主题。可以讲，赫勒整个历史哲学思考是在后现代背景中进行的，后现代理论是我比较感兴趣的领域，这也使得研究进展顺利。

　　研习哲学而能成为哲学家，是一个哲学学者终生的渴望与最大的心愿；研习哲学而能使忙碌庸杂的日常生活多一份追求、多一点分量，不至漂浮无知，不也是一种执着吗？

　　在本书写作期间，我曾经给赫勒教授写信，我把写作思路和提纲给了她，并请教了几个问题。没想到赫勒教授迅速给我回了信，当时（2006年）她已是78岁高龄，还在勤恳地过着智者的生活。

赫勒对待学问的执着和鼓励后辈的态度令我感动，这也成为我近十年来不管日常工作如何繁忙而始终坚持思考的动力之一。

什么样的人生值得一过？或许，赫勒说的是对的，"一种沉思的态度，一种激情的追问并不从认识论价值出发，这个问题的关键在于我们追问我们自身的存在：我们的生活、历史、世界——我们的幸福与自由——的含义（sense）或意义（meaning）。"① 我想，正是对自身存在的不断追问，才使我们能够勇敢地面对我们经常的"无根的战栗"，也正是在这个意义上，我赞同赫勒的生命态度，你的人生其实就是你的选择。我们每个人的出生都是一封待发的信，它原本只是一只空白信封，没有地址，你想去哪儿，就把地址署上哪儿吧！

带着种种缺憾，这本书就要与读者见面了。感谢我的导师韩震教授，从选题到成文，始终给予我关心与指导；感谢赫勒教授对本书写作提纲给予的建议与指导；感谢我的好友陈江先生，帮助我尽可能从国外搜集英文原著资料；感谢我的同窗好友——崔晖、钟金玲、罗兴刚、吕增奎、郑云涌等，帮助我整理搜集各种英文文献资料。

由于日常工作繁杂，当然主要是由于才学疏浅，本书中错误与不当之处在所难免，敬请广大读者批评指正。

李 伟

2016 年 3 月 1 日于北京

---

① Agnes Heller, A Philosophy of History in Fragments, Blackwell Publishers, 1993, p. 21.